Charles gegen Diana

JAMES WHITAKER

CHARLES
gegen
DIANA
Szenen einer Ehe

WILHELM HEYNE VERLAG
MÜNCHEN

Titel der englischen Originalausgabe:
DIANA VERSUS CHARLES

Ins Deutsche übertragen von
Hedwig Block und Thomas Hag

Die Originalausgabe erschien 1993 bei
Penguin Books Ltd., London
Copyright © JamesWhitaker, 1993
Copyright © 1993 der deutschen Ausgabe
by Wilhelm Heyne Verlag GmbH & Co. KG, München
Herstellung: Dieter F. Walter
Umschlaggestaltung: Christian Diener
Umschlagfotos: Lionel Cherruault Picture Library (Vorderseite); Tim Graham
(Rückseite)
Satz: Kort Satz GmbH, München
Druck und Bindung: Mohndruck, Gütersloh
Printed in Germany

ISBN 3-453-06963-3

Für meine Frau Iwona
und Edward, Thomas und Victoria

Danksagungen

Zu tiefem Dank bin ich meinen Freunden und Kollegen verpflichtet, die dieses Buch ermöglicht haben. Es liegt in der Natur der Sache, daß einige von ihnen die Anonymität wahren müssen: sie und ich wissen, warum. Aber unter denjenigen, die ich beim Namen nennen kann, möchte ich mich vor allen Dingen bei meinen früheren Herausgebern Richard Stott (dem heutigen Herausgeber von *Today*) und Lloyd Turner bedanken, von denen ich die größtmögliche Unterstützung erhielt; ebenso bei Tom Petris und Charles Wilson, den großartigen neuen Herausgebern; bei meinen Kollegen, den Reportern Richard Key und Charlie Rae, mit denen ich so manche Krise und viele gute Zeiten erleben durfte; und bei den »Schnappern«, die das Leben unterwegs lebenswert machen, vor allem dem guten alten Arthur Edwards und Mike Forster. Nicht vergessen möchte ich Tim und Eileen Graham, die absoluten Profis, und meinen engen Freund Kent Gavin (bzw. Gavers, wie Diana ihn besser kennt), dem ich für seine Arbeit und seine Kameradschaft zutiefst verpflichtet bin. Ein besonderer Dank geht auch an meine Vorgesetzten bei Mirror Group Newspapers, an David Banks, den Herausgeber des *Daily Mirror*, und an die Leitende Herausgeberin Amanda Platell.

Von ganzem Herzen danke ich Derek Drury, dem Chefbibliothekar beim *Daily Mirror*, sowie seinen engagierten, fähigen Mitarbeitern; ebenso meinem gelegentlichen Sparringspartner Nigel Dempster (wir haben beide Platz im Ring, Nigel).

Patrick Walsh zolle ich meinen Beifall für seine gelungene Buchpräsentation, und tiefen Dank schulde ich Claudia Cragg, die uns miteinander bekannt gemacht hat. Mein Dank gilt ebenso Peter Mayer in New York, Clare Alexander, Clare Harington und Judith Flanders in Viking. Abschließend möchte ich die Arbeit von Jeanette Bishop, Frances Dow und Christopher Wilson dankbar anerkennen, ohne die dieses Buch nicht entstanden wäre.

Inhalt

Einleitung 9

Kapitel 1   Die Lügen kamen zuerst 17

Kapitel 2   Tintenfischchen 51

Kapitel 3   Schmutzige Tricks 75

Kapitel 4   Zurück zu den Anfängen 105

Kapitel 5   Die Flitterwochen sind vorbei 131

Kapitel 6   Der Zerfall einer Ehe 159

Kapitel 7   Die Spencers erklären den Krieg 187

Kapitel 8   Blick nach vorn 213

Register 238

Einleitung

Im Jahre 1978 traf ich Lady Diana Spencer zum erstenmal anläßlich einer Hochzeit in der Guards Chapel in der Nähe des Buckingham Palastes. Eine etwas pummelige Sechzehnjährige in einem unvorteilhaften rosa Kleid stieß mich nach der Trauung an und sagte: »Ich kenne Sie – sind Sie nicht der böse Mr. Whitaker?« Das konnte ich nicht leugnen. »Ich bin Diana«, sagte sie und blitzte mich aus ihren kobaltblauen Augen an. Ganz offensichtlich glaubte sie, es bedürfe keiner weiteren Erklärung. Man konnte ihr gesundes Selbstvertrauen schon zu einer Zeit spüren, als Diana noch als ziemlich hoffnungsloser Fall eingestuft wurde. Für die Eckdaten ihres Lebens wäre nicht mehr als eine dreiminütige Unterhaltung notwendig gewesen – Kind aus einer zerrütteten Ehe, Schulabgang ohne jeglichen Abschluß, ein junges Ding, das heimwehkrank und in Tränen aufgelöst schon nach wenigen Wochen aus ihrer Schweizer Eliteschule heimkehrte. Sie war eine Gelegenheitsarbeiterin der Oberschicht, die die Kinder von Freunden betreute und einmal in einer Kneipe in der Stadt arbeitete.

Sie war hübsch, aber nicht umwerfend. Sie war charmant, aber nicht bezaubernd. Doch im Laufe von drei Jahren wurde ich Zeuge, wie aus einem hausbackenen, wohlerzogenen jungen Mädchen eine Weltberühmtheit wurde, zu der die Medien und die Massen bewundernd aufblickten. Es war eine einzigartige Verwandlung, die ihresgleichen in der neueren Geschichte sucht.

Ihrer natürlichen Begabung ist es zu verdanken, daß eine müde, verstaubte Dynastie sich verjüngte. Bevor Diana auftauchte, hielt man vom Hause Windsor etwa soviel wie von »Nierentisch-Möbeln« – verführerisch revolutionär in den späten fünfziger und frühen sechziger Jahren, aber inzwischen hoffnungslos aus der Mode gekommen. Die Kinder von Königin Elizabeth und Prinz Philip – Charles, Anne, Andrew und Edward – scheuten das Rampenlicht und ließen modische Trends unbeachtet an sich vorüberziehen. Aber mit Dianas Erscheinen erhielt das Haus Windsor völlig neuen Auftrieb. Es fand seinen Glanz wieder und ließ damit die gesamte Nation in neuem Licht erstrahlen.

Man dankte es Diana nicht. Wie wir sehen werden, war die Wahl von Diana als Braut für den Prinzen von Wales so zynisch, wie ein gesellschaftliches Intrigenspiel nur sein kann. Das Haus Windsor ist eifersüchtig auf die Wahrung seines Blutes bedacht und vermischt sich nur ungern. Die junge Prinzessin sollte das Anhängsel ihres Mannes sein, niemals eine eigenständige Persönlichkeit. Sie war dazu ausersehen, einen Erben hervorzubringen, was sie im ersten Jahr ihrer Ehe auch bereitwillig tat. Innerhalb von drei Jahren sorgte sie noch für einen zweiten in der Erbfolge.

Als Prinz Henry 1984 geboren wurde, waren die wenigen Bande, die den Prinzen und die Prinzessin von Wales noch zusammenhielten, kurz vor dem Zerreißen. Diana hatte ihre Schuldigkeit getan, und die Tatsache, daß sie immer noch als Superstar auf der internationalen Bühne galt, war Charles und dem Rest der Familie ein Dorn im Auge. Sie hatten den Geist aus der Flasche gelassen und wurden ihn nicht wieder los. Neid spielt in dieser Geschichte eine große Rolle. Sowohl Prinz Charles als auch seine Mutter mißgönnten Diana den spontanen Beifall, der ihr zuteil wurde, waren sie doch beide von Kindesbeinen an darauf gedrillt, allein zu herrschen. Sie vertraten die Ansicht, daß man sich seine Sporen erst verdienen müsse und daß Diana dies noch nicht geleistet hatte. Auch Diana war eifersüchtig: eifersüchtig auf die lang anhaltende Affäre, die schon vor ihrem eigenen Erscheinen auf der königlichen Bühne ihren Anfang genommen hatte und die eigentlich während ihrer ganzen Ehe unvermindert fortgesetzt wurde.

Die Krise, die derzeit das älteste Königshaus der Welt erschüttert, hat die Ausmaße eines klassischen Dramas angenommen. Der Bruch zwischen Charles und Diana hat direkte Folgen für seine künftige Regentschaft. Auch wenn es Dianas Wunsch sein mag, daß der Thron direkt an ihren Sohn weitergegeben wird, ist das für Charles keineswegs eine Alternative.

Das wurde in einer vielbeachteten Erklärung deutlich, die Lord Chamberlain, Graf von Airlie, abgab, als die Königin im November 1992 ihre historische *annus horribilis*-Rede in London hielt, in der sie ihr Leid klagte und um Nachsicht bat. In seiner Erklärung verkündete Lord Chamberlain die Zusage der Königin, daß sie genau wie ihre Untertanen Steuern zahlen wolle, und fügte hinzu, daß auch Charles sich an diese Regelung halten werde, sobald er die Thronfolge antrete. Auch in ihrer diplomatischen Verbrämung war Charles' Botschaft klar und deutlich: Ich bin meiner Frau zwar untreu gewesen, aber ich will dennoch König werden.

Einigen mag es seltsam erscheinen, daß Charles sich nicht von seiner zukünftigen Rolle als Oberhaupt der Anglikanischen Kirche ausgeschlossen sieht, nur weil er von Anfang an ein Ehebrecher war. Da er immer schon ein eifriger Schüler in Geschichte war, wird er von Kindesbeinen an die »carte blanche« gekannt haben, die seine Vorfahren genossen haben, so daß er sicher davon ausgehen konnte, daß es bei ihm nicht anders sein würde. Die Sache ist aber die: Wir leben im Zeitalter der Elektronik, in dem Privatgespräche abgehört werden können. Und in diesem Zeitalter können solche Gespräche auch verbreitet werden – über Kurzwellensender, Fernsehen und Presse. Die Mauer der Verschwiegenheit ist niedergerissen worden, aber die königliche Familie war viel zu beschäftigt, um es zu bemerken.

Der Inhalt der sogenannten Camillagate-Bänder ist wie Dynamit: Diese Situation zeigt deutlich, wie es mit Charles' Fähigkeit bestellt ist, als Oberhaupt seiner Kirche eine Nation zu führen. Und das ist eine Sache, zu der er sich noch äußern muß.

Es gab eine andere Unterhaltung, die letztendlich noch explosiver war als Camillagate. Die bisher unveröffentlichten Auszüge aus den sogenannten Tintenfischchen-Tonbändern, die in diesem Buch nachzulesen sind, zeigen, daß auch Diana aufgrund ihrer freudlosen Ehe Trost suchte. Für den Abdruck dieser Passagen werde ich mich nicht entschuldigen. Obwohl das Gespräch zwischen Diana und James Gilbey viele schockieren wird, kann man bei reiflicher Überlegung und in Anbetracht der besonderen Lage, in der sich die Prinzessin befand, nur tiefes Mitgefühl haben. Diana hat weder heute noch in Zukunft eine konstitutionell abgesicherte Position, und darum könnte man die Ansicht vertreten, daß sie sich über ihr Verhalten im Privatleben weniger Sorgen machen müßte. Es ist jedoch offensichtlich, daß sie aktiv dazu beitragen will, Prinz William auf den Thron zu bringen – und man darf nicht vergessen, daß Charles, wenn König William V. gekrönt wird, bereits tot sein wird; Diana wird es vielleicht noch erleben und in der Lage sein, ihren Sohn zu beeinflussen. Sie weiß, daß ihr Verhalten von jetzt an vorbildlich sein muß.

Der Kampf zwischen Diana und Charles wird auf vielen Ebenen ausgefochten. Zunächst ist es ein Kampf um den künftigen Regenten; und auch wenn es heißt, daß Diana sich um die emotionale Seite von Williams Erziehung zu kümmern hat, während Charles den offiziellen Teil übernimmt, sind die Dinge nicht so klar abgegrenzt. Während ich dies schreibe, im Frühjahr 1993, wetteifern die Ehepartner um die Gunst des künftigen Regenten. Auf Fotos war zu sehen, wie Charles mit den Kindern zur Kirche geht und wie Diana mit ihnen im Meer badet. Charles nimmt sie mit auf die Jagd, sie läuft mit ihnen Ski. Noch vor einer Generation bat die Königin die Medien, ihren Sohn und Thronfolger in Ruhe zu lassen, so daß er unbehelligt von ihren rüden Verfolgungen aufwachsen könnte – heutzutage wird ein Prinz offensichtlich in einem nicht gerade feinen Spiel benutzt, in dem der eine Partner den anderen zu übertrumpfen versucht und die Presse sich aufgefordert fühlt, einen wichtigen Part mitzuspielen.

Diana gegen Charles ist auch ein Kampf um den Status. Der Prinz und die alte Garde im Buckingham Palast glauben, daß Diana jetzt, nachdem die Ehe beendet ist, ihre Stellung aufgegeben hat. Auch wenn die Frauen von Königen heutzutage nicht mehr fürchten müssen, im Londoner Tower zu landen, herrscht im Hause Windsor immer noch eine gewisse Unbarmherzigkeit: das Amt für schmutzige Tricks ist über sein Ziel hinausgeschossen bei seinem Versuch, die Prinzessin in den Augen der Bevölkerung herabzusetzen, während man den weniger offenkundigen Charme des Prinzen in den Vordergrund schob.

Das ist ihnen allerdings mißlungen. Während nur geringe Zweifel daran bestehen, daß die Prinzessin lückenlos überwacht wird – mehr allerdings, um sie aus der Fassung zu bringen, als um Informationen zu sammeln –, kann man sicher sein, daß sie sich eine feste Machtposition einzig und allein durch ihre persönliche Beliebtheit geschaffen hat. Das ist das Phänomen, mit dem sich die verständnislosen Ratgeber im Buckingham Palast auseinandersetzen müssen: Wie kann man auf freundschaftlicher Basis mit der Prinzessin leben, nachdem sie nur noch zur Hälfte Mitglied der königlichen Familie ist.

Bis heute sieht es nicht so aus, als beschäftige man sich mit dieser Frage oder habe die Absicht, dies in Zukunft überhaupt zu tun. Diana ist ihre erklärte Feindin. In einer neueren Verlautbarung aus dem Buckingham Palast wurde einem Hofkorrespondenten erklärt, Diana und die Herzogin von York seien »zwei schlechte Frauen«. Dieser absurde Kommentar, der zwei sehr unterschiedliche Frauen in sehr unterschiedlichen Lebenslagen in einem Atemzug nennt, zeigt deutlich genug, wie naiv die Höflinge im Palast sind. In dem Wunsch, den Ruf ihrer Vorgesetzten zu wahren, sind sie so verbohrt, daß sie am Ende mehr schaden als nützen. Sehr wahrscheinlich wird die Herzogin von York in nächster Zeit von der königlichen Bildfläche entfernt werden, das aber kann Diana nicht passieren – zwischen den kriegführenden Parteien muß eine Einigung erzielt werden. Scheidung wäre eine Lösung; denkbar ist auch eine Wiederverheiratung sowohl von Charles als auch von Diana.

Der Erzbischof von Canterbury, Dr. George Carey, der diese traurige, ausweglose Situation mit der königlichen Familie besprochen hat, äußerte sich dahingehend, daß eine Scheidung kein Hindernis für Charles sei, sich zum König krönen zu lassen. Seiner Meinung nach muß sich die Kirche, wenn sie überhaupt noch moralischen Einfluß in der modernen Welt ausüben will, den veränderten gesellschaftlichen Bedingungen anpassen, und Charles darf nicht anders behandelt werden als seine zukünftigen Untertanen.

Diese Ansicht wird in Kirchenkreisen nicht rückhaltlos unterstützt, aber ansonsten kann man sich mit dem Gedanken an eine

Wiederverheiratung von Charles anfreunden. Nur wenn Charles die Ehe mit Camilla Parker Bowles eingehen sollte, gäbe es ein Problem (zumindest ist Mrs. Parker Bowles zur Zeit der Entstehung dieses Buches noch mit ihrem Mann verheiratet). Diana könnte andererseits ohne große Gewissensbisse wieder heiraten und sollte dies auch tun. Ob mit oder ohne Mann, es sollte eine angemessene Rolle für sie gefunden werden, in die sie für den Rest ihres Lebens schlüpfen kann. Zynische Beobachter vermuten, daß Diana mit dem Verblühen ihrer äußeren Attraktivität auch die Unterstützung der Öffentlichkeit verlieren wird und daß sie daher nur vorübergehend ein Dorn im Auge der königlichen Familie ist. Aber für die Richtigkeit dieser Annahme sehe ich keinen Anlaß. Sie hat geschickt all ihre Talente zusammengenommen und damit eine erstaunliche Wirkung erzielt. Freiwillig wird sie das Feld nicht räumen, und je länger der Palast darauf besteht, sie zu verunglimpfen, desto größer ist der Schaden für die gesamte königliche Firma.

Hier muß die Königin eine führende Rolle spielen. Sie wird natürlich beraten von ihrem Privatsekretär Sir Robert Fellowes, einem Mann, dessen familiäre Bindung an Diana seine Meinung über sie nicht im geringsten beeinflußt. Die Königin muß dem Rat anderer folgen und entsprechend handeln. Als Oberhaupt des Commonwealth ist sie als Vermittlerin und Heilerin aufgetreten; jetzt ist es an der Zeit, daß sie diese Eigenschaften in ihrer eigenen Umgebung nutzt.

Ich habe nie daran geglaubt, daß die Königin abdanken würde. Ein ähnlicher Akt hätte das Haus Windsor vor fünfzig Jahren beinahe ruiniert; sie wird wohl wissen, daß eine zweite Abdankung das sichere Ende bedeuten würde. Aber da ist noch etwas: Es widerspricht ihrer geistigen Haltung und ihrem Temperament, die Zügel aus der Hand zu geben und die Herrschaft ihrem Sohn zu überlassen. Darin folgt sie ihrer Vorgängerin, Königin Victoria. Außerdem hat sie, läßt man diese Erwägungen außer acht, bei ihrer Krönung den Eid geleistet, den Thron niemals aufzugeben. Sie kann also davon ausgehen, daß sie – wenn nicht ein Unglück geschieht – so lange an ihrem Platz bleiben kann, bis die Wunden der jüngeren Generation verheilt sind. Aber ihre historische Pflicht

14

besteht darin, daß sie sich an dem Heilungsprozeß aktiv beteiligt, wenn sie eine stabile Monarchie hinterlassen will. Die Ereignisse des vergangenen Jahres haben die königliche Familie außerordentlich unbeliebt gemacht, und man muß sie zwingen, das zu erkennen.

Mit diesem Buch habe ich den Versuch unternommen, die Gründe aufzuzeigen, die zu der gegenwärtigen Krise geführt haben, und ich möchte in aller Bescheidenheit Lösungen anbieten. Ich stehe dazu, ein Monarchist zu sein, allerdings kein unkritischer, und ich fühle mich aufgrund meiner mehr als fünfundzwanzigjährigen Erfahrung als Berichterstatter über das Königshaus berechtigt, diese Vorschläge zu machen.

Die königliche Familie bereitet dem Land große Freude und erfüllt eine wichtige Rolle, aber viele behaupten, sie sei vom Wege abgekommen. Der Kampf zwischen Charles und Diana ist das äußere, sichtbare Zeichen einer tiefersitzenden Krankheit, von der wir alle nur hoffen können, daß sie geheilt wird, bevor es zu spät ist.

London, im Mai 1993

Kapitel 1

Die Lügen kamen zuerst

Die Romanze des Jahrhunderts war vorüber, noch bevor sie richtig begonnen hatte. Die Stunden vor seiner Hochzeit mit Lady Diana Spencer verbrachte Prinz Charles im Buckingham Palast mit Mrs. Camilla Parker Bowles im Bett.

Viele Millionen Menschen, nicht nur im Commonwealth, bereiteten sich darauf vor, die Jahrhunderthochzeit im privaten Kreis zu feiern, während sich führende Weltpolitiker und ihre Vertreter in London versammelten, um an einem einmaligen historischen Ereignis teilzunehmen.

Die Geschichte von Charles und Diana hatte auch die härtesten Gemüter dahinschmelzen lassen: einsamer Junggeselle von nebenan, gebeugt unter der Last der Königswürde, frisches, junges, gutaussehendes Mädchen, das seine Seele rettet. Ihre Fotos gingen um die Welt und verbannten wichtigere Nachrichten von den Fernsehschirmen.

Aber es war alles nur Lug und Trug. Er hatte seine zukünftige Frau und seine Mutter, die Königin, aufs schändlichste betrogen – und die gesamte britische Nation, die sich anschickte, zur Vorbereitung auf die größte nationale Feier seit der Krönung vor fast dreißig Jahren die Straßen von London zu säumen, während er noch mit Camilla im Bett lag.

Die königliche Hochzeit kostete zig Millionen englischer Pfund. Die Regierung hatte den Tag zum Feiertag erklärt. Fabriken und Büros waren geschlossen, aber das Ereignis, das die Menschen mit so viel Anteilnahme und Warmherzigkeit feierten, war ein Trugbild. Camilla war es, in die Charles vernarrt war; Diana sollte nur eine angemessene Ehefrau abgeben.

Aber noch ahnte die Welt nichts davon. Die erste Hochzeit eines Prinzen von Wales seit 122 Jahren wurde mit einer Begeisterung begrüßt, die an Hysterie grenzte: Seit der Krönung hatten sich die elektronischen Medien weiterentwickelt und warteten seit Jahrzehnten auf ein Ereignis wie dieses. Im ganzen Land wurden Straßenfeste und Paraden veranstaltet, Flaggen gehißt und Freudenfeuer angezündet.

Am Abend vor dem großen Ereignis feuerten im Hyde Park Kanonen der Royal Horse Artillery Salven in den heißen, staubigen Sonnenuntergang, begleitet von einem gewaltigen Feuerwerk, während sich auf der anderen Straßenseite in den Knightsbridge Barracks Offiziere und Mannschaften der Blues and Royals, einem Regiment der königlichen Reiterei, in ihren Unterkünften auf ihre Aufgabe als berittene königliche Eskorte vorbereiteten. Den größten Eifer legte der Kommandant, Lieutenant Colonel Andrew Parker Bowles, an den Tag, der die Eskorte am folgenden Tag anführen sollte. Zur gleichen Zeit bereitete sich knapp eine Meile entfernt das Objekt weltweiter Begeisterung, die rosige, zwanzigjährige Tochter eines Landadligen, mit Lampenfieber auf den größten Tag ihres Lebens vor – nicht ahnend, was ihr künftiger Ehemann gerade mit einer anderen Frau trieb.

Am Abend zuvor hatte die Königin für Verwandte und enge Freunde des königlichen Paares eine Dinner Party im Buckingham Palast gegeben. Die Mutter von Lady Diana, Mrs. Frances Shand Kydd, hatte mit ihrem Mann Peter daran teilgenommen. Ebenso Lady Dianas Vater, Earl Spencer, mit seiner zweiten Frau Raine.

Für eine Dinner Party im Buckingham Palast war die Gesellschaft relativ klein – nur etwa vierzig Teilnehmer –, doch im weiteren Verlauf zog die Gruppe in den Ballsaal zu einem großen Empfang mit Tanz, der bis 2.30 Uhr in der Früh dauerte. Unter den Gästen aus aller Herren Länder befand sich auch Colonel Parker Bowles mit seiner Frau Camilla.

Als die Kapelle aufspielte, bat der Prinz von Wales Camilla zum Tanz. Nur für einen Tanz, aber sie sollte ihn später am Abend ja noch einmal treffen. Während der Vorbereitungszeit der Hochzeit

18

hatte Lady Diana ihre Wohnung am Coleherne Court aufgegeben und eine Suite neben den Räumen von Prinz Charles bezogen – da es niemand wußte, entstand auch kein Gerede. Aber nach dem Ball an diesem Montagabend, dem 27. Juli 1981, übernachtete Diana in Clarence House, dem offiziellen Wohnsitz der Königinmutter in London. Von hier aus sollte sie ihre Kutschfahrt zur St. Pauls Kathedrale antreten, und hier wartete auch ihr phantastisches Hochzeitskleid, entworfen von David und Elizabeth Emanuel, auf sie.

Einer der beiden Menschen, die mit mir über die nächtliche Begegnung zwischen Charles und Camilla sprachen, war der Kammerdiener des Prinzen, Stephen Barry. Obwohl er späterhin eine umstrittene Figur wurde – er starb an AIDS –, war Barry seinem Herrn treu ergeben, Charles seinerseits empfand ihm gegenüber auch tiefe Zuneigung. Nachdem er aus dem Dienst im Königshaus ausgeschieden war, schrieb er zwei Bücher. Aber er füllte sie nicht mit Zoten, sondern zeichnete einfach ein rosarotes Porträt des Palastlebens: Er war nach wie vor davon überzeugt, daß Großbritannien ein Königreich bleiben müsse. Wenn aber bei einem Gespräch unter vier Augen die königliche Hochzeit zur Sprache kam, schüttelte Barry jedesmal enttäuscht den Kopf.

Freunden gegenüber erwähnte er, er habe es einfach nicht glauben wollen, daß Charles es riskieren würde, sein Verhältnis mit Camilla bis kurz vor dem Ende seines Junggesellendaseins fortzusetzen. Und er gestand mir: »Camilla war die große Leidenschaft Seiner Majestät, seit sie sich Anfang der siebziger Jahre kennenlernten. Aber daß er sie in der Woche vor seiner Hochzeit noch mit ins Bett nahm, war unfaßbar. Jedenfalls war es ungeheuer gewagt, wenn nicht sogar ungeheuer dumm.«

Daß Junggesellen sich noch ein letztes Mal austoben, ist nicht ungewöhnlich, aber in diesem Fall waren die Voraussetzungen einfach völlig andere. Als künftiger Regent mußte Charles sich bewußt sein, daß sein Verhalten überall genau unter die Lupe genommen wurde und daß dieser Mißbrauch des Palastes und seiner Dienerschaft eines Tages ans Licht kommen würde. Da wir heute wissen, daß er in den folgenden Jahren immer wieder zur Mrs. Parker Bowles ging und damit am Ende seine Ehe zerstörte, erscheint sein damaliges Verhalten heute grausam und zynisch zugleich.

Inzwischen hatte sich die Zuschauermenge draußen am Rande der Mall versammelt, die Galauniform hing im Schrank, das blankpolierte Marineschwert wartete nur darauf, angeschnallt zu werden.

Nachbarn in Sussex zufolge fühlten sich sowohl Camilla als auch ihr Bruder Mark schon sehr früh zum anderen Geschlecht hingezogen. Camilla war bekannt für ihr zielstrebiges und energisches Vorgehen in Herzensangelegenheiten. Daß sie nicht gerade wie ein Filmstar aussah, wurde mehr als wettgemacht durch ihr lebhaftes, aufreizendes Temperament, das einige Männer kalt ließ, andere in ihren Bann zog: Sie besaß ein starkes Selbstvertrauen, das ihr in allen Lebenslagen weiterhalf. Ihre Freunde, die mit der Jahreszeit wechselten, gehörten natürlich der Oberschicht an. Zu ihnen zählte auch Rupert Hambro, ein Sproß einer großen Handelsbankfamilie. Doch schließlich lernte sie den schneidigen Offizier der Königlichen Kavallerie, Andrew Parker Bowles, kennen. Das Paar heiratete 1973 in der Guards Chapel. Die Hochzeit war eines der herausragenden gesellschaftlichen Ereignisse des Jahres, gut besucht von der königlichen Familie: Prinzessin Anne nahm an der kirchlichen Trauung teil, ebenso die Königinmutter – Andrews Vater, der Großgrundbesitzer Derek Parker Bowles, gehörte zu ihren engen Freunden. Prinzessin Margaret versäumte zwar die kirchliche Trauung, kam aber zu dem anschließenden Empfang.

Camilla, die wohl kaum als große Schönheit in die Geschichte eingehen wird, sah bezaubernd aus – »sie war in Berge von Tüll gekleidet und trug Diamanten im Haar«, erinnert sich einer der Gäste – und sprühte nur so auf dem Empfang im St. James Palast. Einer der Pagen war Maurice Roche, der jetzige Lord Fermoy und erster Cousin der Prinzessin von Wales. Parker Bowles besaß genau den richtigen gesellschaftlichen Hintergrund. Über die Earls of Strathmore ist er mit der Königinmutter verwandt, eine direkte Verwandtschaft verbindet ihn mit den Earls of Derby, Macclesfield und Cadogan sowie dem Duke of Marlborough. Seine Mutter, Dame Anne, war eng mit der Königin befreundet und Chief Commissioner bei den Pfadfinderinnen. Er war in Ampleforth erzogen worden, dem römisch-katholischen Pendant zu Eton, und diente 1953 bei den Krönungsfeierlichkeiten von Königin Elizabeth als Page. Er besuchte die Militärakademie von Sandhurst, kam anschließend zu den Blues und Royals, dem uralten Kavallerieregiment, in dem er eine solide und erfolgreiche Militärkarriere startete.

Bevor Camilla seinen Weg kreuzte, war Parker eine Zeitlang mit Prinzessin Anne ausgegangen, und Freunde aus jener Zeit erinnern sich an die Intensität dieser Beziehung. Aber seine Religion und die Tatsache, daß Anne sich nicht zu einer Heirat entschließen konnte, war der Grund dafür, daß ihre Beziehung unweigerlich scheitern mußte. Aber die beiden blieben in einer engen Verbindung.

Inzwischen hatte Camilla gegen Ende des Jahres 1971 Prinz Charles kennengelernt, und einen Augenblick lang flogen die Funken. Wenn Freunde, die dazu befragt worden sind, sich auf einen genauen Zeitpunkt festlegen sollen, wann die beiden ein Liebespaar wurden, äußern sie die Vermutung, daß dies nach einer Party bei Annabel's geschehen sein könnte, sechs Monate vor Camillas Hochzeit. Damals durchtanzte sie mit dem Prinzen die ganze Nacht, ohne einen anderen auch nur zu beachten. Sie erhielt nie den Titel einer »offiziellen Freundin« des Prinzen – da ihre Heirat mit Andrew kurz bevorstand –, dennoch war Charles im Nu von ihr besessen und stattete ihrem Elternhaus in Sussex regelmäßige Besuche ab, allerdings anonym. Wie gut sie ihre Beziehung in diesem frühen Stadium geheimhalten konnten, zeigt die Tatsache, daß in den Biographien des Prinzen, die zur Zeit seiner Verlobung mit Diana geschrieben wurden und für die die Liste seiner früheren Freundinnen wieder einmal hervorgeholt wurde, der Name Camilla Shand nicht auftaucht. Die Beziehung kann nur als heimlich bezeichnet werden, was sie in den folgenden zwanzig Jahren auch bleiben sollte.

Charles war damals Offizier zur See, und es heißt, daß er sich nicht an Camilla binden konnte, da er wahrscheinlich für längere Zeit unterwegs sein würde. Drei Überlegungen sprechen gegen diese Darstellung: Zum einen war Charles mit fünfundzwanzig noch nicht reif für die Ehe – im übrigen war Camilla keine geeignete Brautanwärterin. Ihre Anziehungskraft ist vor allem körperlicher Natur, da sie nicht sehr fotogen ist – ein zwar oberflächliches, aber gewichtiges Argument bei der Wahl einer künftigen Königin.

Darüber hinaus hielt man ihren Stammbaum nicht für ausreichend. Es hieß damals, wenn Charles keine ausländische Prinzessin heiraten würde, dann sollte er zumindest die Tochter eines Dukes in Erwägung ziehen, zum Beispiel Lady Jane Wellesley. Inzwischen setzte Earl Mountbatten mit etlichen Winkelzügen alles daran, Charles eine seiner Knatchbull-Enkelinnen ans Herz zu legen, und alle Welt richtete sich auf eine ebenbürtige Partnerin aus einer großen Dynastie ein. Drittens war Camilla zwar fasziniert davon, daß der Prinz von Wales ihr zu Füßen lag, aber eigentlich zog sie Andrew vor. Wie schon sein Vater, der Großgrundbesitzer Derek, ist Andrew ein Liebling der Frauen, der sich gern vor ihnen aufspielt, was Frauen, die Abenteuer lieben, reizvoll finden.

Ein Jahr nach ihrer Heirat wurde ihr Sohn Thomas geboren, und Prinz Charles, der aufgrund seiner Verpflichtungen bei der Marine nicht an der Hochzeit hatte teilnehmen können (er erwarb in der Karibik an Bord der HMS *Minerva* sein Steuermannspatent), war damit einverstanden, Pate des Jungen zu werden.

Schon bald zeichnete sich für Andrew Parker Bowles, einen begabten Funktechniker, ein Aufstieg in seiner militärischen Karriere ab. Da Großbritannien versuchte, sich aus den kläglichen Überresten seiner früheren Kolonie Rhodesien herauszuwinden – Premierminister Ian Smith hatte seine Einseitige Unabhängigkeitserklärung abgegeben, und spätestens 1980 konnte Großbritannien nicht mehr behaupten, es habe noch irgendeinen Einfluß in diesem Land –, wurde Christopher Soames, der Schwiegersohn Winston Churchills, zum Gouverneur von Rhodesien ernannt.

In dem Guerillakrieg, der den letzten Rückzug der Briten aus Afrika begleitete, brauchte Lord Soames militärische Unterstützung, die ihm in Form eines frischgebackenen Oberstleutnants der Blues and Royals zuteil wurde.

Während des geordneten Rückzugs erschien im Herbst 1980 in der Heimat eine kurze Meldung in der Satirezeitschrift *Private*

Eye: »Kaum war Lord Soames zum Gouverneur von Rhodesien ernannt worden, als auch schon die Frage nach Jobs für unsere Jungs auftauchte. Zu den Glücklichen zählt Major Andrew Parker Bowles, inzwischen zum Oberst avanciert und in Salisbury verantwortlicher Verbindungsoffizier zwischen den Briten und den Guerilla-Verbänden. Andrew, 39, ist verheiratet mit Camilla Shand, einem ehemaligen (?) Schwarm von Prinz Charles, und falls ich je den königlichen Aston Martin Volante vor dem Haus der Parker Bowles antreffen sollte, während der galante Oberst seine Pflicht in Übersee erfüllt, weiß ich, was ich zu tun habe.«

Es war ein Schuß vor den Bug an die Adresse des Prinzen mit dem Hinweis auf Gerüchte in Wiltshire und Gloucestershire, wo Charles gerade das Anwesen von Harold Macmillans Sohn Maurice kaufte; diesen Gerüchten zufolge war er immer noch an Camilla interessiert. Aber die britische Presse erkannte leider nicht die tatsächlichen Ausmaße der Beziehung und vergaß sie schon bald völlig, als die bezaubernde neue offizielle Begleiterin des Prinzen, Lady Diana Spencer, aus dem Dunkel ans Licht trat. Der allwissende Klatschkolumnist Nigel Dempster berichtete in seiner Tageskolumne in der *Daily Mail*, er habe Camilla im März beim Rennen in Plumpton gesehen, wo sie Charles bei seinen kläglichen Versuchen, Jockey zu werden, anfeuerte. Auch ich war an jenem Tag dort, aber niemand hat mit dem Auge gezwinkert.

Einen Monat später richtete sich die Aufmerksamkeit wieder auf den abwesenden Oberst, der in Rhodesien von einem Büffel aufgespießt worden war. Der *Daily Telegraph* berichtete, der Oberst habe einen Büffel namens Ziggy »probereiten« wollen, da der Besuch von Prinz Charles anläßlich der Umbenennung von Rhodesien in Zimbabwe bevorstand.

Als er versuchte, das Tier ohne Sattel zu reiten – geplant war, daß Prinz Charles, sollte das Experiment von Erfolg gekrönt sein, seinem Beispiel folgen sollte, um den Medien die Gelegenheit für ein Foto zu bieten –, wurde Andrew abgeworfen und von einem anderen Büffel auf die Hörner genommen, als er sich im Staub wand. Eine ernste Wunde am Bein mußte mit zwölf Stichen genäht werden. Andrew nutzte jedoch die Gelegenheit, Prinz Charles zu zitieren, der eine ähnliche Attacke von einem schotti-

schen Schafbock erlitten hatte: »Das Ende einer Dynastie war verdammt nah.«

Die typisch englische Art eben, Haltung zu wahren. Im übrigen
war Andrew Parker Bowles im engsten Freundeskreis schon dafür
bekannt, daß er nicht nur ein Auge für hübsche Mädchen hatte,
sondern auch Haltung wahren konnte. Wie Wellen in einem Teich
verbreitete sich das Gerücht über seine Frau und Prinz Charles –
aber die meisten wußten nicht, ob Andrew selbst etwas davon
ahnte.

Mit Sicherheit hat er zumindest Verdacht geschöpft. Es war
nicht das erste Mal, daß dieses Paar, um mit Stephen Barry zu
reden, unglaublich waghalsig oder dumm war. Nur wenige Monate vor der Hochzeit des Prinzen war das Haus Windsor vom
größten Skandal seit Generationen erschüttert worden. Es ging um
den königlichen Zug.

Am 16. November 1980 prangte auf der Titelseite des Londoner *Sunday Mirror* eine Geschichte, in der behauptet wurde, daß
Diana vor zehn Tagen heimlich zu Prinz Charles in den Zug gestiegen sei, der auf einem Nebengleis in Staverton, Wiltshire, über
Nacht abgestellt war. Man unterstellte ihr, sie habe ein paar Stunden im Zug verbracht, und das konnte nur eins bedeuten.

Die Geschichte löste viel Wirbel aus. In den beiden vorangegangenen Monaten hatte Lady Diana Spencer die Nation mit ihrer
natürlichen Unschuld, ihrem Frohsinn und ihrer über jeden Zweifel erhabenen Tugend bezaubert. Diejenigen, die das Glück hatten, sie kennenzulernen, waren von ihr bezaubert und von ihrem
Charakter beeindruckt. Für alle stand fest, daß sie die geeignete
Kandidatin war als zukünftige Königin. Der Gedanke, sie habe
unter den forschenden Blicken von SAS- und Polizeiwachen heimlich eine Nacht mit Charles verbracht, schien absurd. Wenn es
aber zutraf, hätte es ihre Glaubwürdigkeit in der Öffentlichkeit zerstört, die ihr vertraute und sie bewunderte.

Sowohl Prinz Charles als auch die Königin waren erbost. Der
königliche Pressesprecher, Michael Shea, wurde angewiesen, an
den Herausgeber des *Sunday Mirror* zu schreiben. Shea legte
schärfsten Protest gegen die Geschichte und ihre Unterstellungen
ein, die »absolut falsch« und »völlig frei erfunden« seien. Er fuhr

fort, indem er eine Forderung ohnegleichen stellte: Der *Sunday Mirror* sollte zum frühest möglichen Zeitpunkt eine Entschuldigung auf der Titelseite abdrucken.

Der Herausgeber Bob Edwards, der offensichtlich davon überzeugt war, daß seine Geschichte der Wahrheit entsprach, blieb eisern. Die nächste Ausgabe des *Sunday* brachte nicht nur seine eigene Antwort an Shea, sondern auch einen späteren Briefwechsel, den er mit dem Palast geführt hatte, in dem er Shea aufforderte, ihm eine offizielle Richtigstellung zukommen zu lassen, die er in voller Länge abdrucken würde.

Es zeugt von Mut, wenn sich ein Mann angesichts derart heftiger Widerlegungen aus dem Buckingham Palast nicht beirren läßt. Eine Zeitlang sah es für Außenstehende so aus, als würde Edwards seine lange, glänzende Karriere auf der Fleet Street (er war viermal Herausgeber inländischer Zeitungen) mit einem Rausschmiß krönen.

Er selbst war in der Tat völlig benebelt. Er erinnert sich, daß die Geschichte aus einer der »zuverlässigsten Quellen« seiner Zeitung stammte, von einem Journalisten im Westen des Landes, Jim Newman. Obwohl er von der Richtigkeit der Information überzeugt war, verlangte er wasserdichte Überprüfungen: Sie waren notwendig geworden, nachdem er von der Konkurrenz auf der Fleet Street Schelte bezogen hatte. Noch nie war der Buckingham Palast – respektive die Königin – so drakonisch gegen einen Herausgeber vorgegangen, und die Fleet Street hatte Blut gerochen. Dennoch blieb Edwards unerschüttert, denn Newman war unter anderem auch Polizist gewesen und bezog seine besten Storys aus Polizeiquellen.

Die ganze Affäre war mit einem großen Fragezeichen versehen, und solange sie unaufgeklärt blieb, litt Dianas Ruf darunter. Auch ich hatte Nachforschungen betrieben und glaubte nicht, daß Diana im Zug gewesen war, aber ich suchte sie in ihrer Wohnung am Coleherne Court auf. Ihre Antwort war aufrichtig: »Ich lüge nicht«, sagte sie. »Ich war nicht in dem Zug, nicht einmal in seiner Nähe.«

Sie fügte hinzu: »Ich habe den ganzen Abend mit meinen Mitbewohnerinnen Virginia, Carolyn und Ann zu Hause verbracht.

Bitte glauben Sie mir – ich sage die absolute Wahrheit. Ich habe zu Abend gegessen und ferngesehen, dann bin ich früh zu Bett gegangen. Ich war am Abend zuvor auf der Party von Prinzessin Margaret im Ritz gewesen und fühlte mich ziemlich erschlagen und hatte etwas Katzenjammer. Mir war nicht danach, auszugehen, und ich habe die Wohnung ganz bestimmt nicht verlassen. Meine Mitbewohnerinnen können das bezeugen.«

Das taten sie auch. Vor allen Dingen Virginia Pitman, die jedes Wort bestätigte. Ich fand das alles sehr überzeugend. Sie waren junge, wohlerzogene Mädchen und an Ausreden nicht gewöhnt. Aber die Gerüchte hielten sich hartnäckig. »Die Darstellungen haben mich nicht gerade in ein günstiges Licht gerückt«, sagte mir eine tief besorgte Diana. »Das alles hat mich sehr aufgeregt – mehr noch, ich bin sehr enttäuscht, daß die Leute, die diese Geschichte zuerst abgedruckt haben, mir nicht glauben wollen.«

Fest entschlossen, Prinzessin von Wales zu werden, spürte Diana, daß die Geschichte mit dem königlichen Zug sie aus der Konkurrenz werfen konnte. Natürlich kannte Charles die Wahrheit, aber Diana wurde nicht von ihm, sondern von der Nation beurteilt. Auch noch im ausgehenden zwanzigsten Jahrhundert wünschen sich die Briten in ihrem tiefsten Innern, ihre künftige Königin möge eine jungfräuliche Braut sein. Ich veröffentlichte dieses Interview am nächsten Morgen im *Daily Mirror*, aber es gab immer noch ein Problem. Von denjenigen, die mit den Regelungen in jener Nacht in Wiltshire am besten vertraut waren, zweifeln nur wenige daran, daß eine blonde Frau hastig in den Zug stieg, nachdem Charles das Dinner beendet hatte, das er für drei offizielle Vertreter der Grafschaft Cornwall gegeben hatte. Aus den Aufzeichnungen über geführte Telefonate geht hervor, daß kurz zuvor ein Anruf nach Bolehyde Manor erfolgt war, dem Haus von Andrew und Camilla Parker Bowles, das ganz in der Nähe liegt.

Niemand konnte sich zu der damaligen Zeit, als die Romanze zwischen Diana und Charles gerade begonnen hatte, vorstellen, daß die Frau in jener Nacht – festgehalten in den Aufzeichnungen der SAS-Soldaten, die am Zug Wache standen – nicht Charles' neue Liebe, sondern eine andere war. Aber sie irrten sich. Bei der

Frau im königlichen Zug handelte es sich um Camilla Parker Bowles.

Ich habe diese Information aus verschiedenen Quellen, angefangen bei Jim Newman bis hin zu einem Mitglied des Oberhauses, der der königlichen Familie sehr nahesteht. Ich hege keinen Zweifel am Wahrheitsgehalt dieser Aussagen – ebensowenig wie altgediente Beamte und Höflinge, die zum Teil immer noch im Buckingham Palast arbeiten. Der Grund, warum die Königin über ihren Pressesprecher Michael Shea so energisch der Nachricht widersprechen ließ, Diana sei im Zug gewesen, war der, daß Charles seiner Mutter persönlich mitgeteilt hatte, Diana sei *nicht* dort gewesen. Hatte er aber seiner Mutter gesagt, daß Camilla im Zug gewesen war? Ich meine, ja. Alle haben steif und fest behauptet, Diana sei nicht im Zug gewesen. Und sie hatten recht.

Die Politik des Palastes, keine Entschuldigungen, keine Erklärungen abzugeben, stürzte Bob Edwards ein wenig in Verwirrung. Während seiner folgenden Treffen mit Prinz Charles wurde das Thema nie angesprochen, und als sich jemand beim Presserat beschwerte, betonte der Palast nachdrücklich, man wünsche nicht, daß der Fall weiter verfolgt werde – man kann sich denken, warum: Es lag natürlich nicht in ihrem Interesse, daß der Fall von einem unabhängigen Gremium untersucht wurde.

1986 wurde sehr zu Recht vorgeschlagen, Bob Edwards in Anerkennung seiner lebenslangen Verdienste um den Journalismus mit dem Titel Commander of the British Empire auszuzeichnen. Der einzige Fehler, den sich seine Zeitung hatte zuschulden kommen lassen, als sie über den Zwischenfall im königlichen Zug berichtete, war vergeben – nicht zuletzt vermutlich deshalb, weil die Zeitung nie mit der Identität der fraglichen Person in jener Nacht herausgerückt war. Großzügig heißt es in den Memoiren von Bob Edwards: »Wie furchtbar, wenn ich mich in der ganzen albernen Angelegenheit geirrt haben sollte.« Aber er irrte sich nicht. Denjenigen, die Edwards am darauffolgenden Weihnachtsfest zu Hause besuchten, wurde unter dem Mäntelchen der Verschwiegenheit eine Karte vorgelegt, die ein früherer Politiker und enger Freund der königlichen Familie unterzeichnet hatte. Diese

Karte enthielt nur eine kurze Mitteilung. Sie lautete: Es war Camilla.

Und wie reagierte Charles selbst auf den ganzen Skandal? Er befand sich zufällig auf einer Indienreise in Neu-Delhi, wo er den »Sensationsjournalismus« der britischen Medien und den Mangel an moralischen Werten bei der Berichterstattung geißelte. In einer Rede vor tausend Mitgliedern des Indischen Instituts für Technologie vertrat er die Ansicht: »Redlichkeit und Integrität sind wichtige Faktoren bei der Berichterstattung und gehen oft in der allgemeinen Sensationsgier unter.«

Bisher hat sich noch niemand die Mühe gemacht, die Frau näher zu betrachten, die als Camilla Rosemary Shand am 17. Juli 1947 im King's College Hospital in London zur Welt kam.

Sie hatte angesehene, wenn nicht sogar ehrfurchtgebietende Vorfahren. Ihre Mutter war die Schwester von Lord Ashcombe, dessen Familie im vergangenen Jahrhundert das Spekulantenanwesen des Duke of Westminster am Grosvenor Square in Belgravia errichtet hatte. Ihre Urgroßmutter war Alice Keppel, die Geliebte König Edwards VII. Es heißt, daß Camilla, als sie Prinz Charles in den siebziger Jahren auf einer Party kennenlernte, das Gespräch mit den Worten eröffnete: »Meine Urgroßmutter und Ihr Ur-Urgroßvater waren ein Liebespaar. Also was ist?«

Den Witz und den trockenen Humor hat sie von ihrem Vater, Major Bruce Shand. Er wurde 1916 als Sohn des Philip Morton Shand und seiner Frau Sybil Mary Sissons geboren und in Rugby und Sandhurst erzogen, bevor er 1937 sein Offizierspatent in einem Kavallerieregiment erwarb. Im Zweiten Weltkrieg erhielt er zwei Tapferkeitsauszeichnungen, errang den MC in Frankreich und Nordafrika, wurde dann von den Deutschen gefangengenommen und verbrachte zweieinhalb Jahre in einem Gefangenenlager in Spangenburg. Er geht den Beschäftigungen eines Patriziers nach: Er ist Mitglied bei Boodle's, dem Herrenclub in St. James, er ist Stellvertreter Lord Lieutenant von East Sussex, war oberster Jagdleiter in diesem Gebiet und war lange Jahre glücklich und zufrieden mit seiner Stelle am Rande des königlichen Haushalts – er war Clerk of the Cheque und Adjutant der Yeomen of the Guard.

Mit anderen Worten: Er war der schmucke Kerl in einer Uniform von 1815, der bei wichtigen Staatsanlässen die königliche Standarte trug.

Camilla war nach Aussagen von Gleichaltrigen ein hübsches Kind mit langen blonden Haaren. Die erste Schule, Dumbrells in Ditching, die sie besuchte, lag drei Meilen entfernt von ihrem Elternhaus, The Laines in Plumpton. Die Schule wurde ebenso spartanisch und freudlos geführt wie die Schule in Gordonstown, in der Charles seine unglückliche Jugend verbrachte. Aber Camilla war eindeutig aus einem härteren Holz geschnitzt als Charles: Mitschülerinnen erinnern sich vor allem daran, wie kalt die Schule war und wie gut Camilla dies ertragen hat. Die Schule war nur spärlich beheizt, und die Kinder trugen das ganze Jahr über Stulpenstiefel (teilweise hing das mit dem unbegründeten Verdacht zusammen, im Hof seien Schlangen). Eine Mitschülerin von Camilla erinnert sich: »Einem Schulinspektor verschlug es schier die Sprache. Er hätte sich nicht im Traum eine solche Schule vorstellen können. Es war so grausam, daß ich immer sagte, ein Kind, das Dumbrells überlebt, kommt mit allem zurecht.«

Die Shands besaßen ein Haus in London, und als Camilla zehn Jahre alt war, gab man sie auf die vornehme Queen's Gate School in Knightsbridge. Von ihr hieß es einmal, sie sei die Mädchenschule, die das »halbe Auswärtige Amt mit Ehefrauen« versorgte.

Die Englischlehrerin, die Camilla in der sechsten Klasse unterrichtete, war Penelope Fitzgerald, die später als Autorin den Booker-Preis gewann. »Als ich dort anfing, wurden in der Schule gerade Veränderungen durchgeführt«, erinnert sie sich. »Früher hatte man den Mädchen dort beigebracht, wie man Schecks ausfüllt und Bridge spielt, aber dann verbesserte sich der akademische Standard.« Aber bei weitem nicht so, daß Camilla dadurch in irgendeiner Weise angespornt wurde: Aus ihren Schulzeugnissen geht nicht hervor, daß sie sehr gute Noten erzielte. Sie interessierte sich auch weiterhin für Sport und war gut im Fechten. Die frühreife Camilla wurde in der Schule Milla genannt. Eine frühere Klassenkameradin schildert sie als »totale Aufreißerin«. Eine andere Altersgenossin, Twinkle, Popsängerin der sechziger Jahre, erzählt: »Ich kann mich ganz gut an sie erinnern, und sie scheint sich überhaupt nicht verändert zu haben. Nicht einmal ihre Frisur ist anders. Ich dachte immer, sie sei das coolste Mädchen an der Schule.

Ich erinnere mich noch genau, wie sie fünfzehneinhalb war. Sie war immer eine hochmütige kleine Dame und sah immer toll aus. Sie war das Abbild einer Schülerin aus der britischen Oberschicht. Wir kamen nicht so gut miteinander aus, weil sie sich sehr für Jagen und Schießen und alles, was damit zusammenhängt, interessierte. Wir stritten uns oft und heftig über dieses Thema, weil ich total dagegen war.

Sie wußte, daß ich Popstar werden wollte – aber sie hatte es nicht nötig zu sagen, was sie werden wollte. Sie hatte ein Selbstvertrauen, das ich beneidete. Sie brauchte sich nicht zu bemühen, anders zu werden als sie war.

Ich habe Prinz Charles nicht kennengelernt, und ich weiß nicht, ob Milla ihn damals schon kannte, aber ein paar Mädchen verkehrten in Kreisen, die ihn kannten. Das gehörte einfach zum Stil in Queen's Gate.« Camilla Shand, dazu ausersehen, eine Debütantin zu werden, ließ die Swinging Sixties an sich vorüberziehen – zumindest was die Kleidung betrifft. Sie trug kurze Twinsets und Röcke aus Tweed und war eine durch und durch konservative Erscheinung. »Es machte ihr offenbar nichts aus, anders als die anderen zu sein. Es war irgendwie komisch, denn Mädchen können grausam sein, aber in Milla gab es etwas, das die anderen als stärker empfanden«, sagt eine Freundin. »Die anderen Mädchen blickten zu ihr auf – viele wollten mit ihr befreundet sein. Sie besaß eine gewisse Anziehungskraft – ich glaube, es lag daran, daß sie zu denen gehörte, die einfach wissen, daß sie es im Leben zu etwas bringen werden. Sie alle wollten etwas aus sich machen, sie wurden dazu erzogen, nur das Beste von allem zu erwarten. Daß sie Schiffbruch erleiden könnte, mit oder ohne gute Noten, war völlig indiskutabel. Das spielte keine Rolle. Sie würde ihr Leben so leben, wie sie es wollte – das strahlte sie aus.«

Obwohl sie älter war als Camilla, erinnert sich die Schauspielerin Lynn Redgrave noch gut an die Schule, wenn auch, wie sie hinzufügt, »nur mit Verachtung. Ich glaube, ich war die einzige, deren Mutter arbeitete, denn meine Mutter war Schauspielerin.

Wir sollten die Schule als heiratsfähige junge Damen verlassen. Die Mädchen dachten nicht daran, viel zu lernen, weil sie nur Partys im Kopf hatten. Die Schule als Debütantin zu verlassen, stand ganz oben auf der Tagesordnung«.

Die Ballsaison erlebte in den späten sechziger Jahren eine Wiederbelebung. Obwohl die Mädchen nicht mehr bei Hof der Königin vorgestellt wurden, sorgte der Einfluß des neuen Geldadels dafür, daß die endlosen Tea-Partys, Cocktail-Partys, Abendgesellschaften, Tanzveranstaltungen und Bälle ungehindert fortgeführt wurden. Obwohl man immer heftig dagegen opponierte, wenn es hieß, die Ballsaison sei nichts weiter als ein Heiratsmarkt für Blaublüter, wurden in dieser Zeit doch Freundschaften geschlossen und Liebesaffären begonnen, und so manche Verbindung zwischen Familien dieser kleinen, sich selbst erhaltenden Oligarchie wurde geschmiedet. Ihre Mitglieder lehnten den Gedanken an eine Heirat außerhalb ihrer Kreise nicht etwa bewußt ab; es kam ihnen einfach nicht in den Sinn. Camilla Shand konnte davon ausgehen, den Richtigen irgendwo bei nächtlichen Partys in Belgravia, Mayfair und Chelsea zu finden. Eine Freundin aus jener Zeit erinnert sich noch gut: »Sie fing schon sehr früh mit gewagten Albernheiten an. Auch damals galt sie schon als ausgesprochen sexy.«

Die Berichte ihrer Altersgenossinnen über Camillas Debütantinnenjahr sind unterschiedlich. Eine ihrer Mitdebütantinnen erzählt nüchtern: »Sie war ein unbedeutendes Hascherl. Es gab damals zwei Möglichkeiten, groß herauszukommen. Die eine war, daß man sich nicht leicht von den guten Beziehungen anderer beeindrucken ließ – jedermann hatte schließlich reiche und einflußreiche Verwandte. Zweitens bekamen die Mädchen, die mit ihrem Aussehen oder ihren Partys am meisten Eindruck schindeten, auch die besten Männer. Was den ersten Punkt betrifft – da gab es andere, die über bessere Beziehungen verfügten als Camilla. Und das zweite – im Grunde wurde sie kaum beachtet. Ihre Mutter veranstaltete eine Party in Pavilion Road Nr. 30, einem Haus in Knightsbridge, das man mieten kann, wenn man nicht über eine erste Adresse in London verfügt. Es war eine der ersten Partys in jenem Jahr, und danach verschwand sie spurlos.«

Camilla, die mit siebzehn bereits ein Jahr »Schliff« in einem Internat in der Schweiz hinter sich hatte, erhielt von der bissigen Gesellschaftskritikerin Betty Kenward in ihrer Rubrik *Jennifer's Diary* in der Zeitschrift *Queen* das Prädikat »attraktiv« – ein Wort, das im Kenward-Sprachgebrauch das genaue Gegenteil bedeutet. Nur wenn in *Jennifer's Diary* hoffnungslos übertrieben wird, kann man sicher sein, daß die beschriebene Person wirklich schön ist. Camilla ging, offengestanden, in einem Jahrgang fabelhaft aussehender Mädchen unter. Eine Altersgenossin formulierte es einmal so: »Wenn man wirklich hübsch ist, kann man in der Debütantinnensaison eine Sensation sein, aber wenn man zum Durchschnitt gehört, zu dem ich auch Camilla Shand zählen würde, kann das schon ganz schön entmutigend sein.«

Camilla hatte es sehr eilig, in die Welt hinauszukommen. Sie nahm eine Stelle als Sekretärin an und zog in ein Zweizimmer-Apartment im Stack House in der Ebury Street 1 bei der Victoria Station – in dem Anwesen, das ihre Vorfahren für die Grosvenors gebaut hatten. Ihre Mitbewohnerin war Virginia Carington, eine Tochter des früheren Außenministers, die, den Gepflogenheiten in der inzestuösen Welt der Londoner Gesellschaft entsprechend, später Camillas Onkel, Lord Ashcombe, heiratete.

Camillas engste Freunde stammen aus dieser Zeit. So zum Beispiel Kirsty Smallwood, Halbschwester von Lord Beaverbrook, mit der sie auch durch Heirat verwandt ist. Eine weitere Freundin ist Fiona Allsopp, verheiratet mit dem Geschäftsführer des Auktionshauses Christie's, Charles Allsopp. Ihre Tochter ist nach Kirsty Smallwood benannt worden. Auch mit der bekannten Innenarchitektin Jane Churchill, der geschiedenen Frau von Lord Charles Spencer Churchill, dem Bruder des Duke of Marlborough, war sie eng befreundet. Zuletzt sei noch Carolyn »Cubby« Benson genannt, eine Tochter des früheren Vorstands des Guards Polo Club, Colonel Gerard Leigh.

Es sollte noch etwa zwölf Jahre dauern, bis der erste konkrete Hinweis auf eine Affäre zwischen Charles und Camilla ans Licht kam. Im Dezember 1992 brachen Einzelheiten eines auf Band aufgezeichneten Telefongesprächs zwischen Charles und Camilla unerwartet über die britische Öffentlichkeit herein. Das Band war das Gegenstück zu den weithin bekannten Telefongesprächen, in denen James Gilbey Diana als »Tintenfischchen« bezeichnet hatte, die in der Zeitung *Sun* im August 1992 veröffentlicht wurden.

Die Quellen dieser Tonbandaufzeichnungen werden im dritten Kapitel näher erläutert, aber einige wichtige und bisher unveröffentlichte Aspekte der Beziehung dieses Paares werden im folgenden Wortwechsel beleuchtet. Es lohnt sich, die Unterhaltung in ihrer vollen Länge abzudrucken, denn sie bietet einen seltenen Einblick in das Herz und die Gedankenwelt des künftigen Königs. Das nächtliche Telefonat fand in der Nacht auf den 18. Dezember 1989 statt, als Charles sich in Cheshire bei seiner alten Freundin Anne, Duchess of Westminster, aufhielt (die im Laufe des Gesprächs als Nancy auftaucht). Das Gespräch lief schon einige Minuten, als das Tonband sich einschaltete...

Wales: ... er war eigentlich ein wenig ängstlich.
Camilla: Tatsächlich?
W: Er dachte, er sei vielleicht ein bißchen zu weit gegangen.
C: Ach so.
W: Jedenfalls muß man sich über solche Dinge einfach im klaren sein und sich irgendwie vorantasten, wenn du weißt, was ich meine.
C: Hmm... im Tasten bist du unschlagbar.
W: Oh, hör auf! Ich möchte dich betasten, über dir sein und auf und nieder, rein und raus...
C: Oh!
W: Besonders rein und raus...
C: Oh, genau das brauche ich jetzt.
W: Ja?
C: Das würde mich wieder zum Leben erwecken. Ich halte keinen Sonntagabend ohne dich aus.
W: O Gott.
C: Es ist wie die Fernsehsendung »Start in die Woche«. Ich kann die Woche nicht ohne dich anfangen.
W: Ich fülle deinen Tank!
C: Allerdings.

W: Dann schaffst du es.

C: Dann geht es mir gut.

W: Und was ist mit mir? Das Problem ist, daß ich dich mehr als einmal in der Woche brauche.

C: Hmm. Ich dich auch. Ich brauche dich die ganze Woche über, immer.

W: Mein Gott, ich möchte einfach in deiner Hose leben oder so. Das wäre viel einfacher.

C: (lacht) Du willst dich verwandeln? Vielleicht in einen Schlüpfer? (beide lachen) Oh, du wirst als Schlüpfer wieder auf die Erde kommen.

W: Da sei Gott vor, als Tampon vielleicht, wie schön! (lacht)

C: Du Idiot! (lacht) Was für eine herrliche Idee.

W: Es wird mein Schicksal sein, hinuntergespült zu werden und immer an der Oberfläche zu schwimmen, nie unterzugehen!

C: (lachend) Ach, Liebster!

W: Bis der nächste kommt.

C: Oh, vielleicht könntest du ja als ganze Schachtel kommen.

W: Was für eine Schachtel?

C: Na, eine Schachtel Tampons, dann könntest du immer wieder kommen.

W: Stimmt.

C: Du würdest dich wiederholen. (lachend) Ach, Liebster, ich will dich jetzt.

W: Ja?

C: Hmm.

W: Ich dich auch.

C: Ich will, ich will, ich will. Ach, in Yaraby habe ich so oft an dich gedacht.

W: Ehrlich?

C: Einfach gemein, daß wir nicht zusammen dort sein konnten.

W: Es ist zum Verzweifeln. Wenn du doch nur hier sein könntest – manchmal möchte ich gern Nancy darum bitten.

C: Warum tust du es nicht?

W: Ich trau' mich nicht.

C: Weil sie dich nämlich liebt, glaube ich.

W: Hmm.

C: Sie würde alles für dich tun.

W: Sie würde es aller Welt erzählen.

C: Nein, weil sie viel zu viel Angst davor hätte, was du ihr sagen könntest. Ich glaube, diese Leute, schrecklich, wenn ich das so sagen muß, aber ich denke, du weißt es auch, daß solche Leute sich stark zu dir hingezogen fühlen, und sie haben sie fest im Griff.

W: Meinst du?

C: Und du ... du unterschätzt dich meiner Meinung nach wie üblich.

W: Aber vielleicht wird sie furchtbar eifersüchtig oder so.

C: Oh! (lacht) Das ist ein Argument! Vielleicht, ja, vielleicht wäre sie eifersüchtig.

W: Man kann nie wissen, oder?

C: Nein, das kleine grünäugige Monster lauert vielleicht in ihr. Nein, aber ich glaube, daß du so gut bist, wenn die Leute sich so viel darauf einbilden, von dir ins Vertrauen gezogen zu werden. Aber ich weiß nicht, ob sie dich hintergehen würden. Ich meine, wenn es echte Freunde sind.

W: Stimmt.

C: Ich ... (Pause) Bist du eingeschlafen?

W: Nein, ich bin noch da.

C: Liebling, hör zu. Heute habe ich wieder mit David[1] gesprochen. Es ist vielleicht nicht so günstig.

W: O nein!

C: Ich sage dir auch, warum. Er hat die Kinder eines dieser Crawley-Mädchen mit ihrer Kinderfrau zu Besuch.[2] Entweder ruft er mich morgen an, oder ich ihn. Er will versuchen, sie bis Freitag loszuwerden. Aber ich habe auch schon daran gedacht, als Alternativlösung Charlie[3] anzurufen.

---

1 Lord Willoughby de Broke, eng befreundet mit beiden, dem Prinzen und Camilla Parker Bowles; er besitzt eine Farm in Gloucestershire, nicht weit von Highgrove und dem Haus der Parker Bowles in Corsham, Wiltshire.

2 Entweder die Kinder von Marita Crawley oder ihrer Schwägerin Sarah, die Witwen von Randall und Andrew Crawley, die bei dem Flugzeugabsturz in Turin 1988 ums Leben kamen. Sarah ist die Tochter eines früheren Vorstandsmitglieds von Lloyd's, Murray Lawrence, und hat einen Sohn; aber es ist wahrscheinlicher, daß die Rede von den beiden Kindern Maritas ist, Aidan und Cosima. Marita ist die Schwester der jetzigen Herzogin von Westminster.

3 Sehr wahrscheinlich der Earl of Shelburne, der in den Jahren 1956 und 1957 Ehrenpage bei der Königin war.

W: Ja.

C: Und sehen, ob wir es dort machen können. Ich weiß, daß er Donnerstag wieder da ist.

W: Das ist ein ganzes Stück weiter entfernt.

C: Oh, ja?

W: Ich überlege gerade. Wenn ich aus Newmarket komme.

C: Wenn du um diese Zeit abends aus Newmarket zu mir kommst, müßtest du es in zweidreiviertel Stunden bis zu mir schaffen. Ich brauche drei.

W: Wofür? Um nach Bowood[4] zu gelangen?

C: Nach Northmore.[5]

W: Und nach Bowood?

C: Nach Bowood ist doch dasselbe, oder?

W: Ich wollte sagen, du hast doch vorgeschlagen, nach Bowood zu fahren, oder?

C: Nein, überhaupt nicht.

W: Welchen Charlie meinst du denn?

C: Was dachtest du denn, von welchem Charlie ich gesprochen habe?

W: Ich weiß nicht, weil ich dachte, du meinst . . .

C: Ich habe viele!

W: Einen anderen.

C: Ich habe viele Freunde, die Charlie heißen.

W: Den anderen. Den von Patty.[6]

C: Oh, ach dahin! Das liegt noch weiter weg. Sie sind nicht...

W: Sie sind weggezogen.

C: Ich weiß nicht. Ich dachte einfach nur, es war nur so eine Idee, falls es mit dem anderen Ort nicht klappen sollte.

W: Ach so. Wie fährst du, zuerst auf der M25, dann auf die M4, stimmt's?

---

4 Der Familiensitz des Earl of Shelburne.

5 Ein Gestüt in der Nähe von Newmarket in Suffolk. Damals gehörte es Hugh van Cutsem, einem langjährigen Freund des Prinzen, Sohn des Trainers Bernard von Cutsem.

6 Patty und Charles Palmer-Tomkinson. Patty Palmer-Tomkinson erlitt 1988 bei dem Skiunglück in Klosters, bei dem der königliche Stallmeister Major Hugh Lindsay ums Leben kam, schwere Verletzungen.

C: Ja, und du fährst, em, so spät abends irgendwie Royston oder M11.

W: Ja, das ist dann direkt danach, jedenfalls gleich nach der Jagd.

C: Genau, em, dir würde der dickste Verkehr erspart bleiben, weil ich, em, das Problem ist nämlich, daß ich morgen abend in London sein muß.

W: Ja.

C: Und am Dienstag abend kommt A zurück.

W: Nein!

C: Ob du es glaubst oder nicht! Weil, ich weiß auch nicht, was er hier macht, jagen oder so. Aber Liebling, du kannst mich doch sowieso nicht anrufen, oder.

W: Ich möchte aber. Zumindest morgen abend könnte ich dich anrufen.

C: O Liebster, ich halte es nicht aus. Wie willst du das morgen anstellen?

W: Weil ich an meiner nächsten Rede arbeiten werde. (gähnt)

C: O nein, worum geht's denn?

W: Über Geschäfte in der Gemeinschaft, Wiederaufbau von Gemeinwesen.

C: O nein, und für wann ist das?

W: Eine ziemlich wichtige Rede für Mittwoch.

C: Nun ja, zumindest werde ich hinter dir stehen.

W: Ich weiß.

C: Kann ich von der Rede, die du gerade gehalten hast, eine Kopie haben?

W: Ja.

C: Ja? Die hätte ich gern.

W: Gut, ich werde versuchen, es zu regeln.

C: Liebling...

W: Aber, mein Gott, wann werde ich mit dir reden?

C: Ich halte es nicht aus, em...

W: Mittwoch abend?

C: Ja, sicher Mittwoch abend. Ich bin allein, em, Mittwoch, weißt du, abends. Oder Dienstag. Während du durch die Lande saust, um etwas zu erledigen, bin ich allein, weißt du, bis es wieder auftaucht. Und am Mittwoch frühmorgens glaube ich, wird er vermutlich so um Viertel nach acht, halb neun wegge-hen. Gott sei Dank ist er am Donnerstag wahrscheinlich nicht hier. Em, dieser Krankenwagenstreik, so schlimm das auch ist, wenn ich das sagen muß, ich vermute ja doch, daß er nicht vor Donnerstag beendet sein wird?

W: Doch.

C: Na ja, für alle anderen ist es gut, wenn er vorbei ist, aber ich hoffe für uns, daß er noch länger dauert.

W: Warum?

C: Tja, weil er am Donnerstag abend wieder hier ist, wenn der Streik beendet ist.

W: O nein.

C: Ja, aber ich glaube nicht, daß er zu Ende geht, oder?

W: Ich auch nicht. Zum Glück für uns.

C: Es wäre unser Glück, das weiß ich.

W: Dann darf er nicht.

C: Nein, das nicht. So darfst du nicht denken. Du mußt positiv denken.

W: Das kann ich nicht so gut.

C: Na, dann werde ich es tun. Weil ich verzweifle, wenn ich es nicht tue. (Pause) Hmm... Schläfst du schon?

W: Nein, Wahnsinn, das alles.

C: Ich weiß. Auf jeden Fall wird er alles versuchen, etwas zu än-dern, David, meine ich, aber ich dachte nur, weißt du, ich könnte ja Charlie fragen.

W: Hast du etwas gesagt?

C: Nein, ich habe noch nicht mit ihm gesprochen.

W: Noch nicht?

C: Nun ja, ich habe kurz mit ihm gesprochen, aber weißt du, ich dachte, ich... Ich weiß einfach nicht, ob er Kinder im Haus hat, das ist das Problem.

W: Richtig.

C: O Liebling..., ich glaube, ich werde...

W: Beten, nur beten.

C: Es wäre doch zu schön, wenn wir nur für eine Nacht tun und lassen könnten, was wir wollten, oder?

W: Ja. Nur um dir frohe Weihnachten zu wünschen.

C: (undeutlich) Glücklich, ach, laß uns nicht über Weihnachten nachdenken. Ich halte es nicht aus (Pause)... Schläfst du schon? Ich glaube, es ist Zeit für dich, oder, Liebling?

W: (schlaftrunken) Ja, mein Schatz.

C: Ich glaube, du bist erschöpft nach der vielen harten Arbeit. Du mußt jetzt schlafen, Liebster.

W: (schlaftrunken) Ja, Liebling.

C: Rufst du mich an, wenn du wach wirst?

W: Ja.

C: Bevor diese Rasselbande von Kindern wieder hier rumtobt. Morgen hat Tom Geburtstag. (Pause) Bist du noch da?

W: Ja, alles in Ordnung.

C: Hoffentlich kann ich mit dir reden, bevor die Rasselbande...

W: Wann kommen sie denn?

C: Na ja, normalerweise wacht Tom überhaupt nicht auf, aber weil er morgen Geburtstag hat, torkelt er wahrscheinlich aus dem Bett. Allerdings nicht vor halb neun. (Pause) Gute Nacht, mein Schatz.

W: Liebling...

C: Ich liebe dich doch so.

W: (schlaftrunken) Vor...

C: Vor halb neun.

W: Soll ich versuchen anzurufen?

C: Ja, wenn du kannst. Ich liebe dich, mein Schatz.

W: Schlaf schön, Liebes.

C: Ich liebe dich.

W: Ich dich auch. Ich will noch nicht auflegen.

C: Gut gemacht. Bist ein kluges Bürschchen. Ein furchtbar gescheites Hirn lauert da, oder? Oh, Liebling, ich glaube, du solltest deinem Gehirn jetzt ein wenig Ruhe gönnen. Schlaf gut.

W: Gute Nacht, Liebling. Gott sei mit dir.

C: Ich liebe dich sehr und bin sehr stolz auf dich.

W: Und ich bin stolz auf dich.

C: Sei nicht albern, ich habe noch nie etwas geleistet.

W: Natürlich.

C: Nein.

W: Deine größte Leistung ist, mich zu lieben.

C: Ach, Liebster, das ist leichter, als von einem Stuhl zu fallen.

W: Du mußt dir all diese Beleidigungen und Quälereien und Verleumdungen gefallen lassen.

C: Ach, Schatz, sei nicht albern. Für dich würde ich mir alles gefallen lassen. So ist die Liebe eben. Die Kraft der Liebe. Gute Nacht.

W: Gute Nacht, mein Liebling. Es hört sich an, als würdest du eine lange Kordel hinter dir herziehen mit Hunderten von Blecheimern und Kanistern daran. Muß an deinem Telefon liegen. Nun schlaf schön, bevor die Batterie zur Neige geht. (küßt ins Telefon) Gute Nacht.

C: Ich liebe dich.

W: Ich will noch nicht auflegen.

C: Ich auch nicht, aber du brauchst den Schlaf. Tschüß.

W: Tschüß, Liebes.

C: Ich liebe dich.

W: Tschüß.

C: Hoffentlich sprechen wir uns morgen früh.

W: Bitte.

C: Tschüß, ich liebe dich.

W: Gute Nacht.

C: Gute Nacht.

W: Nacht.

C: Ich werde dich immer lieben.

W: Gute Nacht.

C: Tschüß, tschüß, mein Schatz.

W: Gute Nacht.

C: Nächtlein.

W: Gute Nacht.

C: Tschüß.

W: Ich lege jetzt auf.

C: Tschüß.

W: Ich lege jetzt auf.

C: Weg.

W: Gute Nacht.

C: Drück auf den Knopf.

W: Ich werde das Knöpfchen drücken.

C: Gut, Liebster, ich wollte, du würdest meine drücken.

W: Gott, wie gerne würde ich. Immer fester.

C: Oh, Liebling.

W: Gute Nacht.

C: Gute Nacht.

W: Ich liebe dich.

C: (gähnt) Ich liebe dich, drück das Knöpfchen.

W: Ich bete dich an. Gute Nacht.

C: Gutnacht.

W: Gutnacht.

C: (küßt ins Telefon)

W: Gutnacht.

C: Gutnacht, mein Schatz. Ich liebe dich . . .

(Charles legt auf).

Abgesehen vom moralischen Aspekt, kann man nun kaum noch Zweifel an der Intensität des Liebesverhältnisses zwischen Charles und Camilla hegen. Als dieses Gespräch aufgezeichnet wurde, kannte sich das Paar bereits siebzehn Jahre, und man kann sicher davon ausgehen, daß sie seit ebenso vielen Jahren miteinander geschlafen haben – Freunde vermuten, daß Charles in den ersten beiden Ehejahren Diana treu war, aber wahrscheinlich nicht länger. Es spricht für sich, wenn man jemandem nach so langer Zeit so leidenschaftlich zugetan ist.

Wenn an dieser Stelle die Gefühle, die Charles seiner Frau gegenüber hegt, nicht gedeutet werden, so deshalb, weil das Thema wieder und wieder ausgeschlachtet wurde. Er hat Camilla erzählt, daß ihr Intimleben schon bald nach der Hochzeit ein Ende fand, und daß er es schwierig fand, Diana so anzusehen, wie er es eigentlich sollte, weil sie zu einer lebenden Ikone geworden war; das hat ihn abgeschreckt. Aber hier will er sein nächtliches Bettgeflüster nicht durch seine Eheprobleme überschatten. Und die schroffe Art, wie Camilla von ihrem Mann als »es« spricht – »Ich bin allein, bis es wieder auftaucht« –, läßt darauf schließen, wie es um ihre Ehe bestellt ist.

Ein deutlicher Hinweis auf Charles' Neigung, andere im Leben dafür verantwortlich zu machen, wenn etwas schiefgeht, findet sich am Ende des Gesprächs, als er sich über Störungen in der Leitung beschwert – »Es hört sich so an, als würdest du eine lange Kordel hinter dir herziehen mit Hunderten von Blecheimern und Kanistern daran. Es liegt wohl an deinem Telefon.« Er hat aber ein Funktelefon, von dem man weiß, daß es anfällig für solche Probleme ist, während Camilla von einem Schnurtelefon aus spricht.

Hinzu kommt, daß er nicht darauf reagiert, als Camilla ihren Sohn Tom erwähnt – der ja immerhin Charles' Patenkind ist. »Morgen hat Tom Geburtstag«, sagt sie und macht eine Pause. Er beißt nicht an; »weil er morgen *Geburtstag* hat...«, versucht sie noch einmal, aber der Groschen fällt noch immer nicht. Natürlich hat er kein Geschenk geschickt.

Das für Charles typische Gefühl der Unzulänglichkeit – das mit der Arroganz einhergeht, immer im Recht zu sein – wird deutlich. Camilla fordert ihn auf, positiv zu denken, aber er antwortet resigniert und finster: »Das kann ich nicht so gut.«

Doch die vernichtendste Anklage gegen den künftigen Regenten richtet sich nicht einmal gegen die ausgesprochen sexuelle Natur der Unterhaltung, sondern gegen die deutliche Pflichtvernachlässigung. Der Ambulanzstreik 1989 war eine der schärfsten Auseinandersetzungen in der Industrie Großbritanniens seit dem Bergarbeiterstreik. Er dauerte sechs Monate und kostete über 35 Millionen Pfund. Polizei und Armee mußten in aller Eile ein flächendeckendes System ausarbeiten, mit dem die Dienstleistungen wenigstens annähernd sichergestellt wurden. Auch wenn dies letztendlich erreicht wurde, war es unvermeidlich, daß die Öffentlichkeit darunter leiden mußte. Anklagen wurden laut, daß Menschen unnötig sterben mußten, weil die Verantwortlichen streikten. Als der Streik im März 1990 beendet wurde, hatte die Polizei 1 100 000 Überstunden für Krankentransporte geleistet, wodurch notwendigerweise ihre Rolle in der Verbrechensbekämpfung und -aufklärung gelitten hat. Als das Gespräch zwischen Charles und Camilla stattfand, lief der Arbeitskampf schon drei Monate und befand sich auf seinem Höhepunkt. Andrew Parker Bowles spielte bei der Unterstützung durch Armeeambulanzen eine Schlüsselrolle. Die Aufgabe erwies sich als anspruchsvoll und zeitraubend.

Interessanterweise entschuldigt sich Camilla für ihren Wunsch, der Streik möge andauern, damit ihr Mann in London festgehalten würde. Der Prinz hingegen kennt kein Bedauern – »Zum Glück für uns«, sagt er bei dem Gedanken, daß er ansonsten vielleicht auf seine nächste Verabredung mit Camilla verzichten müßte. Als vertrauter Berater und künftiger Regent würde er vor der Öffentlichkeit zwar äußern, die Wiederherstellung der Ordnung im Ambulanzwesen sei das oberste Gebot für die Gesundheit der Nation. Aber nur dann, so scheint es, wenn sie nicht seinem Privatleben ins Gehege kommt.

Das erinnert an seinen Vorfahren David, Prinz von Wales – den späteren Edward VIII. und späteren Herzog von Windsor –, der nicht in der Lage war, seine öffentlichen Pflichten vom Privatleben zu trennen. Bei dem früheren Prinzen von Wales zeigte sich dieser Zug deutlich während seiner berühmten Reise durch das südliche Wales im November 1936, in einer Zeit katastrophaler Arbeitslosigkeit. In Blaenavon sagte er zu dem Vorsitzenden des Arbeitslosenkomitees: »Hinsichtlich der Arbeitslosigkeit wird etwas unternommen werden.« Sein offizieller Biograph Philip Ziegler schrieb darüber: »Und wie viele erinnern sich heute noch daran, daß er diese Worte und die folgenden – ›Seien Sie versichert, daß ich alles für Sie tun werde, was in meiner Möglichkeit steht‹ – aussprach und schon drei Wochen später England den Rücken kehrte? Und wie viele haben je gewußt, daß er, als er diese Worte aussprach, bereits den Premierminister, seine Mutter und seine drei Brüder von seiner Absicht unterrichtet hatte, auf den Thron zu verzichten?«

In der Tat gibt es, wie die sogenannten Camillagate-Bänder zeigen, auch noch andere Ähnlichkeiten zwischen dem heutigen Prinzen von Wales und seinem Vorgänger. David gestand seiner Geliebten Freda Dudley Ward: »In meiner Kindheit habe ich nie Liebe erfahren. Es gab Diener, die mich offenbar liebten, aber ich mußte immer daran denken, daß sie mich nur deshalb liebten, weil ich der Thronerbe war.« Vergleicht man dies mit den klagenden Worten, mit denen Charles die Liebe von Camilla Parker Bowles erfleht, wird deutlich, was sie für ihn so anziehend macht. Freunde des Prinzen, die Camilla kennen, sind immer wieder erstaunt darüber, wie groß ihre Macht über den Prinzen ist, denn – auch wenn Urteile wie diese vernichtend sind – sie ist nicht das, was man gemeinhin eine Schönheit nennt, und, wie ein Freund es formuliert hat, »Charles hätte die freie Wahl, ob verheiratet oder nicht. Im ganzen Land gibt es blaublütige Frauen, die froh wären, zu ihm ins Bett fallen zu dürfen«. Aber das Geheimnis liegt wohl zum Teil darin, daß Camilla ihn bemuttert. Das ist es vor allem, und ihre Art zu leben, die ihn auf seltsame, fast animalische Art anzieht. »Sie ist, unter uns gesagt, nicht gerade eine tadellose Frau. Vielleicht wäscht sie sich nicht so viel, wie sie sollte«, war das grausame Urteil einer Bekannten. »Bei ihr zu Hause ist es unordentlich. Ich glaube auch nicht, daß sie zum Friseur geht, und meistens kann man sie nicht dazu bewegen, sich fein anzuziehen.«

Das ist das genaue Gegenteil von dem, was Charles gewohnt ist. Verglichen mit seiner Frau, die für ihn den Reiz eines Eisberges hat, ist Camilla erdgebunden und unkonventionell. Obwohl sie genauso alt ist wie Charles, hat sie mütterliche Eigenschaften zu bieten, die ein Mann mit einer unglücklichen Kindheit, der leicht niedergeschlagen ist, zu schätzen weiß. Diana, die ihre eigenen Probleme hat, kann das nicht. Es hat oft sogar den Anschein, als behandle Charles Diana wie ein Kind. Bestimmt hat er nie mit ihr über seine Reden gesprochen. Er zog es vor, damit zu Camilla zu gehen. Und ganz sicher hat Diana nie um eine Kopie gebeten. Man könnte sagen, daß Charles und Camilla Gleichgesinnte waren und sind – aber es ist mehr als nur das: Camilla ist sowohl Mutter als auch Geliebte, Ratgeberin und Ratsuchende.

Und noch etwas verbindet sie. Es ist der Reiz der Jagd. Die Autorin des Königshauses, Suzy Menkes, schreibt dazu: »Ich glaube, daß die Jagd auf Charles, wie auf andere Menschen auch, einen ungeheuren sexuellen Reiz ausübt.« Diana fühlt sich nach einem Reitunfall, den sie in früher Kindheit erlitten hat, auf einem Pferderücken unwohl. Camilla hingegen kennt keine Furcht. »Sie ist eine rücksichtslose Reiterin – aggressiv und laut während der Jagd«, sagt ein Teilnehmer an der Jagd in Beaufort. »Das Wort ›zielstrebig‹ wäre eine Untertreibung. Oft hört man sie schreien, wenn man sich einem Zaun nähert: ›Verdammt, hau doch ab da!‹ Sie walzt die Leute platt, und das kann recht beängstigend sein.«

Eine Jagd war für das Paar der ideale Treffpunkt. Teilnehmer an mehr als einer Jagd haben beschrieben, wie Charles und Camilla zu Beginn im Feld weit auseinander lagen, sich aber schließlich zu einem Gespräch im Wald trafen. Camilla hat auch einige andere Lieblingsbeschäftigungen von Charles übernommen – Aquarellmalerei und Angeln. Eine Zeitlang wurden die beiden von dem Porträtmaler Neil Forster aus Wiltshire unterrichtet, und natürlich hat sie viel Zeit in Birkhall verbracht, dem Haus der Königinmutter auf dem Anwesen in Balmoral, wo sie Charles beim Lachsfang begleitete.

Was aber ist mit dem Verhältnis zu ihrem Mann, dem jetzigen Brigadegeneral? Ein Freund der Familie beschrieb es folgendermaßen: »Sie streiten sich oft. Nicht unbedingt über Charles, aber über alles mögliche – über Geld, was es für sie zu tun gibt, wer welche Aufgaben übernimmt, ob sie zusammenbleiben sollen – und es ist oft sehr laut, wenn sie zu Hause sind. Einer ist dem anderen ein ständiges Ärgernis, Zärtlichkeiten sind nicht an der Tagesordnung. Sie schreit ihn öfter an als er sie. Zu Hause werkelt Andrew gern im Garten herum. Wenn er am Telefon verlangt wird, kommt sie heraus und ruft lauthals nach ihm, statt zu ihm zu gehen und es ihm leise zu sagen – das macht ihn ziemlich sauer. Und ständig liegt sie ihm in den Ohren, er solle Arbeiten im Haus übernehmen.«

Nach der Veröffentlichung der Camillagate-Bänder waren beide bereit zuzugeben, daß ihre Situation »ziemlich verfahren« sei, aber da die Kinder noch im Schulalter sind – sie haben außer dem Sohn noch eine heranwachsende Tochter –, wollten sie sich nicht trennen oder scheiden lassen. Dennoch ist es ein offenes Geheimnis für ihre Freunde, daß der Brigadegeneral, bevor Commander Timothy Lawrence auftauchte, wieder viel Zeit mit seiner früheren Freundin, Prinzessin Anne, verbrachte. Er ging mit ihr ins Kino, ins Theater und führte sie in verschiedene Restaurants zum Essen aus. Sie besuchte ihn in dem damaligen Bolehyde Manor in der Nähe von Chippenham und traf ihn häufig, als er Kommandierender Offizier in den Knightsbridge Barracks war.

Es wurde der Vorwurf erhoben, daß Andrew und die Prinzessin manchmal zu wenig diskret vorgingen und daß sie ihre frühere

Freundschaft wieder aufgenommen hätten. Obwohl Andrew sowohl bei seinen Untergebenen als auch bei Hofe große Beliebtheit genoß, sorgte man sich im Buckingham Palast darum, wie weit diese Beziehung wohl gehen würde. Da man aber die Prinzessin nicht gern aus der Fassung bringt, sagte man wenig dazu, da Anne sich immer intensiver für den Mann interessierte, der schließlich ihr zweiter Mann werden sollte, und sie Andrew Parker Bowles immer seltener traf. Dieser wandte seine Aufmerksamkeit dann Charlotte Soames zu, der Tochter seines früheren Vorgesetzten in Rhodesien, Lord Soames. Man munkelte schon, daß Andrew Camilla verlassen würde, um mit Charlotte zu leben, nachdem Charlottes Ehe mit dem Bankier Rick Hambro in die Brüche gegangen war – aber schließlich heiratete sie Earl Peel, einen Grundbesitzer aus Yorkshire. Ein Freund stellte fest: »Hätte Charlotte nicht Willie Peel geheiratet, dann hätte Andrew sich von Camilla scheiden lassen und Charlotte gebeten, ihn zu heiraten. Aber er ließ Charlotte im unklaren, so daß sie am Ende die Geduld verlor. Camilla paßte die Intensität der Beziehung zu Charlotte nicht. Doch auch wenn sie sich ziemlich lange hielt, hatte Camilla den geringsten Grund, sich zu beklagen.«

Der Brigadegeneral wurde in der britischen Presse als der perfekte englische Gentleman dargestellt, der standhaft zu seiner Frau hielt und die immer deutlicheren Hinweise darauf, daß er betrogen wurde, zur Seite fegte. Aber in seinem eigenen Bereich, in der Armee, hatte er viel härtere Kritik einstecken müssen, als Offizierskollegen sich darüber beklagten, daß er Stellen im Ausland ablehnte, nur um in der Nähe des Buckingham Palastes bleiben zu können. Es kam zu einem offenen Streit, als man ihn zum Direktor des Veterinärkorps der Königlichen Garde machte, dem ersten Direktor ohne medizinische Vorbildung in der 203 Jahre alten Geschichte des Korps. Kollegen behaupteten, er habe so viele Stellen im Ausland abgelehnt, für die der Rang eines Brigadegenerals erforderlich war, daß dies der einzige Posten gewesen sei, der noch übrigblieb.

Der Oberkommandierende des Korps, General Robert Clifford, war so empört, daß er seinen Rücktritt einreichte. Zuvor allerdings machte er seinen Gefühlen Luft in einem scharf formulierten

Brief an den Kriegsminister im Verteidigungsministerium, Lieutenant General Sir John Learmond. Der wiederkehrende Vorwurf in aller Kritik lautete, Parker Bowles mißbrauche die Armee lediglich dazu, in der Nähe der königlichen Familie bleiben zu können. Am Ende werde er seine Karriere im königlichen Haushalt machen.

Im Jahre 1987 wurde ihm eine glänzende, offizielle Anerkennung zuteil, als er zum Offizier der Leibwache der Königin berufen wurde. Diese Stellung, die bis ins siebzehnte Jahrhundert zurückgeht, war zu einer Zeit geschaffen worden, als man glaubte, das Leben des Herrschers sei durch eine römisch-katholische Verschwörung gefährdet. Historisch gesehen, sollte die Leibwache den Monarchen »vom Aufstehen bis zum Zubettgehen« begleiten. Obwohl die Stellung heutzutage nur noch rein zeremonielle Bedeutung hat, ist sie sehr ehrenvoll. Polofreunde von Andrew erinnern sich daran, daß sie ihn einmal baten, bei Polospielen im Guards Polo Club für sie den Schiedsrichter zu spielen, doch bekamen sie seine verlegene Antwort zu hören: Er müsse nach Hause, um die Ankunft des Prinzen von Wales vorzubereiten, der zum Dinner kommen würde. Es hörte sich so an, als müßte er sich persönlich um das Essen kümmern. Spaßvögel im Polo Club fragten sich hinter vorgehaltener Hand, ob er sich auch um seine Frau kümmern müsse.

Dennoch ist es merkwürdig, daß der Brigadegeneral – offensichtlich der verwundbarere Teil von beiden – es fertiggebracht hat, sich größeren Exzessen einer sensationsgierigen Öffentlichkeit zu entziehen. Camilla hat damit größere Probleme. Bei verschiedenen Gelegenheiten hatte sie das Bedürfnis, den Augen der Öffentlichkeit zu entschwinden und sich in das geräumige Haus des früheren Offiziers der Leibgarde und Handelsbankiers Nicolas Paravicini zurückzuziehen.

Paravicini, der Enkel von Somerset Maugham, war mit Andrew Parker Bowles' Schwester Mary Ann verheiratet. Seit Mitte der achtziger Jahre sind sie geschieden. Obwohl sein Haus sie vor den Augen der Öffentlichkeit schützte – und, wie Ortsansässige behaupten, ihr einen weiteren Treffpunkt bot –, hat Camilla sich dennoch verpflichtet gefühlt, von Zeit zu Zeit in der Öffentlichkeit zu erscheinen. Erlebnisse, die ungünstig gewählt waren und die sie verletzten und verwundbar machten. Bei einem Gottesdienst zu Ehren der Veteranen von El Alamein erschien sie am Arm ihres Vaters, Major Bruce Shand, in der Westminster Abbey. Aber die Prinzessin von Wales war auch anwesend – und die Pressefotografen hatten ein Heimspiel. »Sie war entsetzt darüber, wie man an diesem Tag hinter ihr herjagte«, sagt eine Freundin. »Geschieht ihr ganz recht«, lautete der bissige Kommentar Dianas.

Bei einer anderen Gelegenheit im Sommer 1992, gerade als ihr Name fest mit Prinz Charles in Verbindung gebracht worden war, erschien Camilla bei einem Polospiel in Windsor, zu dem sie trotzig ein Kostüm in den Farben des Prinzen von Wales vor der Königin zur Schau trug. »Niemand wußte, ob Camilla nun ein deutliches Zeichen setzen wollte, oder ob es das einzige gebügelte Kleidungsstück aus ihrer Garderobe war«, machte sich ein Mitglied des Guards Polo Club lustig. Zu Camillas Empörung hatten die Fotografen wieder ihr Motiv.

Sowohl Charles als auch Camilla haben sich oft vor Freunden darüber beklagt, daß die Presse sich ihrer Meinung nach bösartig in Sachen einmische, die sie für eine reine Privatangelegenheit hielten. Zweifellos würden sie es begrüßen, wenn sich die Presse noch einmal ein Moratorium auferlegen würde, wie dies zur Zeit von Charles' Vorgänger der Fall war. Mitte der dreißiger Jahre hatte die britische Presse beschlossen, *nichts*, auch nicht die geringste Kleinigkeit zu veröffentlichen, die mit der Beziehung des Prinzen zu Wallis Simpson zu tun hatte – auch wenn die Zeitungen in aller Welt, vor allen Dingen in Amerika, der Heimat Wallis Simpsons, fast täglich Einzelheiten über die Romanze verbreiteten. Eigentlich vertraten die Herausgeber britischer Tageszeitungen die Ansicht, daß alles, was Charles in seinem Privatleben unternahm, seine eigene Sache sei – jedoch nur so lange, bis die Sache zu dringlich wurde. Sie waren fast bereit, den wiederholten Beteuerungen Andrew Parker Bowles' zu glauben, der öffentlich erklärte, Camilla und Charles hätten nie eine sexuelle Beziehung gehabt. »Das ist nicht wahr«, sagte er. »Das ist frei erfunden.« Aber das war es nicht.

Am Ende hat Charles' eigene Mannschaft ihm ein Bein gestellt.

Ein Pressesprecher gab zu, als er vom *Daily Mirror* interviewt wurde, daß Charles eine Affäre gehabt habe.

»Na und?« fragte er. »Dann hat der Prinz eben eine Affäre mit dieser Frau gehabt – das passiert in Frankreich doch dauernd. Politiker und berühmte Männer haben in Frankreich in jeder Lebenslage eine Geliebte, und niemandem wird deswegen ein Haar gekrümmt.« Nach zwei Jahrzehnten, nach der ganzen Geheimniskrämerei und den vielen Widerlegungen war dies ein niederschmetterndes Zugeständnis. Merkwürdig ist nur, daß dieser Mann noch immer im Dienste des Hofes steht. Charles und Camilla wurden belagert. Die Ehe des Prinzen und der Prinzessin von Wales – obwohl inzwischen klar war, daß man sie kaum als eine solche bezeichnen konnte – war zerstört. Die Trennung wurde offiziell bekanntgegeben, und Presseleute aus aller Welt ließen sich auf der Schwelle des Parker Bowlesschen Anwesens in Wiltshire nieder. Das Paar sah sich gezwungen, sich eine neue Telefonnummer zuzulegen.

In den ersten drei Monaten des Jahres 1993 nahm der Druck weiter zu – bis einer es nicht mehr aushalten konnte. Major Bruce Shand, inzwischen an die Achtzig, bat um ein Gespräch mit dem Prinzen von Wales im Buckingham Palast. Sein Tonfall war verwirrt, traurig, manchmal sehr verärgert. Seine Frau, sagte er, sei schwer krank. Das Leben seiner Tochter sei ruiniert. Das sei alles Charles' Schuld.

Der Prinz von Wales brach bei den bitteren, aber schwachen Klagen des alten Mannes in Tränen aus.

Kapitel 2

Tintenfischchen

Im Freundeskreis des Prinzen und der Prinzessin von Wales heißt es übereinstimmend, daß von einem Vollzug der Ehe nur bis 1986, fünf Jahre nach der königlichen Hochzeit, die Rede sein konnte. Auf jeden Fall hat Charles diese Tatsache seinem Polomanager Ronald Ferguson gegenüber erwähnt. Freunde des Paares führen diese Spaltung auf verschiedene Faktoren zurück, vor allem auf das Göttinnensyndrom. Schon nach kurzer Zeit mußte Charles mit ansehen, wie aus dem rosigen Teenager, den er geheiratet hatte, eine Göttin wurde, deren Bild auf den Titelseiten der Zeitschriften zwischen London und Tokio prangte, deren Unternehmungen von Reportern, Kameraleuten und Klatschkolumnisten in allen Einzelheiten dokumentiert wurden.

Für Charles, der seit vierunddreißig Jahren jeden Tag von Höflingen zu hören bekommen hatte, er sei nach seiner Mutter die wichtigste Person auf der Welt, war Dianas plötzlicher Ruhm nur schwer zu schlucken. Er hatte sich mit dem Studium der Geschichte, Philosophie, Ökologie, Politologie, der schönen Künste und der Umwelttechnologie auf seine Rolle als König vorbereitet und mußte nun plötzlich erleben, daß ein Mädchen, das nichts anderes im Sinn hatte als Dire Straits und Romane ihrer Stiefgroßmutter Barbara Cartland, ihn in der Gunst der Öffentlichkeit überrundete. So hatte es zumindest den Anschein für den Prinzen. Man konnte gleichsam spüren, wie die Temperatur zwischen den beiden sank. Auf ihrer Reise nach Australien und Neuseeland 1983 waren die beiden noch ein frischgebackenes, verliebtes Ehepaar. Auf einem Empfang in der Residenz des Hochkommissars in Auckland, an dem ich auch teilnahm, tätschelte Charles ihr ständig den Po, und sie quietschte dabei vor Vergnügen. Diese Szene hatte sich bereits bei einem Poloturnier abgespielt, als er sie vor laufenden Kameras in den Po kniff – ein höchst ungewöhnliches Verhalten für den sonst so reservierten Prinzen. Schon vorher hatten die beiden an einer Tanzveranstaltung in Melbourne teilgenommen und sich auf der Suche nach der richtigen Etage im Aufzug verirrt. Schließlich hielt der Aufzug, und als sich die Türen öffneten, standen sie plötzlich dem langjährigen Pressefotografen Ron Bell gegenüber. Charles trat mit leuchtenden Augen auf ihn zu und sagte, indem er sich zu Diana umwandte: »Ist sie nicht wunderbar, Ron? Ich bin ja so stolz auf sie.« Es war dies das einzige Mal, daß Charles seine Frau in aller Öffentlichkeit bewunderte. Als er von dem Hofjournalisten von ITN, Anthony Carthew, am Tage seiner Verlobung gefragt wurde, ob er Diana liebe, antwortete er geschraubt und leicht verlegen: »Was immer Liebe heißt.« Dennoch waren diese beiden ersten Ehejahre durchaus annehmbar – so lange, bis sich im Königshaus herumgesprochen hatte, daß seine Kindfrau in der Presse genauso viel Beachtung fand wie er, wenn nicht sogar noch mehr. Das verwirrte ihn zunächst, dann aber wurde er zunehmend ärgerlicher.

Diese Gefühle traten allerdings auch schon auf der Australienreise 1983 zum erstenmal in Erscheinung. Die beiden hatten eine Reihe sehr erfolgreicher Rundgänge unternommen, auf denen sie eine gewisse Routine entwickelten: Sie stiegen aus dem königlichen Wagen aus und gingen Seite an Seite an den begeisterten Zuschauern entlang. Nach etwa zwanzig Metern wechselten sie die Seiten. Charles, der die Reaktionen der Menge bemerkte, leitete seine Worte an sie folgendermaßen ein: »Tut mir leid, daß Sie mich erwischt haben – wenn ich Sie wäre, würde ich mein Geld zurückverlangen.« Auch wenn diese Worte scherzhaft gemeint waren, spürte man seine wachsende Verärgerung. Es verletzte ihn, daß die Menschen enttäuscht waren, wenn er auftauchte. Das war ihm in seinem ganzen Leben noch nicht passiert. Wenn früher alle Welt jubelte, sobald er auf die Menge zutrat, um mit ihnen zu reden, blickte man heute auf der Suche nach Diana zunächst über ihn hinweg. Die Enttäuschung der Zuschauer war nur zu offensichtlich, und sehr bald verabscheute er diese Reaktion regelrecht.

Gleichzeitig wurde Diana mit Millionenumsätzen vermarktet. Ihre Kleider wurden nachgearbeitet und verkauft, und die Herausgeber von Zeitschriften auf der ganzen Welt entdeckten einen einfachen Sachverhalt: Wenn sie Diana auf der Titelseite abbildeten, stieg die Auflage. Wenn sie in der nächsten Ausgabe wieder ein Foto auf der Titelseite brachten, stieg die Auflage erneut. Innerhalb von zwei Jahren war sie zu einem in der Weltgeschichte einmaligen Phänomen geworden: Von den Massen bewundert, aber vom kommerziellen Rummel unberührt, war sie reiner als andere Idole des zwanzigsten Jahrhunderts, die alle etwas zu verkaufen hatten – die Beatles, Marilyn Monroe, Michael Jackson, Rudolph Valentino. Es dauerte eine Zeitlang, bis Charles merkte, was da vor sich ging. Er mußte feststellen, daß er sich und der Nation nicht eine charmante Gattin in seinem Schatten, eine liebevolle Mutter seiner Kinder geschenkt hatte, sondern daß er einen Geist entfesselt hatte. Er fand es entwürdigend.

Es war klar, daß Diana, die allmählich ihre Macht über einzelne Menschen und über Massen entdeckte, mit dem bevormundenden Ton, den Charles ihr gegenüber anschlug, nicht mehr so gut zurechtkam. Er wollte es nicht glauben, daß sie über Nacht all das gelernt hatte, wozu er vierunddreißig Jahre gebraucht hatte; Diana hatte auf der anderen Seite erkannt, daß sein Wissen und seine vorgefaßte Meinung einfach überflüssig waren, wenn es darum ging, eine königliche Show abzuziehen. Sie hatte es selbst erfahren – jedesmal, wenn sie aus einem Wagen stieg, hielt die Menge hörbar den Atem an, um ihr dann begeistert zu huldigen. Die Energie aus den dicht geschlossenen Reihen kam in Wellen über sie und gab ihr Kraft. Aber wenn es ihr gelang zu erkennen, wieviel Freude sie bereiten konnte, indem sie einfach den Traum von einer Märchenprinzessin wahr werden ließ – ihr Mann hat es nicht verstanden. Eifersüchtig und sauer wie er war, konnte er es nicht über sich bringen zuzugeben, daß sie auch ohne Prädikatsexamen durchaus eine eigene Ausstrahlung besaß. Noch dazu eine sehr starke. Man hat es mir einmal folgendermaßen erklärt: Männer, die eine gewisse Bedeutung erlangt haben, verhalten sich Frauen gegenüber merkwürdig. Frauen sind die Mütter ihrer Kinder und nicht Objekte sexueller Begierde.

Zur gleichen Zeit fragten sich jedoch Freunde von Diana, ob nicht diese Kombination von unglücklichem Eheleben auf der einen und neuentdecktem Selbstbewußtsein auf der anderen Seite ein Auslöser dafür war, daß sie sich, das Beispiel ihres Mannes vor Augen, auf eine Liebesaffäre ohne Wenn und Aber einließ. Ihre engsten Vertrauten sahen das anders. Aus diesem Kreis hörte ich: »Es ist undenkbar. Diana wollte schon seit ihrem fünfzehnten Lebensjahr Prinzessin von Wales werden, und diese Position bedeutet ihr mehr als alles in der Welt, außer den Kindern. Sie würde es auf gar keinen Fall riskieren, bei einem albernen Seitensprung erwischt zu werden. Außerdem ist es nicht ihre Art.«

1987 war Diana schließlich soweit, die Grenzen ihrer Ehe auszuloten. Keiner, der Diana kennt, würde wagen zu behaupten, daß sie ihrem Mann untreu war, aber vielleicht würde sie zugeben, mit dem Herzen gesündigt zu haben, wie es der frühere US-Präsident Jimmy Carter einmal formuliert hat.

Der erste junge Mann, auf den sie ein Auge warf, war der große, dunkelhaarige Philip Dunne, ehemaliger Etonschüler und Patenkind von Prinzessin Alexandra. Man sagt von ihm, daß er sich seines guten Aussehens wohl bewußt ist. Er tauchte während des Skiurlaubs der Prinzenfamilie 1987 in Klosters auf. Obwohl er damals mit Katya, der Tochter des internationalen Bankiers Lord Grenfall, befreundet war, fand auch die sechsundzwanzigjährige Prinzessin Gefallen an dem Achtundzwanzigjährigen. Man bemerkte, daß Diana, die gern flirtete, sich durchaus bewußt war, wie gut sie die Aufmerksamkeit gutaussehender Männer auf sich ziehen konnte. Eines Abends nahmen alle nach dem Abendessen an einer Party teil. Zum Schluß lag Diana in einer großen Kommode und tat, als ob sie schliefe. Ein Beobachter berichtete, daß sie herausrief, der erste, von dem sie einen Kuß bekäme, werde ein Prinz. Dunne trat vor.

Dem folgte eine Einladung in England zu Dunnes Elternhaus Gatley Park in Herefordshire. Schon bald drang an die Öffentlichkeit, daß Diana eine Nacht dort ohne Charles verbracht habe und daß Dunnes Eltern – Thomas Dunne, der Lord Lieutenant der

54

Grafschaft und seine Frau Henrietta – ebenfalls nicht anwesend waren.

Ein größerer Skandal drohte, bis der junge Handelsbankier die Situation entschärfte, als er betonte – übrigens in sehr heftigen Worten –, daß außer ihnen beiden noch viele Freunde dagewesen seien. Das war dann soweit in Ordnung.

Kurz darauf fand die Hochzeit des Marquess of Worcester, Sohn des Duke of Beaufort, mit Tracy, der Schwester der Schauspielerin Rachel Ward, statt. Bei dem Empfang tanzte Charles mit Anna Wallace, der Tochter eines schottischen Großgrundbesitzers; mit der Frau also, der er seinen ersten Heiratsantrag gemacht hatte – der allerdings abgeschmettert worden war. Als wäre das noch nicht genug gewesen, um Diana zu reizen, zog er sich anschließend in eine Unterhaltung mit Camilla Parker Bowles zurück, die alle anderen ausschloß. Charles ging schon früh, aber Diana blieb noch und tanzte wütend die ganze Nacht hindurch bis sechs Uhr in der Frühe. »Sie machte nur dann eine Pause, wenn sie sich am Saum ihres Kleides die Stirn abwischte«, bemerkte ein Gast. In diesen langen Stunden auf der Tanzfläche war Philip Dunne einer ihrer Partner.

Es wird allgemein angenommen, daß Prinz Charles sich am 22. September jenes Jahres wegen dieser Freundschaft verärgert nach Balmoral zurückzog. Siebenunddreißig Tage sollte er weder seine Frau noch seine Kinder sehen. Statt dessen saß er auf dem Anwesen in Schottland und angelte, malte, ging auf die Pirsch und schmollte – in Anwesenheit seiner Freunde Lord und Lady Tryon und der allgegenwärtigen Camilla. Die Nachricht über das Wochenende, das Diana mit Philip Dunne in Gatley Park verbracht hatte, war in einer Klatschspalte erschienen, und Charles hatte das Schlimmste angenommen – seine Frau hatte ihn betrogen. Er war schwer gekränkt und außer sich vor Wut, daß man ihn in aller Öffentlichkeit bloßgestellt hatte. Ohne lange über seine eigene Doppelzüngigkeit nachzudenken, floh er nach Schottland und wußte nicht, was er nun tun sollte.

Inzwischen zählten die Zeitungen in London die Tage, an denen das Paar getrennt war, und kamen auf immer größere Zahlen. Dianas Freund Major David Waterhouse verteidigte sie: »Über die Prinzessin und Philip ist viel geredet worden«, sagte der Kavallerieoffizier der königlichen Leibgarde. »Zu behaupten, sie hätten eine Affäre, ist einfach absurd. Die Unterstellung ist einfach falsch.« Waterhouse mußte es wissen. Er ist fast genauso alt wie Dunne und stammt aus den gleichen Kreisen, so daß die beiden Männer sich gut kannten. Sie hatten auch beide an der Skigesellschaft in Klosters teilgenommen. Diana fand ihn »anziehend«, und es dauerte nicht lange, da begleitete er sie zu einem Konzert mit David Bowie ins Wembley-Stadion. Als die unvermeidlichen Fotos in den Zeitungen erschienen, wurde Waterhouse fälschlicherweise als Dunne bezeichnet, worüber der Major nur herzhaft lachte.

Aber in der Zeit ihrer Strohwitwenschaft verhielt Diana sich merkwürdig. Als sie an einem Abend mit Waterhouse und ihrer Freundin Julia Samuel, der Schwester von Sabrina Guiness, einer früheren Freundin von Prinz Charles, ein Kino in der Nähe des Kensington Palastes besuchte, tauchten Fotografen aus dem Dunkel auf, um ihre Blitzlichter aufflammen zu lassen. Waterhouse sprang über eine Absperrung, verschwand und überließ die Frauen sich selbst.

Und das war nicht der einzige Zwischenfall, an dem Waterhouse beteiligt war. Eines Abends besuchte er mit Diana das Haus von Kate Menzies in London. Als das Paar gutgelaunt wieder ins Freie trat, standen sie Jason Fraser, einem freiberuflichen Fotografen, gegenüber, der Aufnahmen von ihnen machte. Sofort trat Dianas Leibwächter auf Fraser zu und forderte ihn auf, ihm den Film auszuhändigen. Wörtlich sagte er: »Geben Sie mir den Film, oder Sie werden kein ruhiges Leben mehr haben. Sie wissen doch, was ich damit meine? Ich kann Ihnen das Leben verdammt zur Hölle machen, wenn ich den Film nicht kriege.« Doch der Fotograf weigerte sich. Dann kam die Prinzessin persönlich, zog ihn am Ärmel und sagte: »Ich muß den Film haben – Sie wissen nicht, was das für mich bedeutet. Ich fühle mich wie in einer Falle. Bitte, bitte . . . « Fraser gibt zu, daß ihre Bitte, die so offensichtlich von Herzen kam, mehr war, als er ertragen konnte. »Sie war sehr rot im Gesicht. Sie tat mir leid, und ich gab ihr den Film. Sie sagte ›Vielen Dank‹, aber sobald sie den Film in Händen hatte, nahm sie wieder eine normale Gesichtsfarbe an und wurde schnippisch.

Ihre Tränen waren versiegt, und ich hatte das unbestimmte Gefühl, daß alles nur Theater war. Sie sagte zu ihrem Leibwächter: ›Können wir gehen?‹ Dann stieg sie ins Auto und fuhr fort, ohne sich auch nur zu verabschieden. Die Verwandlung war erstaunlich. Ich erkannte, daß man mich zum Narren gehalten hatte. Sie hatte bekommen, was sie wollte – nur das zählte für sie.«

Wie auch immer die Beziehung ausgesehen hat, noch vor kurzem, Anfang 1993, erwähnte Waterhouses Vetter, der Marquess of Blandford, Bekannten gegenüber, er glaube, Waterhouse sei immer noch »derjenige, welcher«.

Ende 1987 hatte die königliche Ehe einen neuen Tiefpunkt erreicht. Es war unvermeidlich, daß eine junge, gesunde Frau, verheiratet mit einem Mann, der psychisch und physisch abwesend war, Gefühle und Wünsche hegte, die kein Ventil fanden.

Die Lage änderte sich, als sie in jenem Sommer mit ihren Söhnen zu den Combermere Barracks in der Nähe von Windsor kam, wo die Kinder Reitstunden bekommen sollten. Im nachhinein könnte man anführen, daß die kurze und widersprüchliche Beziehung Dianas zu Major James Hewitt, Mitglied der Leibgarde, nie zustande gekommen wäre, wenn der Prinz von Wales seine Pflicht als Vater erfüllt und seinen Kindern das Reiten beigebracht hätte. Immerhin war er, was Jagen, Polo und den Rennsport betrifft, einer der erfahrensten Reiter des Landes.

Aber William brauchte Reitstunden, und wenn Charles sie ihm nicht gab, mußte jemand aus der Armee diese Aufgabe übernehmen. Hewitt, der Offizierskameraden zufolge einen umwerfenden Charme hat, der nur dann nicht zutage tritt, wenn er mit Untergebenen redet, hielt man für den geeigneten Mann. Als guter Reiter und ausgezeichneter Polospieler würde er Diana, die grundsätzlich Scheu vor Pferden empfand, vielleicht wieder in den Sattel bringen. Im Nu war er ein erklärter Liebling der Prinzessin und stand bei den Prinzen als »Onkel« sehr hoch im Kurs. Die Unterrichtsstunden wurden sogar nach Highgrove verlegt, wenn Diana und die Jungen sich dort aufhielten. Sie fühlten sich spontan zueinander hingezogen. Hewitt, der zwar wesentlich weniger vornehmen Kreisen entstammte als Diana, konnte sich auf dem glatten Parkett der feinen Gesellschaft wohl bewegen, und sie stellten fest, daß sie gemeinsame Freunde hatten – nicht zuletzt seinen Offizierskameraden David Waterhouse. Der Altersunterschied war unbedeutend, und die Erziehung Hewitts – er hatte die sündhaft teure Public School Millfield besucht, die im allgemeinen als Institution für »reiche Schwachköpfe« gilt – ermöglichte eine Unterhaltung, bei der sich nicht alles nur um eine Analyse der Rätsel des Lebens drehen mußte. Und auch Diana läßt sich, das habe ich beobachtet, gern von Uniformen blenden – und schließlich gibt es keinen schöneren Anblick als einen Leibgardisten mit gefiedertem Helm und blankpoliertem Küraß. Gemeinsame Mittag- und Abendessen folgten, und das Band war geschmiedet. Hewitt war jung, sexy und abenteuerlustig. Er bewunderte Diana, und sie reagierte entgegenkommend – die Freundschaft machte rasante Fortschritte.

Schon bald fand der Unterricht in den Combermere Barracks zweimal, dann dreimal die Woche statt. Für gewöhnlich begann er um acht Uhr, Diana erschien in einem Seidenhemd, geschlitzter Jacke, enger Reithose und Stiefeln. Sie ging dann mit Hewitt in die Reitschule, die sie gemeinsam zu einem Ausritt im Großen Park von Windsor verließen. Lance-Corporal Malcolm Leete, der von 1988 bis 1990 Hewitts Bursche und Pferdeknecht war, erinnert sich daran, wie die Freundschaft intensiver wurde:

»Eines Morgens klingelte bei mir um halb vier in der Frühe das Telefon. Man teilte mir mit, daß Diana um sieben zum Reiten kommen würde. Es war wie immer: Sie kam an, gab Hewitt einen flüchtigen Kuß auf die Wange und begrüßte uns. Aber ich weiß noch, daß sie von diesem Tag an viel freundlicher miteinander umgingen und daß Dianas Besuche nicht mehr einmal, sondern dreimal die Woche stattfanden – regelmäßig jeden Montag, Mittwoch und Freitag. Sie gingen immer in den Park, aber an diesem Morgen hatte sie keine Hofdame mitgebracht. Sie ritten allein aus – ich dachte noch, wie komisch. Sie hätte jemanden bei sich haben sollen, zumindest den Leibwächter, der immer mit ihr zu den Barracks kam.«

Und Leete fährt fort: »Mit der Zeit wurden sie sehr intim miteinander. Sie kamen sich immer näher. Sie fing an, ihm Geschenke zu machen und ihm Sachen zu kaufen, immer in einer auffälligen Tragetasche – von Harrods oder anderen großen

Läden. Ich habe das nicht beachtet, aber ich mußte die Sachen ja immer bügeln, bevor er sie anzog, und darum dachte ich mir, immer, wenn er sie anzog, war er auf dem Weg, sie zu treffen.« Leete erinnert sich, daß sich mit Beginn der kalten Jahreszeit im Herbst 1988 die Reitgewohnheiten änderten.

»Es wäre scheußlich für sie gewesen, wenn sie im Nassen da draußen hätte reiten müssen, das wäre nicht angebracht gewesen. Deshalb gab Hewitt ihr jetzt um sieben Uhr früh Reitstunden (in der Halle).«

An einem Tag im November holte Leete wie gewöhnlich das Pferd der Prinzessin aus dem Stall, und das Paar verschwand in der Reitschule. Nach ungefähr fünfundvierzig Minuten konnte Leete seine Neugier nicht länger bezwingen, stellte sich auf einen Steigklotz und warf einen Blick in die Halle. Er berichtete: »Die beiden standen in der Ecke. Ich bin nicht ganz sicher, aber die beiden haben sicher geknutscht.« In dem Augenblick kam der Kommandeur der Einheit vorbei, und Leete ging fort.

Leete gibt zu, daß es wegen der Veröffentlichung seiner Beobachtungen Auseinandersetzungen mit Hewitt gegeben hat, rechtfertigt sie aber mit dem Argument: »Ich glaube, die Menschen in Großbritannien haben das Recht, etwas über ihre künftige Königin zu erfahren.« Wieviel sie wissen sollen, ist Gegenstand heißer Diskussionen, aber von der Beziehung zwischen James Hewitt und der Prinzessin von Wales war noch eine weitere Person betroffen, die der Meinung war, die Nation sollte mehr erfahren – Hewitts Freundin Emma Stewardson.

Im März 1991 beschloß sie, sich an die *News of the World* zu wenden, um ihnen zu erzählen, daß die Prinzessin der neueste Schwarm von Hewitt sei – keine leichte Entscheidung für ein wohlerzogenes Mädchen aus gutem Hause. Aber in dem Interview äußerte sie die Vermutung, der Soldat habe sich durch die neue Umgebung, in der er sich bewegte, blenden lassen. »Ich kann mich erinnern, daß er nach einem seiner Ausflüge nach Highgrove zurückkam und ganz hingerissen war von dem Geschirr aus massivem Gold. Er mochte solche Dinge – er liebte den Luxus. Ich machte mir Sorgen, daß ihm das alles ein wenig zu Kopf steigen würde.«

Einmal behauptete Hewitt, es sei ihm nicht möglich, zum Mittagessen zu kommen, da er zu arbeiten habe, aber später sah Miss Stewardson, wie er mit seinem Sportwagen Highgrove verließ. Ihre Beziehung, die schon vier Jahre bestand – und von der sie erwartet hatte, daß sie in einer Ehe münden würde –, kühlte ab, hieß es in den *News of the World*, nachdem er nach einem leidenschaftlichen Schäferstündchen mit Emma ein paar »persönliche Bemerkungen« über Diana gemacht hatte.

Diana überschüttete Hewitt mit Geschenken, darunter eine mit Diamanten besetzte Krawattennadel und eine goldene Uhr von Asprey, dem königlichen Juwelier. Den Aussagen Malcolm Leetes zufolge schenkte sie ihm »Anzüge, Krawatten, Schuhe, Socken – was Sie wollen«. Das wurde durch die Tintenfischchen-Tonbänder bestätigt, denen zufolge Diana sagte: »Nun, ich habe gern Leute beschenkt... wie James Hewitt. Den habe ich von Kopf bis Fuß neu eingekleidet. Hat mich eine Stange Geld gekostet.«

Diana unterzeichnete die beigefügten Grußkarten mit »Dibbs« – diesen Namen benutzte sie in ihren Briefen an Hewitt, als er während des Golfkrieges Panzerkommandant in Kuwait war. Wie immer es um seine intellektuellen Fähigkeiten bestellt sein mag – er war ein tapferer Soldat, der die Royal Scotts Kampftruppe in einem hundertstündigen Sturmangriff nach Kuwait führte. Diana lauschte in den Tagen und Wochen nach dem Sieg der Alliierten gebannt den Geschichten darüber. Später gab sie zu, sie sei Nacht für Nacht aufgeblieben, um den Krieg im Fernsehen zu verfolgen und »zu sehen, wie es meinen Freunden ging«.

Obwohl einige dieser Informationen dem Interview mit Emma Stewardson entnommen sind, standen sich Diana und Hewitt im Sommer 1991 immer noch so nah, daß er eingeladen wurde, den Abend ihres dreißigsten Geburtstags im Kensington Palast zu verbringen. Charles glänzte, wie üblich, durch Abwesenheit.

Dennoch trafen die beiden Männer vierzehn Tage später unter den Augen einer aufmerksamen Öffentlichkeit aufeinander. Charles hatte sich überreden lassen, an einem Benefiz-Polospiel im Royal Berkshire Polo Club in der Nähe von Windsor teilzunehmen, dessen Erlös den Familien von Soldaten zukommen sollte, die in der Wüste den Tod gefunden hatten. Charles spielte für die

7th Armoured Brigade, während Hewitt auf der Seite der 4th Armoured Brigade stand. Es dauerte nicht lange, und die beiden Männer prallten einige Male heftig aufeinander, was für die Zuschauer ebenso unerfreulich wie fesselnd war. Nachdem der Major Charles an der Schulter attackiert hatte, schnappte der Kommentator nach Luft und rief: »Oh, ich würde sagen, das war ganz schön hart.« Und nach einer weiteren Rangelei erklärte er: »Da unten spielt sich eine echte Schlacht ab.« Hewitt ging daraus als Sieger hervor, da seine Black Rats die Red Rats von Charles mit 4:1 besiegten. Später prahlte er: »Ich habe ihn eingekreist. Er ist ein tapferer Spieler, aber er wird ein bißchen alt. Er war sehr aggressiv – dabei war es doch nur ein Freundschaftsspiel.«

Nach dem Spiel fuhr Charles seinen Polomanager Ronald Ferguson an: »Warum haben Sie mir nicht gesagt, daß dieser Mann teilnehmen würde?« Ferguson antwortete erstaunt: »Ich dachte, Sie hätten es gewußt. Es stand schon seit Tagen in der Zeitung.« Aber er hatte vergessen, daß Charles außer dem königstreuen *Daily Telegraph* keine Zeitung mehr aufschlug.

Eigentlich sollte die Art der Beziehung zwischen der Prinzessin und Major Hewitt, wenn wir ehrlich sind, eine Sache sein, die nur die beiden etwas anging. So wurde es auch mit dem Liebesverhältnis von Prinz Charles und Camilla Parker Bowles immer gehandhabt. Allerdings erhebt sich eine Frage, die auch beantwortet werden muß: Wenn Charles während seiner Ehe untreu war, war es Diana auch?

Die Antwort ist ein klares Nein. Die Beziehung war nach Hewitts eigenen Worten und nach Aussagen seines Dieners körperlich, machte aber vor dem eigentlichen Geschlechtsverkehr halt. Moralisten mögen hier einwenden, daß Untreue im Kopf und im Herzen stattfindet und keinen körperlichen Akt zur Unterstützung braucht. Tatsache bleibt aber, daß sich Diana mit dieser Selbstbeschränkung einen psychologischen Vorteil gegenüber ihrem Mann sichern konnte.

Rechtschaffene Männer würden das anders interpretieren, und einige haben es auch getan. Ronald Ferguson, der seinem Poloboß blind ergeben ist, war deprimiert darüber, weil er Parallelen zwischen seiner eigenen Ehe und der von Charles sah, und sagte:

»Diana ist die größte Plage, die ich kenne.« Früher wäre Dianas Verhalten im Teenager-Jargon als »wildes Petting« bezeichnet worden.

Schließlich ging die Beziehung einfach zu Ende, weil sie von Anfang an keine Zukunft hatte, obwohl auch denkbar ist, daß Hewitt seinen Abschied durch eigenes Verhalten beschleunigt hat. Außer seinen Prahlereien gegenüber Emma Stewardson wurde ihm zur Last gelegt, daß er sich auch anderen gegenüber zu indiskreten Äußerungen hatte hinreißen lassen. Die Beziehung lief 1989 vorübergehend auf Grund, als er einem Freund über sein Verhältnis mit Diana erzählte und behauptete – vielleicht aus Spaß, vielleicht ernst gemeint –, daß die Prinzessin von ihm besessen sei. Als eine Freundin von Diana die Äußerungen Hewitts beim Mittagessen zum besten gab, heißt es, Diana sei umgehend in den Kensington Palast zurückgekehrt, wo sie sich den Soldaten ans Telefon rufen ließ, um mit ihm Schluß zu machen. Später wurde die Beziehung wieder aufgenommen, aber zu einer Zeit, als der Gebrauchtwagenhändler James Gilbey schon in den Mittelpunkt ihres Interesses gerückt war.

Gilbey, der an anderer Stelle großspurig als Geschäftsführer in der Automobilbranche bezeichnet wird, teilt mit Hewitt dieselbe nüchterne Weltanschauung, die das genaue Gegenteil von Charles' quälender Seelenforschung ist. Nicht umsonst wurde er einst zum »Autoverkäufer des Jahres« ernannt. Gilbey ist ein Sproß der wohlhabenden Gin-Brenner-Dynastie und wurde wie Andrew Parker Bowles in der katholischen Public School in Ampleforth erzogen (damals hatte der junge Mann den Spitznamen Fatty). Allerdings hat Gilbeys Familienzweig nur wenig von dem enormen Vermögen abbekommen. Sein Vater Ralph ist praktisch ein pensionierter Weinhändler – wie eigentlich auch Major Bruce Shand. Gilbey senior lebt mit seiner Frau Barbara in einem gemieteten Bauernhaus in Somerset.

1988, im Alter von einunddreißig Jahren, erwarb James Gilbey eine Firma Plusquick, die er in Holbein Motor Company umbenannte. Er wollte hochwertige Saab-Wagen, die er in der Gegend von Battersea in London günstig einkaufte, wieder verkaufen. Es war ein kurzlebiges Geschäft. Schon nach zwei Jahren wurden Liquidatoren zu der Firma bestellt, deren Schulden sich mittlerweile auf immerhin 500 000 Pfund beliefen. In den ersten achtzehn Monaten hatte Holbein es geschafft, einen Verlust von 128 138 Pfund einzufahren. Dies und die Tatsache, daß James Gilbey sich an der Entstehung des Buches von Andrew Morton über die Prinzessin von Wales beteiligte, veranlaßte seinen Großonkel, einen der hochrangigsten römisch-katholischen Priester in Großbritannien, sich von ihm zu distanzieren. Als Folge der Enthüllungen Gilbeys über Dianas Bulimie und ihre »Selbstmordversuche« hat Monsignore Alfred Gilbey – inzwischen eine legendäre Gestalt und der einzige Priester in Großbritannien, der die Erlaubnis des Papstes hat, die Messe in Latein zu lesen –, dem Kolumnisten Ross Benson vom *Daily Express* gesagt: »Ich kenne ihn nicht. Ich habe einen Großneffen, der so heißt, aber seine Art paßt nicht zu dem, was ich über diesen Menschen gehört habe.«

Immerhin war er derjenige, in den die Prinzessin von Wales ihr ganzes Vertrauen gesetzt hatte. Er kannte sie seit den Tagen im Coloherne Court, wo sie sich auf einer Party kennenlernten, die Julia Samuel veranstaltet hatte. Doch erst als sie noch einmal durch Lady Carina Frost, eine Tochter des Duke of Norfolk und Frau des durch das Fernsehen bekannten Sir David Frost, einander vorgestellt wurden, begann eine echte Freundschaft. Carinas Bruder, Earl of Arundel, ist mit Gilbey zur Schule gegangen und hat seine ehemalige Freundin Georgina Gore geheiratet.

Gilbey sieht gut aus und hat die sprichwörtliche Fähigkeit, unglücklichen Frauen ein geduldiger Zuhörer zu sein. Abgesehen von diesen Eigenschaften beruhte die Anziehungskraft, die er auf Diana ausübte, möglicherweise auf der Tatsache, daß er nach Ampleforth ein Jahr als Agrargehilfe auf dem Anwesen in Sandringham gearbeitet hat und gerade ankam, als die Spencers in Park House auszogen, um nach dem Tod des siebten Earl nach Althorp zu ziehen. Die beiden sind sich damals nicht begegnet, aber Gilbey hat in dem einen Jahr, das er auf dem königlichen Anwesen verbrachte, viele Freundinnen und Nachbarn Dianas kennengelernt und die verborgenen Wege der königlichen Familie erforscht. Kurzum, er lernte dieselbe Sprache zu sprechen wie Diana. Aber das Farmleben war ihm zu hart. Noch in der Schule hatte er sich mit seinem Freund Thomas Noel, dem Sohn des Earl of Gainsborough, vorgenommen, das Royal Agricultural College in Cirencester zu besuchen. Noel hat den Plan verwirklicht – im Gegensatz zu Gilbey. Dieser wurde statt dessen BMW-Verkäufer und startete dann einen Versuch im Immobiliengeschäft. Er gründete eine kleine Immobilienfirma mit Namen Haldon Investments, und das zu einer Zeit, da sehr viele Blaublütler, die sich im Traum nicht Makler nennen würden, in der vornehmen Welt Londons im aufblühenden Immobiliengeschäft das schnelle Geld machten.

1989, als er plötzlich in die Schlagzeilen geriet, war Gilbey jedoch wieder im Automobilhandel tätig. An einem Abend im Oktober, nur wenige Wochen vor Aufzeichnung der Tintenfischchen-Tonbänder, wurde die Prinzessin fotografiert, als sie um Viertel nach eins aus Gilbeys Einzimmer-Apartment in Lennox Gardens in Knightsbridge trat. Zuvor hatte sie ihren Leibwächter, Sergeant Dave (»Razors«) Sharp nach Hause geschickt, der aber nach zweieinhalb Stunden wieder zurückkam. Er setzte sich draußen noch weitere zwei Stunden hin, bevor sie endlich auftauchte.[1]

Die Pressestelle des Buckingham Palastes versuchte zu dementieren, daß Diana überhaupt dort gewesen sei, später dann, als sich herausstellte, daß Gilbey bereits zugegeben hatte, Diana sei bei ihm in der Wohnung gewesen, gab man zu verstehen, Diana habe Bridge gespielt. »Ich gebe zu, es war nicht sehr klug von Diana und mir, sich unter diesen Umständen zu treffen«, sagte Gilbey damals mit einer gewissen Selbstgefälligkeit. »Es ist schon schwer für die Prinzessin, alte Freundschaften zu pflegen.« In Wirklichkeit bestand ihre Freundschaft gerade ganze vier Jahre.

Eine Zeitlang fühlte sich Diana zu beiden James hingezogen, aber schließlich war es der Traumtänzer und Ballettliebhaber Gilbey, der Hewitt, den Macho, ausstach.

Einen frühen Hinweis auf die ganz besondere Heimlichkeit der Beziehung zwischen Diana und Gilbey hätte man vielleicht von

---

1 Schutzbeamte des Königshauses haben die Vermutung zurückgewiesen, daß Diana in dieser Nacht unbewacht war. Einer von ihnen sagte einmal: »Glauben Sie denn im Ernst, wir hätten sie allein gelassen? Der Kommissar persönlich hätte dafür gesorgt, daß wir rausfliegen, wenn wir weggegangen wären. Es war so, daß einer auf der Vorderseite blieb und zwei auf der Rückseite des Hauses. Niemand hätte sich ihr ohne unser Wissen nähern können.«

Einsam vor dem Taj Mahal *(Glenn Harvey)*

Links: Diana als
Aushilfskindergärtnerin
(Tim Graham)

Unten: Der Prinz mit seinem
Lieblingshund, dem Labrador
Harvey *(Glenn Harvey)*

Prinz Charles und Lady Sarah Spencer *(Tim Graham)*

Prinz Charles und Lady Diana Spencer als Verlobte *(Tim Graham)*

Der Augenblick vor dem Kuß *(Tim Graham)*

Flitterwochen auf der königlichen Yacht vor Gibraltar *(Tim Graham)*

Oben links: Bei Ayers Rock, auf der ersten gemeinsamen Überseereise *(Lionel Cherruault)*

Oben rechts: Die Pose, über die sich ihr Mann ärgerte *(Tim Graham)*

Es geht nichts über Bildung *(Glenn Harvey)*

Links: Als sie noch gute
Freundinnen waren
(Glenn Harvey)

Unten: Prinz Harry verläßt
mit seinen Eltern das
Krankenhaus *(Glenn Harvey)*

Rechts: Walzer mit
Diana in Australien
(Glenn Harvey)

Unten: Die junge
Familie in Venedig
(Lionel Cherruault)

Die junge Camilla und ihr Prinz *(Serge Lemoine/Hulton-Deutsch)*

zwei Skandalreportern erhalten, die eines Abends zufällig vor dem mondänen Restaurant San Lorenzo am Beauchamp Place nicht weit von Knightsbridge standen. Die beiden Fotografen trieben sich dort in der Hoffnung herum, eine Berühmtheit beim Verlassen des Lokals ablichten zu können – wie Joan Collins, Mick Jagger und Eric Clapton, die üblicherweise dort verkehren. Außerdem hatten sie wohl bemerkt, daß Dianas Wagen in der Nähe parkte und daß vielleicht eine Möglichkeit bestand, einen neuen Schnappschuß von ihr zu machen – obwohl sie wußten, daß sie gerade an diesem Abend schon am Royal Opera House fotografiert worden war.

Plötzlich sahen sie, wie ein Leibwächter vom Restaurant her auf sie zukam und sie mit seinem auffallenden Charme um einen Gefallen bat. Ob sie nur dieses eine Mal so freundlich sein könnten, die Prinzessin nicht zu fotografieren? Sie habe in Covent Garden vor einer ganzen Mauer von Fotografen gestanden und wolle jetzt nach Hause gehen, ohne von Blitzlichtern behelligt zu werden. Es sei schon spät, und sie sei sehr müde, erklärte er. Was die beiden Fotografen schließlich überzeugte, war, daß der Leibwächter – ein Mann, der sein Wort hält – ihnen versprach, man werde sich in der nächsten Zeit »um sie kümmern«. Das könnte bedeuten, man würde ihnen die Chance für ein Exklusivfoto von Diana geben – was mehrere tausend Pfund auf dem internationalen Markt einbringen würde. Mit diesem Versprechen ließen sie sich abspeisen. Kurz danach trat Diana aus dem Restaurant, gefolgt von einem jungen Mann in Abendkleidung; er hatte einen zurückweichenden Haaransatz und blickte sich verstohlen um. »Ich wußte, das war James Gilbey«, sagte mir einer der beiden Fotografen, der es bitter bereute, die einzigartige Gelegenheit verpaßt zu haben, die beiden zusammen zu fotografieren. Damals dachten die Skandalreporter allerdings nicht weiter über den Zwischenfall nach und wurden später auch tatsächlich von dem Leibwächter »belohnt«.

Während der nächsten Monate wurde das San Lorenzo zum Haupttreffpunkt für Diana und Gilbey, deren Beziehung immer leidenschaftlicher wurde. Das hatte sie hauptsächlich der Freundschaft und Hilfe von Mara Berni zu verdanken, der italienischen Eigentümerin, die das Restaurant zusammen mit ihrem Mann Lorenzo in den letzten dreißig Jahren aufgebaut hatte. Ihre mütterliche Art und ihre sympathische Erscheinung waren es, warum Reiche und Berühmte sich bei ihr ausweinten. Mara gewann Dianas Vertrauen über die Astrologie, für die sich beide interessierten. Sie ist eine Expertin in Tarot, und wenn sie Diana die Karten las, ging es der unruhigen Prinzessin gleich besser – wobei nicht klar ist, ob das an den Karten lag oder, was wahrscheinlicher ist, an der Art, wie Mara den Betreffenden immer genau das sagte, was sie hören wollten.

Aber als Diana sich über die Leere in ihrer Ehe beklagte und ihr Interesse an einem neuen jungen Mann kundtat, hatte Mara eine Reihe von Lösungen für sie parat. Zunächst schlug sie vor, das Restaurant als Deckadresse zu benutzen, so daß Männer wie James Gilbey Diana schreiben konnten, ohne befürchten zu müssen, daß ihre Post von Bediensteten des Kensington Palastes überprüft wurde. Diese List war auch schon woanders recht erfolgreich angewandt worden: Diana hatte ihre Hofdame Anne Beckwith-Smith zu einem gemieteten Briefkasten bei einer Nachrichtenagentur am Seymour Place in der Nähe von Marble Arch geschickt, um Briefe abzuholen. Aber San Lorenzo hielt man für eine viel sicherere Adresse.

Mara Berni stellte Diana auch eine Ecke im Restaurant zur Verfügung, wo sie sich ungestört unterhalten konnte. Manchmal saß sie dort mit Freundinnen wie Millie Dunne, Julia Dodd-Noble, Kate Menzies oder Carolyn Bartholomew; manchmal mit Gilbey. Dann wiederum saßen die Prinzessin und ihre Begleiter draußen bei den anderen Gästen. Die Bezeichnung »Labyrinth« für das Restaurant entstammt einem Zitat von Jorge Louis Borges – »Wenn du das Labyrinth betrittst, bleibt die Zeit stehen.« Für Diana, die ihre Rollen als Ehefrau, Mutter, Prinzessin und Persönlichkeit des öffentlichen Lebens ablegen wollte, wenn sie unter den Baldachin vor dem Portal trat, war diese Metapher allemal zutreffend. Doch die größte Hilfe, die Mara bieten konnte, war, daß sie Diana den Schlüssel zur Wohnung der Bernis lieh, die am Walton Place gerade um die Ecke lag. In den Tintenfischchen-Tonbändern – so genannt nach dem Kosenamen, den Gilbey Diana gab –, die ihre Beziehung zerstören sollten, sprach das Paar über Mara:

Gilbey: Liebling, lassen wir das mal einen Moment beiseite, wie geht es Mara?

Diana: Es geht ihr gut. Sogar ausgezeichnet. Sie kann es kaum erwarten, zurückzukommen. (Mrs. Berni war in Urlaub.)

G: Ja? Wann kommt sie denn?

D: Am Samstag.

Später kommen die beiden noch einmal auf das Restaurant zurück:

G: Und ich weine, wenn du weinst.

D: So auf die Schnelle müssen wir am Dienstag auch nicht essen.

G: Nein, ich brauche eigentlich auch kein Essen. Ich muß dich nur sehen, das ist alles. Ich kann es kaum erwarten, bis Ken (Wharfe) anruft.

Aus dem Tonband wird deutlich, daß die beiden nur dann zu San Lorenzo gingen, wenn Mara da war, und daß Diana mit ihr Kontakt hatte, als Mara im Urlaub war, und daß sie auf ihre Rückkehr wartete. Daß Diana nichts zu essen brauchte, hatte nichts mit ihren Eßstörungen zu tun, sondern eher mit der Tatsache, daß sie und Gilbey schnell den Schlüssel an sich nehmen und um die Ecke zu Maras Haus verschwinden wollten. Seit der entsetzlichen Nacht, in der Diana gesehen wurde, wie sie Gilbeys Wohnung in Lennox Gardens verließ, mußten sich die beiden einen anderen Ort suchen, an dem sie allein sein konnten. Es gab keinen aus ihrem Freundeskreis, der nicht gern bereit gewesen wäre, ihnen ein solches Stelldichein zu ermöglichen, aber dann hätten sie einen Mitwisser gehabt – und die daraus resultierende Angst, daß die Information unweigerlich an Dritte gelangen würde. Diana lernte schon sehr früh, ihre Spuren zu verwischen, und Mara löste das Problem für sie sehr geschickt.

Dabei wäre es vielleicht auch geblieben und nie ans Tageslicht gedrungen, wenn die Tonbänder nicht veröffentlicht worden wären. Auf die Herkunft dieser Bänder werde ich im dritten Kapitel näher eingehen. Als die *Sun* sie im August 1992 veröffentlichte, waren sie bereits zweieinhalb Jahre alt. Diana und Gilbey hatten immer noch eine enge Beziehung, obwohl er zu diesem Zeitpunkt auch mit Lady Alethea Savile befreundet war.

Der Inhalt der Tonbänder ist bereits in aller Welt verbreitet worden, und daher ist eine wörtliche Wiedergabe an dieser Stelle unnötig. Was aber an der dreißigminütigen Unterhaltung am meisten auffällt, ist, daß die »schüchterne Di« ganz schön hart geworden ist. Sie kennt meiner Ansicht nach ihren Wert für das Haus Windsor ziemlich genau – »Nach allem, was ich für diese verdammte Familie getan habe«, sagt sie ärgerlich während der Unterhaltung – und fragt sich, warum man sie immer noch als eine Außenseiterin behandelt. Und obwohl zunächst der Schock über die Tonbänder alles andere in den Hintergrund drängte, wird bei näherem Hinsehen doch deutlich, daß hier eine Frau verzweifelt um Hilfe schreit.

Aber wenn wir auch nur einen kurzen Blick auf das private Gesicht der Prinzessin von Wales werfen könnten, wäre es so viel anders als das öffentlich zur Schau gestellte? Eine der vielsagendsten Passagen des Gesprächs ist die Stelle, an der sie Gilbey erzählt, daß sie während ihres Aufenthaltes in Sandringham ihr früheres Zuhause, Park House, besucht habe, das jetzt ein Leonard-Cheshire-Heim für Behinderte ist.

D: Da war etwas ganz Merkwürdiges. Ich schaute gestern über den Zaun von Park House und dachte: ›Was soll ich nur machen?‹ Und ich dachte: ›Nun, mein Freund würde sagen, geh rein und tu es.‹ Ich dachte: ›Nein, weil ich zu schüchtern bin.‹ Und da waren ja Hunderte von Menschen drin. Also dachte ich: ›Scheiß' drauf.‹ Dann bin ich ums Haus herum zur Eingangstür und geradewegs hinein.

G: Echt?

D: Es war so aufregend.

G: Wie lange warst du drin?

D: Eineinhalb Stunden.

G: Echt?

D: Hmm. Und sie waren so süß. Sie wollten mit mir zusammen fotografiert werden, und sie hörten nicht auf, mich zu liebkosen. Einige von ihnen waren sehr krank. Ohne Bein und so.

Hier ist sie im Nu wieder die Prinzessin von Wales: die Sorgfalt und Mühe, die sie im Umgang mit AIDS-Kranken und Leprakranken, alten und armen Menschen zeigt, ist ganz einmalig. Sie ist offensichtlich sehr bewegt von diesem Erlebnis und will noch weiter darüber reden, aber Gilbey drängt sie zu einem anderen Thema.

Gilbey nimmt in dieser Unterhaltung einen demütigen Ton an, und erste Analysen durch Starpsychiater ließen vermuten, daß Diana eher zurückhaltend blieb, während er Liebe und Zuneigung für sie zum Ausdruck brachte. Aber was die Psychiater und andere nicht wußten, war, daß die Bänder bearbeitet worden waren. Ausführlichere Fassungen des Anrufs decken das Ausmaß der Beziehung zwischen den beiden auf und liefern den endgültigen Beweis dafür, daß Diana und Gilbey sexuell miteinander verkehrt haben. Der Herausgeber der *Sun* hat es durch seine selbstauferlegte Zensur tatsächlich fertiggebracht, sowohl irrezuführen als auch zu schockieren.

Diejenigen, denen alles Weltliche fremd ist, und die Kritikaster mögen die folgenden Passagen äußerst schockieren. Aber man darf nicht vergessen, daß die Prinzessin gegen Ende des Jahres 1989 schon seit mehr als drei Jahren keine körperliche Zuwendung von ihrem Mann erfahren hatte. Sie war jung, quicklebendig, attraktiv und voller Gefühle und Wünsche, die für eine Frau von achtundzwanzig nur normal sind. Sie hatte sich der Wohltätigkeit und der weiteren Glorifizierung des Hauses Windsor gewidmet. Man konnte ihr nicht nachsagen, sie habe jemals die Familie oder ihren Mann öffentlich bloßgestellt. In Großbritannien und weit über die Grenzen hinaus begegnete man ihr mit Bewunderung und Respekt – und man versicherte ihr, wo immer sie auftauchte, daß Männer sie nicht nur als zeitgenössische Ikone, sondern auch als begehrenswerte Frau ansahen.

Dennoch dachte sie nicht daran, Ehebruch zu begehen. Als Begründung dafür wurden unterschiedliche Argumente angeführt. Einmal hieß es, sie habe die Macht auskosten wollen, die ihre Treue ihr über den treulosen Ehemann verlieh; dann wieder, sie halte mit nahezu religiöser Hingabe an ihrer Rolle als Mutter des künftigen

Königs fest; und schließlich wurde behauptet, sie würde einfach aus moralischen Gründen nie den Schritt wagen, Ehebruch zu begehen. Da die Spannungen in ihr stärker wurden, suchte sie ein Ventil. Schließlich fand sie die Lösung in gemeinsam ausgeübter Selbstbefriedigung. Auf diese Weise war sie vermutlich mit James Hewitt verbunden; mit James Gilbey war sie es sicher. Der zensierte Ausschnitt des Tintenfischchen-Tonbands – inzwischen als völlig echt anerkannt – hat den folgenden Wortwechsel zum Inhalt:

G: Liebling, es ist wie . . . , es ist wie . . .
D: Mit sich selbst spielen.
G: Was? Nein, ich tue es gerade nicht..
D: Ich habe gesagt, es ist wie, wie . . .
G: Mit sich selbst spielen.
D: Ja.
G: Nicht ganz so schön. Nicht ganz so schön. Nein, ich habe eigentlich nicht mit mir gespielt. Ganze achtundvierzig Stunden nicht. Seit achtundvierzig Stunden. Em, erzähl mir mehr.
D: Ich weiß nicht, es ist alles ganz ruhig.

An anderen Stellen gibt es noch weitere Hinweise:
D: Ich habe einen Tag lang nicht.
G: Nicht?
D: Einen ganzen Tag nicht.

Diese privaten Augenblicke konnten immer in die Tat umgesetzt werden, sobald die beiden sich allein fühlten, und die Aussicht auf ein Treffen im San Lorenzo beschäftigte sie sehr:

D: Hast du gerade meinen Hinweis auf Dienstagabend verstanden? Ich glaube, du hast nicht aufgepaßt. Überlege mal, was ich gesagt habe.
G: Nein.
D: Ich glaube, du hast es nicht mitgekriegt.
G: Nein, du hast gesagt: ›Auf die Schnelle werden wir nichts mehr essen wollen.‹
D: Ja.

G: Ja, ich weiß, ich hab's verstanden.

D: Nun ja, du hast nicht die Flagge gezeigt.

G: Was?

D: Du hast nicht die Flagge gezeigt.

G: Welche, die weiße?

D: Oh.

G: Tintenfischchen, ich habe es nur übergangen. Ich glaube, ich bin nicht allzu sehr darauf eingegangen, denn je mehr du darüber nachdenkst, desto mehr Sorgen machst du dir.

D: Gut. Ich habe an nichts anderes denken können.

G: Echt?

D: Nein.

G: Na ja, ich kann dir sagen, da bist du nicht allein …

Dianas Angst vor den Folgen einer körperlichen Beziehung grenzte an Paranoia. Nachdem Gilbey ihr von einem lebhaften Traum erzählt hat, in dem Diana auftaucht, antwortete sie schuldbewußt:

D: Ich will nicht schwanger werden.

G: Liebling, das wird nicht passieren. Okay?

D: Jaaa.

G: Du darfst so nicht denken. Es passiert nicht, Liebling. Du wirst nicht schwanger.

D: Ich habe heute *East Enders* gesehen. Eine der Hauptdarstellerinnen hatte ein Baby. Sie dachten, es sei von ihrem Mann. Es war von einem anderen.

G: Mein Tintenfischchen, küß mich. O Gott. Ist dieses Gefühl nicht wundervoll? Magst du es auch?

D: Ja, sehr.

G: Es ist einfach wunderbar. Ich fühle mich wieder wie 21.

D: Aber du bist es nicht. Du bist 33.

Unweigerlich führen die schwierigen äußeren Umstände, in denen sie sich befanden – Diana in Sandringham, unglücklich und eingesperrt in der traditionellen königlichen Hausgesellschaft nach Weihnachten, und Gilbey in seinem Wagen irgendwo in der Dunkelheit auf einem Rastplatz in Oxfordshire – zu einem unvermeidlichen Schluß. Die offene und selbstverständliche Art, in der die beiden über Selbstbefriedigung reden, locker eingestreut in ihre Unterhaltung über Leute und Restaurantbesuche, macht das Maß ihrer Intimität deutlich. Natürlich bedeutete Gilbey in diesen mitternächtlichen Gesprächen ein Ventil für Diana.

Man kann für eine Frau, die sich in einer Extremsituation wie dieser befindet, nichts als Sympathie empfinden. Es ist ein Zeichen dafür, wie sehr Diana sich ihrer Stellung und der Familie hingab und immer noch hingibt, daß sie nicht aus der Ehe ausbrach, sondern nach allen möglichen Lösungen suchte, um ihr unglückliches Privatleben erträglich zu machen. Täglich wurde sie mit der verletzenden und ganz und gar nicht verheimlichten Tatsache konfrontiert, daß Charles seine sexuelle Beziehung mit Camilla Parker Bowles fortsetzte, und sie tat das, was ihr möglich war. In einer idealen Welt bleiben Lösungen dieser Art Privatsache: Aber als sie einer Biographie über sich zustimmte, in der Dinge angesprochen wurden, die früher von der Presse mit dem Stempel »verboten« versehen worden wären, öffnete Diana unabsichtlich die Schleusen, die uns dahin geführt haben, wo wir heute sind. Wenn sie einmal geöffnet sind, ist es schwierig, sie wieder zu schließen.

Wenn im weiteren Umkreis des Königshauses über Dianas persönliche Bedürfnisse diskutiert wird, macht man unter Augenzwinkern darauf aufmerksam, daß die Untreue der Prinzessin von Wales ja eigentlich ein Verrat ist. Ich bin sicher, daß Diana nie auf diesen Gedanken gekommen wäre. Sie brauchte Befriedigung und versuchte, den Kontakt, den sie zu anderen Männern hatte, so gering wie möglich zu halten, und ich bezweifle auch, daß sich diese spezielle Situation in neuerer Zeit wiederholt hat. Ich kenne keine andere Prinzessin aus dem jetzigen Hause Windsor, die sich selbst auf so außergewöhnliche Art zurückgenommen hätte.

Aber die Veröffentlichung der Tintenfischchen-Tonbänder hat der Intimität zwischen Diana und Gilbey ein Ende gesetzt. Mancherorts heißt es bestimmt, daß es so gut war. Der Skandal war ein totaler Schock für Gilbeys Freundin (einige sagten Verlobte), Lady Alethea Savile. Die neunundzwanzigjährige Oxford-Graduierte und Tochter des Earl of Mexborough ahnte offensichtlich nicht, wie intensiv das Verhältnis zwischen Gilbey und Diana war, und sicher wußte sie absolut nichts über ihre quasi-sexuelle Beziehung. Lady Alethea und Gilbey waren seit über zwei Jahren zusammen und wollten heiraten. So wie man eine Zeitlang Emma Stewardson mit den intimen Einzelheiten der Beziehung zwischen James Hewitt und Diana verschont hatte, so hatte man es mit Alethea gemacht. Man kann mit Sicherheit annehmen, daß Diana immer noch ihre quasi-sexuelle Beziehung mit Gilbey genoß, als er bereits Alethea Savile den Hof machte.

Man kann über die beiden Begleiter, die Diana sich aussuchte, sagen, was man will: immerhin waren beide alleinstehend, gut erzogen und gutaussehend. Es wäre unhöflich, wenn nicht sogar falsch, wollte man behaupten, daß die beiden Männer sich den Kopf nur dadurch verdrehen ließen, daß sie eine Prinzessin war, der sie den Hof machten, oder daß sie dem »Roten-Teppich-Fieber«, wie es im Jargon des Buckingham Palastes heißt, anheimfielen. Aber wenn Prinz Charles nicht der rechte Gefährte für Diana war, diese beiden Männer waren es aus sehr unterschiedlichen Gründen auch nicht.

Die Wirkung auf Lady Alethea und Emma Stewardson war gleichermaßen niederschmetternd. Emma Stewardson erzählte ihre Geschichte den *News of the World*, eine völlig uncharakteristische Entgleisung. Lady Alethea fuhr nach Amerika, um sich einer Psychotherapie zu unterziehen, über die sie später belustigt und selbstkritisch für eine andere Zeitung schrieb – obwohl es nur wenige gab, die daran zweifelten, daß der Artikel eigentlich nicht für die Leser der *Mail of Sunday* geschrieben war; er war an Gilbey gerichtet. Sie wollte ihn wissen lassen, was sie mitgemacht hatte, aber sie war viel zu gut erzogen, um es persönlich zuzugeben.

Ihre Beziehung brach ab, Gilbey – das Motto seiner Familie ist »Ehre und Tugend« – begab sich auf neuen Weidegrund. Im Dezember 1992 war er mit dem Modell Lisa Butcher zusammen, der Frau des Küchenchefs Marco Pierre White. Danach wurde er mit einem anderen Modell, Emma Pounds, gesehen, die jetzt freiberufliche TV-Regisseurin ist. Emmas Vater Harry machte ein Vermögen mit dem Verkauf von gebrauchten militärischen Geräten, eine erfrischende Abwechslung von den Blaublütlern, denen Gilbey in der Regel doch so gern seine Aufmerksamkeit zollt.

Zweifellos geschah es in bester Absicht, als Gilbey mit Andrew Morton an der Biographie über Diana mitarbeitete, aber der Schaden, den er der Frau zufügte, die er angeblich liebte, war enorm. Dem Gerücht Vorschub zu leisten, die Prinzessin von Wales habe wiederholt Selbstmordversuche verübt, war albern, schädlich – und nicht ganz richtig: Wenn es da heißt, Diana habe sich 1982, als sie mit Prinz William schwanger war, in Sandringham die Treppe hinabgestürzt, war es in Wahrheit einfach so, daß sie ausrutschte.

In mancher Hinsicht waren die Informationen, die er brachte, wichtig, um besser verstehen zu können, wie schlecht es um die königliche Ehe bestellt war. Gilbey erzählte dem Autor: »Sie leben völlig isoliert voneinander. Es ist nicht so, daß sie sich jeden Abend anrufen und liebevoll miteinander plaudern und fragen ›Liebling, was hast du heute gemacht?‹ Das kommt einfach nie vor.« Er wies auch darauf hin, daß die Maschinerie im Buckingham Palast für das, was Diana für die königliche Familie und die Nation tat, nicht gerade Anerkennung zollte. Aber da er bezüglich der meisten Dinge, die außerhalb seiner Autowelt liegen, nicht mit beiden Beinen auf der Erde steht, ging er zu weit: Diana war erschüttert angesichts des Ausmaßes der Enthüllungen in diesem Buch, die aus falsch verstandenem Enthusiasmus – oder schlimmeren Beweggründen – herausgebracht wurden.

Aus Fairneß gegenüber Gilbey hat Diana sich nicht von ihm distanziert, als der Sturm losbrach; es sieht so aus, als seien die Indiskretionen vergeben, wenn nicht vergessen. Aber ihre Leidenschaft ist abgekühlt, und mit einer neuen Beschäftigung im Autohandel – er arbeitet jetzt in der Verkaufsförderung von Lotus – wurde Gilbey praktisch aus London entfernt und vom täglichen Zugang zur Prinzessin abgeschnitten. Aber der Schaden war nicht wiedergutzumachen. Es vergingen nur vier Monate zwischen der Veröffentlichung der Tintenfischchen-Tonbänder im August 1992 und der Ankündigung der Trennung des Prinzen und der Prinzessin von Wales im Dezember.

Kapitel 3

Schmutzige Tricks

Es dauerte einige Zeit, bis man in Großbritannien begriffen hatte, was bis dahin undenkbar schien – die königliche Familie wurde von Nachrichtendiensten abgehört. Es sieht sogar so aus, als hätten die Betroffenen selbst nicht gemerkt, daß man sie ausspionierte. Im Frühjahr 1992 wurde bei einem Mittagessen in Sunninghill Park, dem Sitz des Herzogs und der Herzogin von York, darüber diskutiert, was der MI5, der militärische Abschirmdienst Großbritanniens, in aller Heimlichkeit treibt. Der Herzog, der sich als aktiver Marineoffizier in den Praktiken des militärischen Abschirmdienstes auskennt, stellte die Frage, ob MI5 es wagen würde, seine Familie abzuhören. Er hielt es, den Aussagen der Anwesenden zufolge, sowohl theoretisch als auch praktisch für unmöglich. Die Veröffentlichung der Camillagate- und Tintenfischchen-Tonbänder – sowie die Enthüllung des zwar weniger schockierenden, aber ausführlichen Streitgesprächs, das Andrew und Sarah am Telefon geführt hatten – belehrte ihn eines Besseren. Daß da Kräfte am Werk waren, die das Königshaus ins Wanken bringen wollten, erschien auf einmal durchaus möglich, ja sogar sehr wahrscheinlich. Aber die Reaktion der Öffentlichkeit auf diese Folge von Enthüllungen kam nur sehr langsam in Gang: Die Tatsachen, die da ans Tageslicht drangen, waren so schockierend, daß es eine Zeitlang dauerte, bis das Parlament die Frage stellte: Wie kamen diese Tonbänder zustande und wer ist dafür verantwortlich?

Während ich dies schreibe, steht eine zufriedenstellende Ant-

wort des Premierministers noch aus. Ende März 1993 veröffentlichte er zwei offizielle Berichte, die den MI5 und andere Nachrichtendienste von dem Verdacht freisprachen, das Königshaus
ausspioniert zu haben – sehr zum Spott fast des gesamten Unter-
hauses. Parlamentsmitglieder forderten umgehend eine Überwachung der umtriebigen Meisterspione durch eine unabhängige
Instanz. Angeregt wurden sie dabei durch die Tatsache, daß
Vertreter der Regierung zugegeben hatten, Behauptungen, nach
denen die Nachrichtendienste an den skandalösen königlichen
Tonbändern in irgendeiner Weise beteiligt waren, seien nicht besonders nachgeprüft worden.

John Major veröffentlichte einen Bericht über das Abhören von
Telefonen und einen anderen über die Nachrichtendienste im
allgemeinen. Im ersten Bericht sagt Sir Thomas Bingham, der Leiter des Staatsarchivs, aus, ein Untersuchungsausschuß habe keinen Beweis für eine Ungesetzlichkeit gefunden. Im zweiten Bericht
erklärt Lordrichter Stuart-Smith, er sehe keinen Grund, warum
sich die Nachrichtendienste mit dem Abhören der königlichen Familie selbst ihr Grab schaufeln sollten. Aber der konservative Ab-
geordnete Richard Shepherd sprach vielen aus der Seele, als er
verächtlich erklärte: »Was wir hier vor uns haben, sind zwei alte
Käuze, die noch an die Redlichkeit der Nachrichtendienste glauben.«

Die Wahrheit ist doch, daß Gespräche des Prinzen von Wales,
des Herzogs von York und der von ihnen getrennten Ehefrauen –
sowie anderer wichtiger Mitglieder der königlichen Familie –
jahrelang genau überwacht worden sind. Im MI5, der aus kleineren Abteilungen, den IGUs (Intelligence Gathering Units) besteht,
gab es eine Sondergruppe speziell für die Überwachung des
Königshauses. Ihre Existenz wurde 1993 vom früheren MI6-
Offizier James Rusbridger bestätigt, und aus anderen Quellen
heißt es, sie habe aus sechs Männern bestanden, die rund um die
Uhr alle Anrufe auf sämtlichen königlichen Leitungen überwach-
ten. Aber das ist noch nicht alles. Bahnbrechende Neuerungen in
den Abhörtechniken haben eine umfassende Überwachung wesentlich erleichtert, vor allem, weil es heute nicht mehr notwendig
ist, in den entsprechenden Räumen Wanzen zu installieren. Ge-

spräche können aus weiter Entfernung aufgenommen werden, oft nur über die Vibrationen eines Fensters oder eines Holz-fußbodens. Das bedeutet, daß sich die Lauscher mit ihrer Ausrü-stung meilenweit von ihren Zielobjekten entfernt aufstellen kön-nen. Die Unterhaltungen werden aufgezeichnet und an die Abhörzentrale der Regierung (GCHQ) in Cheltenham zur Über-prüfung und Analyse weitergeleitet. Heikle Informationen werden an die entsprechenden Minister und den Premierminister weiter-geleitet. Obwohl MI5 es nie nötig hatte, seine Handlungsweise zu rechtfertigen, hat er die perfekte Entschuldigung, wenn er auf ein Ereignis von 1987 hinweist. Damals sprang Diana nach einem Anruf im Kensington Palast in ihren Wagen und brauste ohne Polizeischutz davon. Minuten später wurde sie von einem Wagen voller Araber, die sie erkannt hatten, in eine halsbrecheri-sche Jagd verwickelt. Sie konnte sie schließlich in Pimlico ab-schütteln und fuhr noch drei Straßen im Zickzack auf und ab, um sicher zu sein, daß sie endlich fort waren. Dann hielt sie an, parkte ihren Wagen, schaltete die Scheinwerfer aus und benutzte ihr mo-biles Funktelefon, um die erleichterten Sicherheitsbeamten anzu-rufen und ihnen ihre Position mitzuteilen. Die Meisterspione be-haupten nun, daß die königliche Familie wirkungsvoll überwacht werden muß, wenn sie ihren Sicherheitsaufgaben gerecht werden wollen.

Es ist für sie zur Gewohnheit geworden, die Ergebnisse ihrer Spitzelarbeit an die Abhörzentrale weiterzuleiten, wo man sie dann in der Ablage für Informationsmaterial unter Verschluß hält; dieses Material gilt als sehr heikel und unterliegt strengster Ge-heimhaltung. Wenn Anrufe oder private Unterhaltungen über-wacht werden, erhalten Schlüsselwörter einen bestimmten Zahlen-wert; ist die Summe der Ziffern hoch genug, lesen die Behörden die ganze Unterhaltung sehr genau durch. Informationen, die be-reits sorgfältig untersucht worden sind oder die keinen hohen Zah-lenwert haben, werden im GCHQ-Computer gelöscht.

Es folgt ein Auszug aus einer Unterhaltung, die zwischen dem Prinzen und der Prinzessin von Wales auf ihrem Landsitz High-grove Ende November 1992 stattfand, nur wenige Tage vor der of-fiziellen Ankündigung ihrer Trennung. Ich möchte noch einmal betonen, daß es kein Telefongespräch ist, sondern eine Diskussion in einem Privathaus zwischen einem Mann und seiner Frau, die sich auf eine Trennung geeinigt haben, deren öffentliche Bekanntgabe aber noch bevorsteht. Die Unterhaltung, in der es darum geht, wie die Familie das Weihnachtsfest gestalten soll, und um die Zukunft der beiden Prinzen, stammt aus einer MI5-Info-Akte.

Charles: Um ehrlich zu sein, habe ich noch nicht richtig darüber nachgedacht.
Diana: Das würdest du doch nicht, oder?
C: Warum sollte ich?
D: Was?
C: Darüber nachdenken.
D: Muß ich es denn?
C: So kommen wir doch nicht weiter, oder?
D: Nicht besonders, nein.
C: Soll ich einfach gehen?
D: Ich glaube nicht, daß das eine Lösung wäre.
C: Zumindest würden wir diese Nacht ein wenig Schlaf bekommen.
D: Ich könnte so nicht schlafen!
C: Sei ruhig, du weckst noch die Kinder.
D: Die wissen es sowieso schon.
C: Sieh mal, drei Tage sind doch keine Ewigkeit. Drei Tage...
D: Zuallererst bin ich – was meinst du mit drei Tagen?
C: Du weißt genau, was ich meine.
D: Würdest du es mir bitte erklären?
C: Kreise, Kreise, wir drehen uns immer nur im Kreis herum. Ich habe tagelang niemanden gesehen. Gott weiß, wann ich zum letztenmal eine Zeitung aufgeschlagen oder ferngesehen habe. Du stellst es so hin, als wäre ich für alles hier verantwortlich. Wie kann ich etwas erklären, von dem ich selbst keine Ahnung habe?
D: Aha, da haben wir's. Würdest du das bitte genauer erklären?
C: Nicht jetzt und nicht hier. Warum?
D: Ich will es wissen. Ich meine, es muß geklärt werden.

C: Ich sage noch mal – warum hier? Suchst du Streit? Ehrlich, ich will und brauche keinen, ich will einfach nicht.

D: Hast du dir Gedanken darüber gemacht, welche Folgen ein Streit über das Sorgerecht hätte?

C: Für wen?

D: Für die Kinder.

C: Ach, sei doch nicht albern. Nein, nein, habe ich nicht.

D: Aber das ist es doch, was passieren wird, die Kinder würden leiden. Weißt du das?

C: Nein, nein. Das ist alles so albern, reden wie Verrückte, reden über das Sorgerecht. Dazu wird es nicht kommen.

D: Nicht?

C: Nein.

D: Nun, wenn du dir so sicher bist.

C: Bitte, laß uns jetzt nicht diskutieren. Nicht jetzt.

D: Aber darauf wird es hinauslaufen, weil wir überhaupt nichts klären. Nichts wird entschieden. Keiner von uns fällt eine verbindliche Entscheidung – eine wirklich verbindliche Entscheidung.

C: Brauchen wir denn eine? Wir haben den ganzen Abend damit verbracht, immer wieder dasselbe durchzukauen, ohne Ergebnis, und jetzt forderst du eine Entscheidung? Sei doch bitte vernünftig.

D: Nein, nein, nein, nein, nein. Laß es uns jetzt entscheiden, dann können wir morgen erfrischt wieder anfangen. Wenn jetzt nichts entschieden wird, sind wir morgen und nächste Woche, nächsten Monat noch genauso weit wie heute. Wenn es nur eine kleine Sache auf Gottes weiter Welt zu tun gibt, laß sie uns heute abend entscheiden.

C: Ich versuche, die Dinge mit deinen Augen zu sehen. Ich kann es nicht. Es ist zu spät.

D: Könntest du nicht deine Interessen wenigstens einmal zurückstellen und an mich denken?

C: Du sitzt da und unterstehst dich, mir zu sagen, ich solle an dich denken! Wie zum Teufel kommst du dazu, das zu sagen? Ich habe nichts anderes getan, als an dich und die Kinder zu denken, seit diese ganze Sache angefangen hat. Du...

D: Nein, nein, das glaube ich einfach nicht. Hör doch einmal auf, so egoistisch zu sein. Du hältst mich immer noch für die Person, die du geheiratet hast.

C: Damit habe ich schon vor Jahren aufgehört.

D: Ja, ich denke, das wäre ein möglicher Grund, warum wir uns voneinander entfernt haben, mein Lieber.

C: Kann ich auch nur einmal etwas Richtiges sagen? Sag mir, was du von mir hören willst.

D: Sag etwas, das ich hören will.

C: Ich gehe jetzt.

D: Ach, sei doch nicht so verdammt kindisch.

C: O Gott.

D: Mußt du immer herumrennen, wenn du dich unter Druck gesetzt fühlst?

C: Ich renne nicht. Im Gegensatz zu dir will ich wie ein Erwachsener damit umgehen.

D: Das tu ich wohl auch. Es geht nur darum, daß ich es lieber jetzt als später erledigen würde. Ich will nicht, daß alles endlos so weitergeht wie in einer dummen Seifenopfer.

C: Ich gehe ins Bett.

D: Aber warum? Du kannst morgen schlafen, du kannst schlafen, wann du willst, aber denk nur einmal an mich, nur einmal.

C: Ich würde lieber an die anderen Beteiligten denken. Ich weiß nicht warum, aber gerade jetzt habe ich das Gefühl, daß sie wichtiger sind. Du kannst auf dich selbst aufpassen, das weißt du.

D: Wie kannst du nur so eingebildet sein?

C: Ich bin müde. Gute Nacht.

D: Siehst du, da machst du es wieder. Komm zurück, um Himmels willen, komm zurück! Wie kannst du es einfach dabei bewenden lassen?

C: Ich rede morgen mit dir.

D: Oh, nein, das wirst du nicht.

C: Gute Nacht.

D: Würdest du bitte wieder reinkommen?

80

Diese Unterhaltung liefert an sich wenig Informationen – deshalb wurde die Niederschrift an dieser Stelle der Akte beendet. Aber allein die Existenz einer solchen Niederschrift zeigt, daß die königliche Familie abgehört wird, und daß es MI5 nicht viel ausmacht, wenn die Familienmitglieder erfuhren, daß sie abgehört werden. Ein Sicherheitsbeamter berichtet: »Aus naheliegenden Gründen ist die königliche Familie mit den Nachrichtendiensten eng verbunden, aber ich glaube, es wäre ein großer Schock für sie, wenn sie wüßten, wie ausgiebig ihr Privatleben heimlich überwacht wird.«

Das bedeutet nicht, daß man die Mitglieder der königlichen Familie verdächtigt, Verräter zu sein, oder daß man sie für ein Sicherheitsrisiko hält, aber man glaubt, sie sind ein so wichtiger Teil der Gesellschaft, daß man keine Risiken eingehen kann. Mein Informant aus dem Nachrichtendienst sagt dazu: »Die Leute vom MI5 sehen es als ihre Pflicht an, das Königreich zu verteidigen, und sie würden alles dafür tun, den ›Status quo‹ zu erhalten. Natürlich werden die Bürger des Landes schockiert sein, wenn sie hören, wie lückenlos die königliche Familie ausspioniert wird – was ist persönlicher und privater als eine Unterhaltung mit der eigenen Frau in den eigenen vier Wänden? Aber schließlich und endlich sind die Nachrichtendienste niemandem direkt unterstellt. Sie sind praktisch ihr eigenes Gesetz.« Sie behaupten zu ihrer Rechtfertigung: »Wir tun das zur Verteidigung des Königreichs.«

Um das Königreich zu verteidigen, behaupten sie, war es notwendig, »sich direkt in das Gedankengut der Prinzessin hineinzuarbeiten«. Was das beinhaltet, zeigt die Aufzeichnung einer anderen Unterhaltung in Highgrove Ende November 1992, als Diana in den Wochen vor der Trennung einmal mit einer Freundin allein dort war. Hieraus wird deutlich, daß sie nur auf die offizielle Ankündigung wartete:

D: Jetzt halte mich nicht für dumm, denn klassische Musik ist gewiß nicht mein Ding, aber war die Musik nun für den Film geschrieben, oder gab es sie schon vorher?
F: Ich glaube, sie ist schon vor langer Zeit geschrieben worden. Sie haben sie nur für den Film benutzt.

D: Sie ist so schön, so traurig. Ich mag solche Melodien. Hast du den Film gesehen?

F: Ein ausgezeichneter Film. Du warst nicht in der ersten Vorstellung, oder?

D: Nein. Ich glaube, Anne Diamond mußte hin.

F: Spiel es doch noch mal.

D: Das hier habe ich auch.

F: Oh, das ist toll.

D: Dreh einfach das Ding hier, und dann, glaube ich, können wir es uns ansehen.

F: Würdest du hingehen?

D: Nein, niemals. Das ist eine Sache, die ich überhaupt nicht mag. Ich erinnere mich an diesen wirklich schlimmen Kriegsfilm, und es war wie, oh, einfach schrecklich. Ich kann Gewalt nicht ausstehen. Den Film mit Richard Gere, so was mag ich.

F: O ja, er ist verheiratet.

D: Ich weiß. Hast du gesehen, mit wem?

F: Ach, eine Ahnung.

D: Ist sie Schauspielerin?

F: Nein, ich glaube, sie ist nicht einmal ein Modell. Nur eine Berühmtheit.

D: Trust House Forte. Ich sollte in Filmen auftreten.

F: Oh, hast du Erfahrung damit? Im . . .

D: Ich habe zehn Jahre die größte Rolle meines Lebens gespielt. Also wird sich wohl was Passendes finden.

F: Ein Film über Prinzessin Diana?

D: Huch, wen spiele ich?

F: Mach das andere Ding an.

D: Habe ich dir von Williams Lied erzählt?

F: Nicht so . . . umgekehrt . . . Erzähl.

D: Er hört sich Lieder an und erfindet seine eigenen Texte dazu. Das neueste ist ›We all live in a yellow submarine, in a pub in Aberdeen, in a tub of margarine‹.

F: Singst du mit ihm?

D: Ja, und ob, die ganze Zeit. Ich kapiere das Ding hier absolut nicht . . .

F: Einfach drehen . . . nein, andersrum.

82

D: Wann mußt du gehen?

F: Bald. Gehst du heute abend noch weg?

D: Nein, Charles kommt herunter.

F: Wie sieht's denn aus?

D: Schlecht.

F: Was wird denn nun?

D: Es ist egal. Ich gehe mit den Jungen. Es ist unmöglich. Alle glauben, sie wissen alles über uns, und doch ist keiner...

Die Aufzeichnung bricht hier ab, aber die Botschaft ist klar. Daß Diana die Nase voll hatte, wußten bereits alle, die es aus anderen abgehörten Gesprächen in den vergangenen Monaten wissen mußten, deshalb wanderte dieses Band zu den anderen in die Ablage.

Diejenigen in den Ministerien, die den »Status quo« unter allen Umständen beibehalten wollen, betrachten eine unabhängige Prinzessin von Wales, die sich von den Zwängen des höfischen Alltags befreit hat, als wachsende Bedrohung. Es kursierte die Theorie, daß Vertreter der harten Linie innerhalb der Nachrichtendienste sie absichtlich als Ziel ihrer Lauschangriffe ausgesucht hätten, weil sie befürchteten, sie besitze die Macht, das Haus Windsor zu unterminieren. Begründet wird dies damit, daß Diana, als sie Charles heiratete, das dahinwelkende Image der königlichen Familie zwar insgesamt aufwertete, daß aber ihre Beliebtheit immer weiter anstieg, während die der königlichen Familie sank. Dieses Gedankengut wurde mir gegenüber wie folgt zusammengefaßt: »Die hohen Tiere im Buckingham Palast betrachten sie heute als ein aus der Art geschlagenes Mitglied der Familie, das für die Verfassung des Landes existenzbedrohend ist. Sie hält alle Trümpfe in der Hand – sie hat Charles und seine Ratgeber ausgetrickst und hat in ihrer jetzigen Situation nichts mehr zu verlieren. Diese abgehörte Unterhaltung in Highgrove zeigt deutlich, wie hart sie verhandeln kann. Sie wollte ihren Söhnen den Aufenthalt in Sandringham über Weihnachten nicht eher erlauben, bis sie sich Zugeständnisse erkämpft hatte. Das Zugeständnis bestand dann darin, daß man ihr erlaubte, während des traditionellen Weihnachtsaufenthalts der königlichen Familie in

Sandringham die Jungen mit in die Karibik zu nehmen – es war ein totaler Bruch mit der Tradition.«

Ob Diana sich dieser Non-stop-Überwachung bewußt ist, kann man nur vermuten. Fest steht aber, daß sie den Kensington Palast mehr als einmal nach Wanzen hat absuchen lassen, und als sie begann, sich mit Paul Butner zu treffen, dem Anwalt, der ihr während der offiziellen Scheidung zur Seite stehen sollte, wurden diese Treffen absichtlich außerhalb des Palastes durchgeführt, in Wohnungen von Freunden und in einer Reihe von thailändischen und französischen Restaurants. Auch Charles hat seine Räume und Fahrzeuge nach Wanzen durchsuchen lassen. Er hat damit die Firma Ian Johnson beauftragt, die ein ehemaliger Sicherheitsoffizier der Armee leitet. Sie wurde ihm von Lord King empfohlen, dem ehemaligen Geschäftsführer der British Airways. Es hieß, gleichzeitig seien auch »elektronische Gegenmaßnahmen« durchgeführt worden, um Wanzen untauglich zu machen. Aber diese Maßnahmen waren nutzlos. Ein Überwachungstrupp kann seine Ausrüstung in einer Entfernung von bis zu sechs Meilen aufstellen und nach eigenem Gutdünken abhören. Während viele entrüstet darüber sind, daß die königliche Familie abgehört wird, hält man es innerhalb des Nachrichtendienstes für selbstverständlich. Anthony Sillitoe, ein früherer Sicherheitsbeamter, dessen Vater, Sir Percy Sillitoe, von 1946 bis 1953 Generaldirektor beim MI5 war, sagte: »Ich weiß aus eigener Erfahrung beim MI5, daß Gespräche von Edward und Wallis Simpson auf Band aufgenommen wurden. Es wäre daher eher verwunderlich, wenn die Unterhaltungen der königlichen Familie heute nicht aufgenommen würden.«

Es war also eigentlich Charles' Vorgänger, der frühere Prinz von Wales, der den Lauschangriffen auf das Königshaus, die bis dahin undenkbar waren, Tür und Tor öffnete. Im Vorfeld seiner Abdankung lösten seine Freunde, Kontaktpersonen und das Vorleben seiner Geliebten – seiner späteren Frau – innerhalb des Establishments beträchtliche Beunruhigungen aus. Agenten wurden ausgeschickt, um die New Yorker Wohnung von Mrs. Simpson abzuhören, und sie behielten den Herzog von Windsor auch nach seiner Abdankung noch im Exil im Auge.

In der schlimmen Zeit 1940, als der Herzog im Begriff war, seinen Kriegsposten als Gouverneur auf den Bahamas anzutreten, erfuhren die Nachrichtendienste, daß heimlich über »neutrale« Mittelsleute Kontakte zum Feind geknüpft wurden. Philip Ziegler notiert, es habe nur geringer Zweifel daran bestanden, daß der Herzog von einer Niederlage der Briten überzeugt war und daß er unter diesen Umständen eine Rolle zu spielen hoffte. In einem Sicherheitsbericht heißt es: »Deutsche erwarten Unterstützung von seiten des Herzogs und der Herzogin von Windsor. Letztere will um jeden Preis Königin werden. Deutsche haben seit dem 27. Juni mit ihr verhandelt. Deutsche Absicht, eine Oppositionsregierung unter Herzog von Windsor zu bilden, nachdem zunächst die öffentliche Meinung durch Propaganda beeinflußt wurde. Deutsche gehen davon aus, daß König George (VI.) während eines Angriffs auf London abdankt.« Nachdem die prinzipielle Möglichkeit nun einmal geschaffen war, sahen die Nachrichtendienste keinen Grund, ihre Überprüfung der ersten Familie Großbritanniens aufzugeben. Das nächste Mitglied der königlichen Familie, das unter ihre Aufsicht geriet, war Earl Mountbatten – nicht nur wegen seiner vermeintlich linken Gesinnung und seiner zweifelhaften sexuellen Neigungen, sondern wegen seines wachsenden Einflusses auf seinen Großneffen, den künftigen König.

Mit der Errichtung des Eisernen Vorhangs und einem inzwischen über jeden Zweifel erhabenen Königshaus gab es für die Nachrichtendienste immer weniger zu tun. Vielleicht hörte deshalb der pensionierte Bankdirektor Cyril Reenan zu seiner großen Überraschung eines Abends einer Unterhaltung zwischen der Prinzessin von Wales und einem früheren Autohändler zu. Diese Unterhaltung, die er mit seiner 900 Pfund teuren Funkanlage über eine sechs Meter hohe Antenne an seinem Wohnsitz in Abingdon empfing, sollte das Ansehen der königlichen Familie in der Öffentlichkeit von Grund auf verändern. Mr. Reenan erklärte später, er sei ein begeisterter Amateurfunker und habe seine Geräte auf die Frequenz des Polizeifunks und des Flugverkehrs eingestellt. Es sei auch einmal vorgekommen, daß er einem privaten Telefongespräch zwischen einem Trainer und einem Jockey gelauscht habe, in dem es um ein Pferd ging, das beim Rennen in Newbury »sicher gewinnen« sollte.

Zunächst ging man davon aus, Mr. Reenan habe die Unterhaltung »live« aufgenommen. Das stellte sich jedoch als falsch heraus, als deutlich wurde, daß das Band in Wirklichkeit ein Zusammenschnitt von zwei getrennten Anrufen war. Experten waren der Ansicht, daß es durch einen Fernmeldespezialisten bereinigt worden war, bevor man es wieder sendete. Die Sendung erfolgte in der erklärten Absicht, daß es zufällig jemand wie Mr. Reenan hören und aufzeichnen sollte. Tatsächlich hat auch eine Funkamateurin, Jane Norgrove, die Unterhaltung in Oxford aufgezeichnet. Bemerkenswert ist, daß eine Sendung der ITV im April 1993, die eigens zu dem Zweck gesendet wurde, die Verschwörungstheorie zu entkräften, ihren Zweck nicht erfüllte. Statt dessen hatte man den Eindruck, als habe man nur eine zynische Entschuldigung dafür gesucht, die Tintenfischchen- und Camillagate-Bänder erstmalig im britischen Fernsehen ausstrahlen zu können.

Obwohl Cyril Reenan zweifellos ein sehr erfolgreicher Bankdirektor war, in Alltagsgeschäften war er nicht so gewieft – und es besteht kein Zweifel, daß man ihn benutzte. Er versicherte recht überzeugend, daß seine einzige Aufzeichnung an eine inländische Zeitung gegangen sei, aber in der Fleet Street und an anderen Stellen tauchten andere Kopien auf. Richard Kay, ein talentierter Hofberichterstatter bei der *Daily Mail*, bekam in einem unbeschrifteten braunen Umschlag anonym eine Kopie zugeschickt: Sie kam nicht von Mr. Reenan. Und obwohl es einige Monate dauerte, dämmerte diesem schließlich die Wahrheit. Sechs Monate nachdem der Inhalt des Tonbandes in der *Sun* veröffentlicht worden war, ging Cyril Reenan an die Öffentlichkeit und erklärte, er habe inzwischen erkannt, daß er das intime Telefongespräch erst vier Tage später mitgeschnitten hatte, als es tatsächlich stattgefunden hatte. Außerdem stimmte die Niederschrift in der *Sun* nicht mit dem Inhalt des Bandes von Mr. Reenan überein. »Ich glaube heute, daß ich von irgend jemandem aus irgendeinem Grunde benutzt worden bin«, schloß er scharfsinnig. Miss Norgrove gab ihrerseits bekannt, daß sie die Unterhaltung an dem Abend aufgenommen habe, an dem sie tatsächlich stattgefunden hat – Silvester 1989.

Das Band wurde Martin Colloms, einem Tonspezialisten, der Systeme für Sony entwickelt, zur Analyse übergeben. Er kam zu dem Schluß, daß die Aufnahme von Mr. Reenan nicht die Originalfassung war. Die Aufnahme stammte von einer direkten Abhöreinrichtung an einer Telefonleitung und sei danach bearbeitet worden, so daß es sich oberflächlich wie eine Aufnahme aus einem mobilen Telefon anhörte. Das bedeutete, daß die feste Telefonleitung der Prinzessin und nicht das Funktelefon Gilbeys abgehört worden war. Lord Rees-Mogg, ein früherer Herausgeber der *Times*, erklärte in einem Interview mit *Four Corners*, dem aktuellen Nachrichtenmagazin des Australischen Rundfunks, einem Pendant zu den Sendungen *Panorama* der BBC und *60 Minutes* in den USA, seiner Meinung nach hätten die Nachrichtendienste die königliche Familie abgehört und die Bänder anschließend bearbeitet.

Als Gerüchte und Gegendarstellungen durch die Flure von Westminster kursierten – die Parlamentsmitglieder sind oft die letzten, die erfahren, was ihre Nachrichtendienste so treiben –, wurde dem Spionageeintopf eine neue Theorie hinzugefügt. Es könnten ja auch, statt GCHQ oder MI5, die Amerikaner gewesen sein. Das ist immer eine willkommene Ausflucht, wenn man eigene widerspenstige Agenten nur schlecht unter Kontrolle bekommt. Daher wurde im Frühjahr 1993 angedeutet, zwei amerikanische Lauschposten der American National Security Agency (NSA) seien nach Kräften bemüht, die königliche Familie auszuspionieren. Die NSA höre illegal jede Menge privater Unterhaltungen von ihren Posten in Morwenstow, Cornwall und Menwith Hill in Yorkshire ab. Ein gerissener Experte lieferte folgende Erklärung dafür: »Wenn die britische Regierung die Amerikaner dazu bewegt, diese Arbeit zu übernehmen, kann sie mit reinem Gewissen, wenn auch irreführend, sagen, das GCHQ höre keine privaten Telefongespräche ab. Der Grund, warum die Regierung sich weigert, die Abhörmethoden für Gespräche im Königshaus offiziell untersuchen zu lassen, ist der, daß sie dann gezwungen wäre, öffentlich zuzugeben, daß diese Abhörstationen der Amerikaner sich immerhin auf britischem Boden befinden.«

Ganz gleich, ob dieser verwickelte Gedankengang richtig ist oder nicht, es waren viele andere Tonbänder mit Gesprächen aus dem Königshaus in Umlauf, obwohl keines so ergiebig war wie die beiden Tonbänder »Tintenfischchen« und »Camillagate«. Zwischenzeitlich wurde vermutet, es seien an die fünfundzwanzig.

Aber dennoch wären die Tintenfischchen-Tonbänder wohl nie veröffentlicht worden, wenn ich nicht gewesen wäre. Ich frage mich, ob Ken MacKenzie, der Herausgeber der *Sun*, jemals ihre Niederschrift veröffentlicht hätte, wenn er nicht verzweifelt nach der Möglichkeit eines Gegenschlags im ständigen Auflagenkrieg zwischen seiner Zeitung und meiner gesucht hätte. Natürlich brauchte er dringend etwas, um der Auflage seiner Zeitung einen Auftrieb zu geben, nachdem ich im August 1992 einen königlichen »Knüller« gelandet hatte.

Anfang des Jahres hatte mich John Bryan in meiner Londoner Wohnung aufgesucht, der sich damals als angeblicher Berater der Herzogin von York ausgab. Frech und entschlossen behauptete er, er sei der Vermittler in den Verhandlungen zwischen den Anwälten der Königin, Farrer's, und denen der Herzogin von York über die finanzielle Regelung ihrer Scheidung. Er bezeichnete die Anwaltskanzlei Farrers und ihren Seniorpartner Sir Matthew Farrer als »einen Haufen Arschlöcher« und behauptete, er selbst spiele in den Verhandlungen die zentrale Rolle. »Ohne mich sind sie aufgeschmissen«, prahlte er. »Und die Königin hat gesagt, sie sollen mich bei allen Verhandlungen hinzuziehen. Ich habe das letzte Wort.« Es war eine meisterhafte Vorstellung, wenn auch nicht besonders erbaulich. Bryan hatte regelmäßig vom Familiensitz der Yorks aus angerufen – obwohl ich nicht weiß, ob es Prinz Andrew jemals bekannt war, daß er so freizügigen Gebrauch von seinem Haus machte. Obwohl er an jenem Abend immer wieder beteuerte, sein Verhältnis zu Sarah sei rein geschäftlicher Natur, hielt ich es für nötig, ihn zu fragen, ob er ihr Geliebter sei. Er sagte, er kenne dieses Gerücht, aber das sei absolut lächerlich. Ich war immer noch nicht überzeugt, hatte aber keinen sicheren Beweis für das Gegenteil.

Mitte August wurde jedoch immer deutlicher, daß an dieser Beziehung mehr dran war. Die beiden flogen nach Südfrankreich, wo sie mit ihrem Privatflugzeug in La Mole landeten. Ihre Ankunft war kein Geheimnis, denn zwei Lokalreporter, die einen Tip von der Polizei erhalten hatten, standen dort mit gezückten Kameras, als Fergie aus dem Flugzeug stieg. Einer der Bodygards von Scotland Yard, der die beiden begleitete, ging zu den Fotografen und sagte ihnen, sie sollten die Mücke machen. Vom Augenblick ihrer Landung an wußten also John Bryan und die Herzogin von York, daß die Presse anwesend war. Die Herzogin von York war sogar so weit gegangen, ein Kopftuch und Sonnenbrille aufzusetzen, bevor sie das Flugzeug verließ. Am nächsten Morgen waren die Fotos in der Lokalzeitung *Nice Matin*. Das war der endgültige Beweis für das Interesse der Presse an ihrem Urlaub. Ich erwähne dies alles, weil das, was als nächstes geschah, das Haus Windsor wie ein Donnerschlag traf.

Ich war gerade aus Griechenland zurückgekehrt, wo ich über einen kurzen Aufenthalt von Charles und Diana berichtet hatte, als ich einen Anruf von einem Fotografen aus Paris erhielt, der mir mitteilte, er habe Fotos von der Herzogin von York aus ihrem Urlaub in Südfrankreich. Im Laufe des Gesprächs fand ich heraus, daß Sarah auf einigen der Fotos oben ohne zu sehen war. Als ich dann nach Paris kam, um sie mir anzusehen, stellte ich fest, daß es auch Bilder von Sarah mit John Bryan gab, die das, was er mir einige Wochen zuvor noch zugesichert hatte, Lügen straften. Das Paar lag küssend und schmusend neben dem Swimmingpool, und John Bryan lag in Gegenwart der Enkel der Königin, Prinzessin Beatrice und Prinzessin Eugenie, auf der Herzogin.

Trotz der völlig unangebrachten Behauptung einer Londoner Zeitung an jenem Wochenende, die Fotos seien aus nächster Nähe aufgenommen worden (wobei dem Fotografen unterstellt wurde, er habe eine Ungesetzlichkeit begangen), wurden sie aus einer Entfernung von etwa fünfhundert Metern aufgenommen. Die Villa ist leicht einzusehen, da sie in einer natürlichen Senke liegt. Die beiden waren den Augen der Öffentlichkeit preisgegeben und hätten es wissen sollen – ebenso wie ihre Leibwächter. Einer von ihnen wurde infolgedessen versetzt, obwohl ein ehemaliger Beamter von Scotland Yard meiner Zeitung gegenüber erwähnte: »Man kann sie eigentlich nicht dafür verantwortlich machen, was Fergie sich geleistet hat. Sie waren da, um auf die beiden kleinen Mädchen aufzupassen. Wir schützen ihr Leben, nicht ihre Moral.«

Die fünfundzwanzig Fotos wurden im *Daily Mirror* veröffentlicht und lösten weltweit Aufregung aus. Die Briten reagierten erstaunt und wollten es nicht glauben. John Bryan hatte erfolgreich alle davon überzeugen können, daß sein Verhältnis zu der Herzogin absolut sauber war. Die Oben-ohne-Bilder bedeuteten an sich nichts – die Fotos, die ihre schäbige Täuschung aufdeckten, waren wichtig.

Die königliche Familie verfolgte die Story mit ebenso großem Interesse wie alle anderen. Am Morgen der Veröffentlichung saßen alle Mitglieder der Familie beim Frühstück in Balmoral über die neueste Ausgabe des *Daily Record*, der schottischen Ausgabe des *Mirror*, gebeugt. Ganz offensichtlich bereitete ihnen die Vorstellung von der drohenden Vernichtung der Herzogin ein gewisses Vergnügen. Plötzlich trat Fergie ins Eßzimmer. Man berichtete mir später: »Ein wildes Geraschel begann, weil alle versuchten, die Seiten umzublättern und so zu tun, als würden sie einen anderen Artikel lesen. Aber die Herzogin wußte Bescheid. Die Ärmste war den Tränen nahe. Sie hatte nicht im entferntesten geahnt, daß die Fotos eine so deutliche Sprache sprachen. Sie wußte, daß man sie in Frankreich fotografiert hatte, aber bis zu dem Augenblick, als sie die Zeitung im Eßzimmer tatsächlich sah, hatte sie sich nicht klargemacht, wie nah an der Grenze des Anstößigen sie sich bewegten.« Fünf Tage später verließ Fergie Balmoral zum letztenmal als Mitglied der königlichen Familie.

An den folgenden zwei Tagen stieg die Auflage des *Daily Mirror* beträchtlich, und später wurde ich zu meiner Überraschung von dem geachteten früheren Herausgeber einer inländischen Zeitung und Medienauguren Brian MacArthur gefeiert. In einem Artikel der Londoner *Sunday Times*, der die journalistischen Erfolge des Jahres 1992 auflistete, schrieb er: »Journalisten landen oft Knüller, weil sie Glück haben – aber ihren Glückstreffern gehen in der Regel jahrelange Recherchen voraus.

James Whitaker, der Doyen des Lumpenpacks von Hofreportern der Fleet Street, hat seit 1974 (tatsächlich seit 1968) über die königliche Familie berichtet. Die langjährige Drecksarbeit hat sich im August ganz schön bezahlt gemacht.«

Am Donnerstag, dem 20. August, als die Story veröffentlicht wurde, verkaufte der *Daily Mirror* 428 000 Exemplare mehr als sonst. Die Nachfrage war so groß, daß die Druckerpressen um 10 Uhr am nächsten Tag noch einmal angeworfen werden mußten. Der *Mirror*, üblicherweise für 27 Pence erhältlich, wurde in Covent Garden unter der Hand für bis zu 2 Pfund gehandelt. Die Verkaufszahlen am folgenden Tag stiegen im Vergleich zu Mittwoch um 573 000 und am Sonntag um 583 000. In vier Tagen verkaufte der *Mirror* 1,9 Millionen Exemplare mehr.

Meine Story wurde von verschiedenen Stellen unterschiedlich beurteilt. Woran sich bezeichnenderweise viele *Mirror*-Leser stießen, war nicht die Veröffentlichung der Bilder, sondern die Tatsache, daß die Herzogin vor den Augen der kleinen Prinzessinnen offen mit einem Mann turtelte, der nicht ihr Vater war. Ein Gefühl des Grauens überkam das Land, und Kelvin MacKenzie war davon überzeugt, daß er nun seine Vorrangstellung verloren habe, als erster den Briten schon zum Frühstück Horrorgeschichten aufzutischen. Daraufhin – und erst dann – holte er die Tonbänder aus seinem Safe, die dort schon seit zweieinhalb Jahren Staub angesetzt hatten. Als Grund dafür, warum er sie bis zu diesem Zeitpunkt noch nicht veröffentlicht hatte, nannte er den möglichen »Schaden, den sie Di und den anderen Mitgliedern der königlichen Familie zufügen könnten«. Warum Diana nun plötzlich keinen Schaden mehr durch die Veröffentlichung erleiden sollte, hat Mr. MacKenzie nie erklärt.

Am 24. August 1992 begann er, Auszüge aus den Tintenfischchen-Tonbändern zu veröffentlichen. Es war natürlich ein Knüller, aber nicht sehr geschmackvoll. Ich war der Meinung, daß die Bilder von Fergie nicht nur ausnehmend gute journalistische Arbeit waren, sondern daß sie auch dazu dienten, die Königin und Prinz Andrew auf das Verhalten der Herzogin von York und ihres Finanzberaters aufmerksam zu machen. Bis zu diesem Zeitpunkt, so hatte man mir gesagt, habe Andrew volles Vertrauen gehabt, daß an ihrer Beziehung nichts Unsauberes sei, und er habe fest daran geglaubt, daß seine zerrüttete Ehe wieder in Ordnung käme. Nach den Worten seines Schwiegervaters Ronald Ferguson war er so überzeugt von dieser Idee, daß er sich sogar zu Sarahs Fürsprecher vor der Königin machte.

Um seinem Unrecht auch noch eine Beleidigung hinzuzufügen,

unterhielt die *Sun* eine kostenlose Telefonleitung; jedermann konnte anrufen und sich die Tonbänder anhören. Für alle, die mit Diana irgendwie zu tun hatten, folgte eine gnadenlose Hetzjagd – angefangen bei engen Freundinnen und Freunden wie Carolyn Bartholomew und Gilbey selbst bis hin zu Nebendarstellerinnen wie Mara Berni.

Wenn es in der Absicht von MI5 gelegen hatte, Diana aus dem Kern des Königshauses zu verdrängen, so daß nur noch Charles und seine Mutter unversehrt und unbefleckt übrigblieben, dann ist es ihnen mißlungen. Die Verschwörer – und es besteht wohl kein Zweifel daran, daß es mehr als einer waren – hatten nicht mit der außergewöhnlichen Zuneigung gerechnet, die die Öffentlichkeit der Prinzessin von Wales entgegenbringt. Doch versuchte man in den Sommermonaten 1992, auch von innen her Dianas Image anzukratzen.

Im Januar dieses Jahres waren die Aussichten für die Herzogin von York nicht so rosig. Gefangen in einer Ehe, die sie als lieblos empfand, ließ ihr Verhalten zu wünschen übrig. Sie hatte bereits ein Verhältnis mit dem Texaner Steve Wyatt hinter sich und ließ sich auf ein neues mit seinem Landsmann John Bryan ein. Plötzlich waren die Titelseiten der Revolverblättchen voll mit kompromittierenden Fotos über einen Urlaub, den sie mit Wyatt im früheren Haus von Somerset Maugham, der Villa La Mauresque am Cap Ferrat, verbracht hatte. Auch dort wurden die Prinzessinnen wieder von einem Mann umarmt, den ihr Vater nicht einmal kannte. Die Fotos waren von einer Putzfrau in einer leerstehenden Londoner Wohnung gefunden worden, die Wyatt einmal gemietet hatte. Sie wurden in Farbe veröffentlicht, und alle Welt spielte verrückt. Obwohl die Bilder nichts Unschickliches enthüllten, war das Szenario, das sie heraufbeschworen, absolut unpassend für eine englische Prinzessin, und Sarahs Ansehen in der Öffentlichkeit wurde schwer angeschlagen. Niemand hörte zu, als Wyatt lakonisch versicherte, er habe keine Fotos liegenlassen, als er die Wohnung aufgab; und die Aufmerksamkeit der Medien war gerade irgendwie abgelenkt, als man entdeckte, daß die Fotos ursprünglich Sarah gehört hatten und dann plötzlich aus Sunninghill Park verschwunden waren.

Scotland Yard wurde mit der Untersuchung beauftragt, aber mysteriöserweise kam nichts dabei heraus. Knapp zwei Monate später meldete die *Daily Mail*, Sarah beabsichtigte, sich offiziell von Andrew zu trennen, und habe sich ratsuchend an zwei Anwälte gewandt. Innerhalb von vierundzwanzig Stunden erhob sich ein wüster Streit, der die Königin, ihren Privatsekretär, die Weltpresse und das Haus York erfaßte. Die undichte Stelle, durch die Informationen an die *Mail* sickerten, rief im Buckingham Palast enorme Wut hervor, nicht zuletzt deshalb, weil man sich dazu gezwungen sah, die Presse *im nachhinein* zu unterrichten. Offizielle Vertreter des Palastes beschuldigten die Herzogin, weil sie sich nicht vorstellen konnten, daß die Information aus einer anderen Quelle stammte.

Am Morgen des 19. März wurde der Hofkorrespondent der BBC, Paul Reynolds, zusammen mit fünf anderen Hofberichterstattern zum Palast bestellt, wo man ihnen eine Erklärung abgab, in der die offizielle Trennung von Andrew und Sarah bekanntgegeben wurde. Die Journalisten machten sich Notizen und eilten davon, um ihre Storys zu schreiben. Charles Anson, der Pressesekretär der Königin, bat sie, in sein Büro zu kommen, falls sie weitere Einzelheiten brauchten. Fünfundvierzig Minuten später nahm Reynolds das Angebot wahr und blieb fünf Minuten allein bei Anson. Die Erklärung, die er erhielt, schockierte Reynolds, der ein langjähriger und hochgeachteter Journalist ist, so sehr, daß er umgehend mit *World at One*, der Nachrichtensendung der BBC, auf Sendung ging. Eine riesige Zuhörerschaft hörte ihn sagen: »Im Buckingham Palast sind die Messer für Fergie gewetzt.« Er fuhr fort und sagte, im Buckingham Palast gehe man davon aus, daß Fergie eine PR-Firma beauftragt habe, das Papier zu formulieren. Als Vergeltungsmaßnahme diskutiere man nun darüber, wie unpassend sie für das öffentliche Leben gewesen sei – und dabei wurden Ausdrücke verwendet, die man noch nie zuvor von einer Person des öffentlichen Lebens vernommen hatte. Der Palast erklärte, die Kluft zwischen Andrew und Sarah habe sich schon im Jahr zuvor aufgetan. Man habe ihm den Public-relations-Guru Sir Tim Bell als den Mann genannt, der von der Herzogin angeheuert worden sei, um die Story zu lancieren. In Wirklichkeit war dies jedoch, wie auch andere Darstellungen in der Erklärung, völlig verfehlt. Andrew und Sarah hatten gemeinsam einen Angestellten von Bell, David McDonough, kurze Zeit vorher aufgesucht. Sie kannten ihn, weil seine erste Frau Kiki eine langjährige Freundin von Sarah war. Aber das hatte nichts zu tun mit dem Bericht in der *Mail.* Jemand anderes mußte für die undichte Stelle verantwortlich sein. Und als sowohl Sir David English, der damalige Herausgeber des *Daily Mail*, als auch dessen Eigentümer Viscount Rothermere abstritten, die Story aufgemotzt zu haben – man habe sie dank des »journalistischen Unternehmensgeistes« bekommen –, begann Sarah zu ahnen, wer wirklich hinter diesem neuesten Beispiel für die Arbeit der Abteilung für schmutzige Tricks gestanden haben könnte.

Inzwischen wurde offenbar noch mehr Gift hinter den Kulissen ausgeschüttet, um den Angriff auf die Herzogin zu rechtfertigen. Der *Sunday Telegraph* berichtete, der Privatsekretär der Königin, Sir Robert Fellowes, habe angeblich anderen gegenüber Befürchtungen geäußert, die Herzogin habe sich nicht in der Gewalt, und er vermute, daß sowohl die Königin als auch die Königinmutter »versucht hätten, die Herzogin zu beruhigen«, daß aber die ganze Familie inzwischen den Eindruck habe, es sei »an der Zeit, sich von ihr zu lösen«. Dieser letzte Satz, direkt aus dem Munde eines anonymen Informanten aus dem Palast, sagte alles – wir haben unser Bestes getan, aber, ehrlich gesagt, sie hat es nicht verdient. Launisch und unfähig bei öffentlichen Auftritten – Sie sehen doch, warum sie gehen muß.

Diese in ihrer Offenheit beispiellose Erklärung war so etwas wie ein Dankeschön an die *Telegraph*-Gruppe, die als einzige zu Charles Anson gehalten hatte, als er Anfang der Woche in schockierender Weise derart indiskrete Äußerungen gegenüber Paul Reynolds hatte fallen lassen. Das war noch nicht alles. Sir Robert Fellowes hatte angeblich das Verhalten der Herzogin »getestet«. »Das Problem ist, viele wollten sie einfach nicht zu hart anfassen. Vielleicht hätten sie es lieber doch tun sollen«, sagte der königliche Zuträger. »Die Herzogin ist zäh und dickköpfig, dabei eine nette Begleiterin und aufgeweckte Person. Aber sie läßt sich nicht gern etwas sagen.« Die Königin hatte sich bei Fellowes und Lord Chamberlain, dem Earl of Airlie, nach der Möglichkeit einer Trennung erkundigt, aber sie waren davon überzeugt, daß vor einer allgemeinen Wahl nichts passieren würde. Der Artikel schloß mit der Versicherung, der Palast gehe davon aus, daß es eine erfundene Geschichte sei, inszeniert von im einzelnen nicht genannten Personen, und daß man darüber »zutiefst empört« sei. Diese salbungsvolle Selbstrechtfertigung war der Versuch, eines der schlimmsten Eigentore zu decken, das von Höflingen seit Menschengedenken geschossen worden war.

Die »graue Eminenz« während dieser ganzen Episode, die sich wohlweislich im Schatten aufhielt, war Sir Robert Fellowes. Lange Zeit bemerkten die meisten nicht die Ironie, aber es war mir klar, daß den Angriffen auf Fergie etwas zutiefst Persönliches zugrunde lag, denn Sir Robert – »Bellows«, wie sie ihn nannte – und ihr Vater waren Vettern ersten Grades. Die beiden Männer verachteten einander, wie es nur in Familien vorkommt. Sir Roberts Mutter Jane hatte Ronald Fergusons Onkel geheiratet, den Brigadegeneral Algernon Ferguson, aber die einzige Gemeinsamkeit der beiden Vettern war ihre Erziehung in Eton, und auch die lag zehn Jahre auseinander.

Beim Mittagessen im April 1992 in Sunninghill war Sarah wütend über das Benehmen ihres Vetters. Ihr Vater war nicht minder verärgert. »Er gehört zu meiner Familie. Wie kann er uns das antun?« knurrte Ronald. »Ich werde etwas dagegen unternehmen.« Das tat er. Er rief Fellowes zu Hause an und schrie »Wie kannst du es wagen, dich Sarah gegenüber so zu verhalten? Ihr seid Vetter und Kusine!« Es heißt, Sir Robert habe ganz gelassen geantwortet: »Es ist meine Aufgabe, die Familie zu schützen, vor allem die Königin. Ich kann nicht anders.« Major Ferguson erwiderte: »Du mußtest nicht so weit gehen. Ich will eine Entschuldigung und eine Richtigstellung.« Fellowes war nur zögernd damit einverstanden, etwas zu unternehmen, und etwa einen Tag später hat sich Sir Robert bei der Herzogin von York entschuldigt. Charles Anson bot seinen Rücktritt an, der aber nicht angenommen wurde, was nicht weiter überraschend ist. Ferguson wurde nicht im unklaren gelassen über die weiteren Motive seines Vetters: »Auch nach dieser Entschuldigung hat es Robert auf Sarah abgesehen«, sagte er bitter. »Er ist ein Feind im eigenen Lager.« Und immer noch beschäftigte Sarah die Frage – wenn sie die Story über ihre Trennung nicht an die Zeitungen weitergeleitet hatte, wer war es dann? Für sie gab es nur eine Antwort: Diana.

Ein Gast in Sunninghall erinnert sich: »Ich hörte Sarah den Verdacht äußern: ›Na, du weißt, wer das getan hat – diese Hexe Diana.‹ Und Prinz Andrew stimmte zu, daß sie sehr wahrscheinlich recht hätte. Er sagte: ›Ich bin mir nicht sicher, aber ich würde Diana nicht ausnehmen.‹«

In dieser Zeit war Lesley Player Major Fergusons Vertraute. Ihr Kommentar lautet: »Diana war, was Sarah betrifft, immer auf Konkurrenz aus – sie wollte nicht, daß Sarah mehr Aufmerksamkeit geschenkt wurde als ihr. Sie will überhaupt nicht, daß ein anderer wichtiger ist als sie. Das hört sich kindisch an, aber so etwas passiert tatsächlich in der königlichen Familie.«

Der Vater der Herzogin erzählte Lesley, Diana und Sarah hätten miteinander über die Möglichkeiten einer Trennung gesprochen und vereinbart, daß sie ihre Männer zur gleichen Zeit verlassen wollten. Aber Sarah glaubte, Diana habe sie »hereingelegt« und sich entgegen ihrer Zusagen nicht von ihrem Mann getrennt – und habe sie, Sarah, gleichzeitig an die Presse verpfiffen. Dianas Motiv sei es laut Sarah gewesen, die Oberhand zu gewinnen, um vor der Königin in einem günstigeren Licht dazustehen und als diejenige mit dem größeren Verantwortungsbewußtsein zu erscheinen. Die Herzogin war der Meinung, Diana habe sich zurechtgelegt, daß im äußersten Fall, wenn sie selbst vor Sarah aus ihrer Ehe ausscheren würde und noch weitere Voraussetzungen eintreten würden, etwa der vorzeitige Tod seines älteren Bruders, für Andrew die Möglichkeit eintreten könnte, Prinzregent zu werden. »Damit wäre Sarah wichtiger als sie, eine Situation, die Diana nicht ertragen könnte.« Diese Überlegungen teilte Ronald Ferguson Lesley Player mit. »Sie konnte es nicht ertragen, derart überfahren zu werden.«

Ob dies nun stimmte oder nur die Schrulle einer gestreßten und unsicheren Fergie war, ist eine Frage, die nie beantwortet worden wäre, wenn nicht Anfang 1993 ein weiteres Erdbeben die junge königliche Generation erschüttert hätte. Es nahm seinen Anfang bei einem Mittagessen vor zwei Jahren mit dem allgegenwärtigen Sir Robert Fellowes und Mitgliedern des Presserates, dem Kontrollorgan dieser Branche. Sir Robert beklagte sich, daß »Klatschreporter« über die zunehmende Kälte zwischen Charles und Diana schrieben. Er bezeichnete diese Geschichten als »Schund« und suchte die Hilfe der Kommission und ihres wohlwollenden Vorsitzenden, Lord McGregor of Durris. Er aß mit einem Mitglied der Kommission, Lady Elizabeth Cavendish – Schwester des Herzogs von Devonshire – im Buckingham Palast zu Mittag, wo Offizielle erneut auf die Einmischung der Medien zu sprechen kamen.

Also benutzten die Medien die königliche Familie. Aber benutzte auch die königliche Familie die Medien? Es wurde immer deutlicher, daß der Verkehr nicht nur in einer Richtung lief. Einem Kenner der Szene zufolge war es Prinz Charles, der anläßlich Dianas dreißigstem Geburtstag im Juli 1991 eine Medienkampagne gegen seine Frau in die Wege geleitet hatte. Ihre spektakuläre Hochzeit war erst zehn Jahre her, aber das Paar verbrachte den Tag getrennt. Charles hatte genug von einer Presse, die grundsätzlich seiner Frau zur Seite stand, ganz gleich, worum es sich handelte. Man drehte es daher so, daß dem Kolumnisten Nigel Dempster von der *Daily Mail* eine Story zugeleitet wurde, in der behauptet wurde, Diana habe alle Versuche des Prinzen, eine Party für sie zu veranstalten, abgelehnt. Ungenannte »gute Freunde« wurden zitiert, die gesagt haben sollen: »Der Prinz soll eine schlechte Figur machen, obwohl er keine Schuld hat.« Doch auch wenn die Geschichte zweifelsohne der Wahrheit entsprach, sie fiel dennoch auf den Prinzen zurück – am nächsten Tag putzten ihn andere Zeitungen herunter, weil er bei dem Versuch, sein Ansehen in der Öffentlichkeit aufzupolieren, über sein Ziel hinausgeschossen sei.

Diana war wütend. Und an diesem Punkt faßte sie den Entschluß, ihren Freunden zu gestatten, mit dem Journalisten Andrew Morton zu reden. Sie fühlte sich in ihrer Ehe eingeschlossen und kam mehr und mehr zu der Überzeugung, daß man ihre Lage nicht verstand – daß sie in einer lieblosen Verbindung lebte mit einem Mann, der schon vor ihrem Erscheinen eine Geliebte hatte. Sie fühlte sich benutzt und verlassen und beschloß, sich ihre nicht unbeträchtliche Macht, die sie über die Medien besaß, zunutze zu machen. Gute Freunde und Mitglieder ihrer Familie gaben schon bald Andrew Morton mehr als genug Zündstoff, um ein Klima der Sympathie für Diana zu schaffen, in dem sie sich sonnen konnte.

Die Veröffentlichung dieses Buches mit den Einzelheiten über Bulimie und Selbstmordversuche sowie den Anschuldigungen der Untreue gegen ihren Mann kam einer Beschmutzung der königlichen Reinheit gleich. Eine Flut von Presse- und Fernsehberichten begleitete das Erscheinen des Buches. Der Presserat und sein Vorsitzender Lord McGregor fühlten sich zunehmend unwohl. An diesem Punkt, im Juni 1992, beschloß er, reinen Tisch zu machen. Er gab eine Erklärung ab, in der er die Fleet Street für ihr »gieriges« Interesse an dem königlichen Paar geißelte und die Zeitungen dafür verurteilte, daß sie »im Seelenleben ihrer Mitmenschen gnadenlos herumwühlten«. Er rief im Buckingham Palast an, um Sir Robert Fellowes zu dessen größter Zufriedenheit diese wüste Anklage vorzulesen.

Aber man hatte ihn hinters Licht geführt. Diana war verantwortlich für die Information, die an die Öffentlichkeit gedrungen war – und zwar persönlich verantwortlich. Da er dies noch nicht wußte, schrieb McGregor in einem Brief an Sir David Calcutt, dem Anwalt, der mit der Aufgabe betraut war, striktere Pressekontrollen auszuarbeiten: »Der Eindruck, daß die Prinzessin von Wales und ihre Freunde mit Andrew Morton an seinem Buch zusammengearbeitet hätten, wurde von Charles Anson und Sir Robert Fellowes dementiert«. Noch bevor er seine Erklärung herausgab, hatte McGregor um weitere Versicherungen von Sir Robert Fellowes gebeten, daß Diana nicht an diesem Ausfluß von Informationen beteiligt war. Fellowes tat ihm den Gefallen, doch am nächsten Tag wurde McGregor durch Andrew Knight, den Geschäftsführer der News International Group, mitgeteilt, Diana habe Morton in der Tat geholfen. Und um ihre Mithilfe an diesem Buch noch zu unterstreichen, sollte sie beim Betreten des Hauses von Carolyn Bartholomew, einer anerkannten Informantin Mortons, fotografiert werden. Das war typisch Diana, wie sie die Medien manipulierte, und McGregor war entsetzt. Man informierte umgehend den Lord Chancellor, Lord MacKay of Clashfern, den

Vorsitzenden des Oberhauses, Lord Wakeham und den Premierminister. Obwohl es vor den Augen der Öffentlichkeit verheimlicht wurde, war es eine Verfassungskrise. Fellowes, der sich mit der Königin in Paris aufhielt, wurde ans Telefon gerufen und entschuldigte sich dafür, daß er McGregor dazu angehalten hatte, seine Verurteilung der Presse herauszugeben. Er behauptete, er habe seine Zusicherungen in gutem Glauben abgegeben und »wir«, sagte Lady Elizabeth Cavendish trocken, »mußten das schlucken«. Später sollte sie noch ihre eigene Darstellung der Ereignisse hinzufügen. »Sie haben uns gelinkt«, sagte sie. »Der Palast hat uns in die Irre geführt. Ich habe die Serie (von Mortons Buch) in der Zeitung gelesen. Daraus wird deutlich, daß die Prinzessin entweder direkt oder durch Freunde mit den Zeitungen geredet hat.«

Sie war beherrscht, aber sichtlich verärgert. Sie hatte die Erklärung des Presserates mitformuliert, in der die Presse beschuldigt wird, sich »auf widerliche Weise einzumischen«. Damals hatte sie in aller Öffentlichkeit über die Behauptungen Mortons, Diana habe Selbstmordversuche verübt, gesagt: »Es ist schrecklich für ein Kind, ganz gleich wessen Kind es ist, zu lesen, daß seine Mutter fünfmal versucht habe, sich das Leben zu nehmen.« Sie fügte hinzu, ihres Wissens deute nichts darauf hin, daß Charles die Medien beauftragt habe. Aber andere wußten es besser. Im Juli erschien ein längerer Artikel in *Today* unter der Überschrift »Die zwei Gesichter einer Prinzessin«. Penny Junor hatte ihn geschrieben, die unter dem Etikett firmierte, »die Hofberichterstatterin, die dem Prinzen von Wales am nächsten steht und die von seinem Freundeskreis gebeten wurde, diesen Artikel zu schreiben«. Sehr eloquent entwirft sie darin ein anderes Bild von der Prinzessin. Sie sei »paranoid« in ihren Verdächtigungen hinsichtlich der »harmlosen« Beziehung zwischen Charles und Camilla Parker Bowles, »eifersüchtig«, wenn er seine Zeit mit königlichen Pflichten verbringe, und neige zu »Verdrießlichkeit«. Charles sei »ein hingebungsvoller Vater, dem bei jeder sich bietenden Gelegenheit die intrigante Diana in die Quere« komme. Ein Beobachter sagte dazu, die Anekdoten seien so detailliert geschildert, daß die Quelle nur im inneren Kreis um Charles zu suchen sei. Bezeichnenderweise unternahm Charles nicht den leisesten Versuch, sich von diesem Artikel zu distanzieren oder auch nur Teile daraus zweifelhaft erscheinen zu lassen.

Charles und Diana hatten sich mit den Großen und Guten ihrer Nation zusammengetan, mit Menschen von Rang und Ehre, und sie in ihre erbärmlichen Ehezwistigkeiten hineingezogen. Drei der führenden Politiker des Landes waren in diesen Streit verwickelt worden, nur um sich durch die hinterhältigen Versuche beider Seiten, die jeweils andere in Mißkredit zu bringen, besudeln zu lassen. Die Manipulatoren der Abteilung für schmutzige Tricks arbeiteten auf Hochtouren – aber es sollte noch nicht zu Ende sein. Immer wieder hörte ich in dieser Zeit, Charles würde sich nicht dazu hergeben, seine Frau zu kritisieren – weder privat noch in der Öffentlichkeit, noch über seine Freunde. Diese Botschaft wurde mir oft von Höflingen förmlich aufgedrängt, die offensichtlich entschlossen waren, den Skandal, der mit Mortons Buch zusammenhing, herunterzuspielen. Aber nachdem Penny Junors Artikel in *Today* erschienen war, unterhielt ich mich mit Charles' Privatsekretär Commander Richard Aylard. Ich wies darauf hin, daß dieser Angriff auf Diana genau die Art von Attacke sei, von der Charles immer behauptet hatte, daß er sie so nicht wolle. Aylard stimmte mir zu: »Nein, der Prinz wollte gar nichts tun, weil er sich Sorgen um seine Frau mache; sie sei nicht ganz bei Trost, flatterhaft und leicht erregbar, und daher sei es völlig unfair, sie anzugreifen.« Das war ganz schön vernichtend, doch Aylard machte keinen Hehl daraus, daß ich die Information verwenden konnte. Ich schrieb also eine Story für den *Daily Mirror*, die genau das wiedergab, was er gesagt hatte, ohne ihn als Informanten zu nennen.

Schon lief die Kommunikationsmaschinerie zum Gegenschlag an, und man unternahm einen vergeblichen Versuch, die Wogen zu glätten. Das Prinzenpaar hatte eine wichtige gemeinsame Verpflichtung zu absolvieren, die im Spätjahr 1992 stattfinden sollte: eine Reise nach Südkorea. Inzwischen hatte Mortons Buch allerdings ausreichend Schaden angerichtet, und die Ehe war völlig zerstört. Dennoch hoffte Charles aus irgendeinem Grund, es gäbe noch eine Chance, den Bruch zu kitten; vielleicht könne man der Öffentlichkeit sogar vorgaukeln, daß alles in Ordnung sei – oder zumindest erträglich. Und da mag er nicht einmal falsch gelegen haben: ein Teil des Zaubers, der von einem Königshaus ausgeht, besteht darin, daß die Menschen eine intakte Königsfamilie *wollen* und ganz glücklich sind, wenn sie sich die Tatsachen so zurechtrücken können, daß ihr Glaube nicht erschüttert wird.

Das also hatte Charles im Sinn, als er Commander Aylard zu seiner letzten delikaten Mission aussandte, nämlich der Öffentlichkeit zu beweisen, daß die Reise, was das Haus Wales betraf, ein Staatsgeschäft wie jedes andere sei – »business as usual«, eine beliebte und abgedroschene Phrase des Buckingham Palastes. Aber die *Sunday Times* berichtete am 8. November, daß Diana nicht daran denke, sich daran zu beteiligen, und somit brachte sie das ganze Lügengebäude zum Einsturz. Sie gab eine Erklärung heraus, in der sie dementierte, daß es eine Kluft zwischen ihr und der Königin gäbe, in der sie aber taktisch klug zugab, daß es Probleme in ihrer Ehe gab. Das vereitelte den Plan des Buckingham Palastes, den Staatsbesuch in Südkorea als eine Reise auszugeben, die die Ehe wieder kitten sollte.

Die *Sunday Times* berichtete daraufhin, daß Sir Nicholas Lloyd, der Herausgeber des *Daily Express*, am Morgen des 28. Oktober von Aylard aufgesucht worden sei. Am nächsten Tag veröffentlichte die Zeitung eine dreiseitige wohlmeinende Analyse der Ehe durch Christopher Wilson unter der Überschrift »Warum Charles und Diana wieder zusammen sind«. Grundtenor dieses Artikels war, daß sie ihre Differenzen hinter sich lassen würden, um gemeinsam für »Die Großbritannien-GmbH« zu arbeiten – eine Aussage, die den Akzent auf eine geschäftliche Partnerschaft legte und weniger auf eine Liebesbeziehung. Unter diesen Umständen war es das einzige, was Aylard herausstreichen konnte, wenn man die Flut von persönlichem und intimem Material bedenkt, die in den vergangenen Monaten aus den Druckerpressen geströmt war.

Von Kollegen weiß ich, daß Sir Nicholas, als er einen seiner Journalisten mit dem Artikel beauftragte, seine Anweisungen mit einem schiefen Lächeln und hochgezogenen Augenbrauen erteilt hat: Der *Daily Express* war mit einer Exklusivmeldung aus dem Buckingham Palast gefüttert worden und hatte nicht die Absicht, sie in den Papierkorb wandern zu lassen. Aber die rosarote Brille durfte nur so lange aufgesetzt werden, bis der Artikel fertig war. Am selben Tag veröffentlichte die *Daily Mail*, angeblich auf »besondere Veranlassung von Insidern«, ein Bild der Prinzessin mit der Schlagzeile »Dianas Miene drückt Hoffnung auf eine Versöhnung ihrer Ehe aus«.

Aber vom Zeitpunkt ihrer Ankunft in Seoul an war die Reise ein Fiasko. Fleet Street war zwar durchaus bereit, den Prinzen und seine Wortverdreher im Zweifelsfalle für unschuldig zu erklären – und es gab massive Zweifel daran –, aber die Presse war nicht bereit, vor dem Beweis die Augen zu verschließen. Als Charles und Diana auf dem Flughafen von Seoul aus dem Flugzeug stiegen, wußten wir, was wir zu erwarten hatten. Die beiden hatten ganz offensichtlich wenige Minuten vor der Landung noch heftig gestritten. Sie kamen verärgert heraus und standen wutschnaubend auf dem Flugfeld, als die Nationalhymnen gespielt wurden.

Es war ganz deutlich, daß Diana es nicht einmal mehr ertragen konnte, ihren Mann anzusehen: Wenn sie allein unterwegs war, um eine Verpflichtung wahrzunehmen, war sie entspannt und lächelte freundlich in die Kameras. Wenn Charles jemals die Absicht gehabt hatte, die Maskerade aufrechtzuerhalten, so vergaß er sie schon sehr bald und erschien in Gegenwart seiner Frau so kalt und desinteressiert wie immer. In den Schlagzeilen der Zeitungen in der Heimat wurden sie fortan als die »Sauertöpfischen« bezeichnet. Mir tat Peter Westmacott leid, der Hofbeamte, der sie begleitete. Von Aylards Versöhnungstour konnte keine Rede mehr sein. Ich wartete vor der Britischen Botschaft in Seoul, als der königliche Wagen vorfuhr, und beobachtete, wie Diana sichtlich zurückwich, als Charles seine Hand in ihre Richtung ausstreckte, um ein Stück Papier hervorzuziehen – offensichtlich hatte sie geglaubt, er wolle sie berühren, und ihre Miene zeigte deutlich, wie widerwärtig ihr diese Vorstellung war.

Innerhalb von fünfundvierzig Minuten während des Landeanflugs hatten sie getrennte Rundgänge festgesetzt, und als Charles sich zum Gästehaus der Botschaft begab, blickte er sich nicht einmal nach seiner Frau um: So sah also die Versöhnung aus. Diana war ebenso frostig. Als das königliche Paar an den Fluß Imjun fuhr, an dem die Glorious Glosters im Koreakrieg ganze Horden kommunistischer Truppen in die Flucht geschlagen hatten, zeigte sie kaum Interesse, als ein Offiziersveteran ihr erklärte, wie die Schlacht ausgefochten und gewonnen worden war. Aber als Charles sich umwandte, um zum Wagen zurückzugehen, und offensichtlich erwartete, daß Diana ihm folgen würde, entwickelte sie ein plötzliches Interesse an den Ausführungen des Offiziers, verwickelte ihn in eine angeregte Unterhaltung und flirtete mit ihm. Charles stand da und versuchte, seine Wut zu beherrschen, während sie ihn warten ließ. Es dauerte mindestens eine Minute, bis sie sich ihm anschloß, während die Zuschauer Zeugen seines Unbehagens waren.

Als die Teilnehmer der Versöhnungstour am vierten Tag zum großen Liebestempel aufbrachen, sprachen die beiden Lager nicht mehr miteinander. Es sah jetzt so aus, als befände sich jeder auf seiner eigenen Reise, jeder mit seiner eigenen zahlreichen Begleitung. Es gab zwischen den beiden Lagern keine Unterhaltung oder Zusammenarbeit, und die beiden Hauptpersonen waren nur dann sichtbar glücklich, wenn sie getrennt waren.

Es war ein sehr öffentliches, sehr demütigendes Ende für die Liebesgeschichte des Jahrhunderts.

Kapitel 4

Zurück zu den Anfängen

Auch wenn die meisten Ehen am Ende schiefgehen, werden sie doch in aller Zuversicht und größtem Optimismus geschlossen. Im Fall des Prinzen und der Prinzessin von Wales gibt es nur wenige Beweise, die für die Annahme sprechen, daß es je eine dauerhafte Leidenschaft, geschweige denn eine große Leidenschaft gegeben habe. Die »märchenhafte große Liebe« war nichts anderes als der berechnende Akt zweier Menschen, die beide zu wissen glaubten, was sie wollten, und die danach handelten, ohne an die langfristigen Konsequenzen zu denken. Als die beiden im Februar 1981 ihre Verlobung bekanntgaben, wußte Charles seit fast zehn Jahren, daß er seine Herzdame in der Person der Camilla Parker Bowles gefunden hatte. Diana wußte das auch und fand sich damit ab. Grob gesprochen, lief das Ganze darauf hinaus: Er brauchte eine geeignete Frau, mit der er einen künftigen König zeugen konnte, und sie wollte unter allen Umständen Prinzessin von Wales werden. In der Weltgeschichte treffen wir immer wieder auf Beispiele für einen derart zynischen Opportunismus, doch als man der Öffentlichkeit einen feschen Prinzen und eine hübsche junge Braut präsentierte, waren alle – auch hartgesottene Journalisten – mit Freuden bereit, alle Zweifel beiseite zu schieben.

In den Wochen unmittelbar vor der Verlobung präsentierte man der Öffentlichkeit eine »autorisierte Version« von Dianas Kindheit, ihrer Erziehung und der königlichen Romanze. Die Einzelheiten waren zum Teil richtig, zum Teil falsch und zum Teil blanke Lügen. Was man brauchte, war eine glaubhafte, romantische Geschichte, und die wurde geliefert. Niemand hatte Lust, sich Gedanken darüber zu machen, daß Diana nicht mehr als die dritte Wahl war, denn Charles hatte bereits Anna Wallace und Earl Mountbattens Enkelin Amanda Knachtbull erfolglos Heiratsanträge gemacht.

Auch hat Charles die junge Lady Diana Spencer nicht auf einer Jagdgesellschaft in Althorp kennengelernt, an der er auf Einladung von Earl Spencer teilnahm. Im Dezember 1980 erzählte mir Diana in einer denkwürdigen stundenlangen Unterhaltung auf den Stufen zu ihrer Wohnung am Coleherne Court Einzelheiten über ihr erstes Zusammentreffen. Oder zumindest, soweit sie sich daran erinnern konnte. Die Wahrheit sei, so sagte sie mir, daß sie das erste Mal in die blaßblauen Augen ihres zukünftigen Ehemannes geschaut habe, als sie glücklich glucksend auf allen vieren auf dem Fußboden herumkroch. Sie war erst ein paar Monate alt, und der Ort war der damalige Sitz ihrer Familie, Park House in Sandringham. »Viel weiß ich nicht mehr«, lachte sie. »Aber auf jeden Fall weiß ich, daß ich noch Windeln trug.« Dieser Erinnerung folgte eine Bemerkung, die sich aus dem Mund einer Neunzehnjährigen ein wenig merkwürdig anhörte: »Es ist witzig, aber ich habe so viele schöne Dinge erlebt, als ich noch Windeln trug. Es war wohl einfach eine gute Zeit in meinem Leben.«

Wie dem auch sei, die Liebesaffäre kam nicht wie ein Blitz aus heiterem Himmel, denn die Menschen in Sandringham lebten wie eine große, weitverzweigte Familie zusammen, und Diana und Charles waren »immer schon Freunde gewesen, seit ewigen Zeiten. Ich kenne ihn schon mein Leben lang. Er war einfach jemand, der immer zugegen war.«

Diana kannte den Prinzen wegen des Altersunterschieds – immerhin ist er zwölfeinhalb Jahre älter als sie – und wegen ihrer unterschiedlichen Lebensweisen natürlich nur flüchtig. Als sie zehn wurde, hatte er schon die Welt gesehen. Am Tag ihrer Verlobung sagte Diana, der Altersunterschied sei nicht von Bedeutung: »Das macht gar nichts aus«, aber zugleich ließ sie durchblicken, daß ihr engster Freund in der Königsfamilie bis zum Beginn der Romanze Andrew gewesen sei. Diese öffentliche Erklärung unterschied sich von dem, was Dianas Mitbewohnerin und Freunde mir unter vier

Augen erzählt haben. Ann Bolton sagte, daß der Altersunterschied die offizielle Bekanntgabe sogar verzögert habe; Diana machte sich Sorgen darüber. Und wer kann es ihr schon verübeln? Ich glaube, daß Diana gegen Ende der Werbungszeit vorsichtshalber alle Gedanken daran beiseite schob, um die Beziehung so gut wie möglich zu festigen. Aber sie konnte nie ganz vergessen, wieviel älter er war, als sie noch ein Windelkind war.

Eine frühe Begegnung fand Mitte der sechziger Jahre in Sandringham statt, als die fünfjährige Diana gerade mit dem sechsjährigen Andrew und einer erwachsenen Person spielte. Dianas Kinderfrau Janet Thompson erinnert sich daran, daß sie sich einmal in einen Wohnraum begab, nachdem sie zuvor eine Stimme eindringlich rufen gehört hatte: »Wo seid ihr denn?« Sie stellte fest, daß es die Königin war, die mit ihrem Sohn und seinem Gast Verstecken spielte. »Es war alles völlig normal – es war nicht eine Königin, die mit den Kindern spielte, sondern eine Mutter, die ihren Spaß mit ihnen hatte, ein entzückender Anblick.«

Mit dieser Teegesellschaft ist Dianas erste Erinnerung an Charles verbunden. Prinz Edward hatte sich gerade über und über mit Honig beschmiert, als sein ältester Bruder nach einem Tag auf der Fasanenjagd das Kinderzimmer betrat. Janet erinnert sich: »Es war furchtbar laut. Ich weiß noch, wie Charles ausrief: ›Ist alles in Ordnung? Das scheint mir ja eine schöne Gesellschaft zu sein.‹« Damals war der Prinz noch keine achtzehn, aber er benahm sich, als wäre er schon viel älter, eine Haltung, die er nie ganz ablegen konnte und über die Diana sich in den folgenden Jahren maßlos ärgerte.

Obwohl solche Teegesellschaften nicht alle Tage vorkamen, waren sie nichts Ungewöhnliches. Sie sind eine hinlängliche Erklärung dafür, warum Diana in Gegenwart der Königsfamilie nie schüchtern war, als sie und Charles begannen, sich regelmäßig zu treffen. Viele von Charles' früheren Freundinnen waren sehr steif geworden, als sie der Königin zum erstenmal in einer familiären Umgebung begegneten. Daher frage ich Diana einmal, ob es ihr etwas ausmachte, einen Raum zu betreten, in dem sich die Königin, Prinz Philip und andere Mitglieder der königlichen Familie aufhielten. »Nein, warum?« lautete ihre Gegenfrage, die nicht im mindestens affektiert klang. Fast seit ihrer Geburt war sie den Umgang mit ihnen gewohnt. Ihr Vater war königlicher Stallmeister gewesen. Ihre Schwester Sarah hat die Königinmutter zur Patin, die andere Schwester Jane hat den Herzog von Kent zum Paten, und bei ihrem jüngeren Bruder Charles stand die Königin selbst Pate. Nur Diana hat als einziges Kind der Spencers keinen königlichen Paten. Die Familie ihres Vaters, die Spencers, waren schon 1765 in den Stand der Peers aufgestiegen, und auch die Familie ihrer Mutter kam aus diesem Stand. Die Lords Fermoy stammten ursprünglich aus Irland, hatten sich aber schon seit langem in der königlichen Enklave Norfolk in King's Lynn niedergelassen.

Aber dieses erlesene und privilegierte Leben hatte durchaus auch seine Schattenseiten. Als Janet Thompson in Park House ihre Stelle antrat, war Diana gerade drei Jahre alt geworden, ihre älteste Schwester Sarah neun, die zweitälteste Jane sieben, und der kleine Charles war noch ein Baby. Diana wollte ständig beruhigt werden, und man mußte im Dunkeln nach ihr schauen. Die frühere Kinderfrau erinnert sich: »Sie rief nach mir, daß ich ihr ein Glas Wasser bringen oder sie mitten in der Nacht aufs Klo setzen sollte. Manchmal wachte sie nach einem Alptraum auf und weinte. Ich mußte beruhigend auf sie einreden. Dann kam sie gegen Morgen in mein Zimmer und kuschelte sich unter meine Decke, um sich zu wärmen.« Wenn Dianas Mutter ein Wochenende frei hatte oder im Urlaub war, schlief sie nicht im Schlafzimmer, das sie normalerweise mit ihrem Mann teilte, sondern legte sich in das Bett der Kinderfrau im Kinderzimmer.

Auch damals schon liebte Diana zwei Dinge, die bis heute zu ihren Favoriten zählen – Kleider und Süßigkeiten. Dazu Janet: »Diana liebte hübsche Kleider und pflegte sie. Sie mochte vor allem geblümte Kleider und ging immer mit ihrer Mutter einkaufen, um sich für Gesellschaften und Feste neu einzukleiden. Sie hatten sehr viele gesellschaftliche Verpflichtungen und gingen ständig auf irgendwelche Teegesellschaften, so daß Diana eine entsprechende Auswahl brauchte.«

Darüber, daß Diana scheu oder zurückhaltend sei, Eigenschaften, die ihr oft genug zugeschrieben werden, kann Nanny Thompson nur lachen. Sie sagt: »Diana war nicht gerade ein schwieriges

Kind, aber sie konnte eigensinnig sein. Auch damals wußte sie
schon genau, was sie wollte und wie sie es wollte – sie war nicht
unbedingt mit allem einverstanden, was man ihr sagte, und sie hat
nie etwas sofort getan. Sie dachte zuerst darüber nach, worum
man sie gebeten hatte – und führte es dann – langsam – aus.

Sie war kein leichtes Kind. Es gibt Kinder in dem Alter, die sofort tun, was man ihnen sagt – nicht so Diana. Es war immer ein
Machtkampf. Sie steckte voller Energie. Aber sie war ein wunder-
bares Kind, und nachdem man sie zur Ordnung gerufen hatte, tat
sie – schließlich und endlich –, was von ihr verlangt wurde.«

Die Prinzessin, von der man weiß, daß sie ihre Kinder gelegentlich schlägt – ich habe einmal zugesehen, wie sie William am
Ende eines Sporttages in der Wetherby-Schule eine Ohrfeige
gab –, ist nie von ihrer Kinderfrau körperlich gezüchtigt worden.
»Ich halte einfach nichts davon«, sagt sie. Wenn sich Diana wirklich schlecht benahm, wurde sie einfach in ihr Zimmer geschickt,
wo sie darüber nachdenken sollte. Allerdings kümmerte sie sich
hingebungsvoll um ihren kleinen Bruder Charles, eine Angewohn-
heit, die sie auch als Erwachsene noch beibehielt. Regelmäßig
fuhr sie nach Eton, als er dort zur Schule ging, um ihn zum Essen
auszuführen.

An den Sonntagen ging die ganze Familie in Sandringham zur
Kirche, um an der Seite der königlichen Familie zu beten, wenn
diese sich dort aufhielt. Am Nachmittag durften die Kinder kurz
fernsehen, aber ausgerechnet der Wetterbericht war Dianas Lieb-
lingssendung. Sie konnte den Nachrichtensprecher ziemlich gut
nachahmen.

Für Pferde und Hunde hat sie sich nie sonderlich interessiert.
Ihre älteste Schwester Sarah war eine Pferdenärrin. Einmal hat sie
Diana auf ihr Pony Romany gesetzt, doch dieses Erlebnis hat
Diana nicht gefallen. Auf einem Ausritt mit Sarah, kurz vor ihrem
zehnten Geburtstag, bockte Dianas Pferd, sie wurde abgeworfen
und brach sich einen Arm. Nach ihrer Hochzeit bemühte sie sich,
um sowohl der Königin als auch ihrem Mann einen Gefallen zu
tun, wieder reiten zu lernen, aber sie machte nicht nur eine unglückliche Figur, wenn sie im Schritt über das Anwesen in Norfolk
ritt, sie sah auch nicht gerade elegant aus. Ich erinnere mich an

den Kommentar eines Kollegen: »Sie saß wie ein Sack Kartoffeln« auf dem Pferd. Sie wußte das und ging dieser Beschäftigung infolgedessen nicht weiter nach. Der Charme eines James Hewitt brachte sie noch einmal in einen Sattel, aber nur für kurze Zeit.

Nanny Thompson verließ die Familie zu einem Zeitpunkt, als sich die Ehe des Viscount und der Viscountess Althorp verschlechterte. Die Bediensteten in Park House erinnern sich noch lebhaft daran, wie sich Lord Althorp, nachdem seine Frau ihn verlassen hatte, wochenlang auf unabsehbare Zeit einschloß und mit niemandem sprechen wollte, nicht einmal mit seinen Kindern. Ein Diener sagte dazu: »Er wollte ewig lange Zeit niemanden sehen außer Mr. Smith (den Butler und Chauffeur). Es war alles sehr traurig.« Die Atmosphäre, die zu jener Zeit dort herrschte, wirkte sich nachhaltig auf alle Kinder aus. Aber Diana und Sarah waren irgendwie am meisten betroffen. Bedenkt man die zuweilen brutalen Begleitumstände, die das Ende der Althorpschen Ehe einleiteten, ist es nicht weiter verwunderlich, daß sich Diana später neben AIDS-Kranken auch mit Hingabe den Anliegen mißhandelter Frauen widmete. Sie kann ihre Situation besonders gut nachvollziehen und versteht ihre Ängste und Probleme. Sie nahm an allen möglichen Veranstaltungen teil, und vor allen Dingen in der Phase, als ihre eigene Ehe zerbröckelte, verbrachte sie zusätzliche Zeit damit, Frauen gut zuzureden und ihnen Verständnis entgegenzubringen. Man braucht keinen Psychologen, um dieses Verhalten zu interpretieren. Als ihre Mutter von zu Hause wegging, begann Dianas offizielle Erziehung in der Schule, nachdem sie bereits von ihrer Gouvernante Getrude Allen unterrichtet worden war. Es kommt häufig vor, daß Kinder aus einer zerrütteten Ehe ihre Alma Mater als ihr Zuhause »annehmen«, als einen Ort der Sicherheit. So erging es auch Diana. Sie sagte mir einmal, sie sei wirklich gern zur Schule gegangen, auch wenn sie als Schülerin nicht gerade geglänzt hätte. Ich bat sie einmal, mir genau zu sagen, wie viele Einser sie gehabt habe, da über dieses Thema so viele Spekulationen im Umlauf waren. Zuerst wollte sie nicht antworten. »Haben Sie nun mehr oder weniger als Sarah?« fragte ich. »Denn sie hat sechs.«

»Ungefähr genauso viele«, sagte Diana lachend.

110

»Heißt das vier oder fünf?« fragte ich. Sie lachte noch lauter und wurde ganz rot, am Hals erschienen rote Flecken, wie immer, wenn sie in Nöten oder nervös war.

»Ich werde diese Frage nicht beantworten«, sagte sie. »Ich bin sicher, Sie werden es noch früh genug herausfinden.«

Sehr bald schon war klar, daß unsere zukünftige Prinzessin von Wales keine einzige Eins vorzuweisen hatte – was nicht heißen soll, daß dieser Umstand sie als Mitglied des Hauses Windsor irgendwie zurückgesetzt hätte. Die Prinzessin hat mit ihrem Mangel an schulischer Bildung sogar kokettiert: Ich habe mehr als einmal erlebt, daß sie sich mit Kommentaren wie »ich habe ein Spatzenhirn« oder »ich bin dumm wie Bohnenstroh« selbst herabsetzte. Wenn man sie kennenlernt und beobachtet, wie sie ihren vollendeten Charme gegenüber alten Männern, jungen Mädchen, benachteiligten Jugendlichen – sogar gegenüber Tieren – spielen läßt, gelangt man bald zu der Überzeugung, daß ihre Fähigkeiten weit über bloßes Bücherwissen hinausgehen.

Diana hat nicht den Versuch einer Weiterbildung unternommen. Nach dem Besuch der West Heath School in Kent ging sie im Alter von sechzehn Jahren in ein Schweizer Internat, das Institut Alpin Videmanette in Château d'Oex bei Gstaad. Sie kam dort an, nachdem das Schuljahr bereits begonnen hatte, sie sprach mehr Englisch als sie durfte (Französisch war die vorherrschende Sprache) und hatte Heimweh. Nach sechs Wochen durfte sie wieder nach Hause zurückkehren. Das einzig Positive, das sie aus dieser unglücklichen Zeit beibehalten sollte, war das Skilaufen, das sie dort lernte.

Etwa zu dieser Zeit erhielt Sarah Spencer unerwartet eine Einladung, die das Leben der beiden Schwestern von Grund auf ändern sollte – sie wurde »aus heiterem Himmel« gebeten, an der traditionellen Hausgesellschaft in Windsor anläßlich der Rennwoche in Ascot teilzunehmen. Sarah sagte mir später, die Einladung sei völlig überraschend gekommen, denn »ich hatte lediglich über die üblichen Kanäle einen Antrag eingereicht, an Ascot teilnehmen zu dürfen«. Der stellvertretende Oberhofmeister rief sie an und fragte, ob sie im Schloß wohnen wolle. Sie wollte, und sie tat es.

Später erinnert sie sich: »Ich fuhr mit meinem Wagen nach

Windsor, aber ich habe Prinz Charles an jenem Abend nicht gesehen – mir ging es nicht gut – und bin ihm zum erstenmal am nächsten Tag begegnet. Wir wurden einander von Prinz Andrew vorgestellt, den ich von Kinderfeiern in Sandringham her kannte.

Diese erste Begegnung, die an dem Eröffnungstag der Ascot-Rennen stattfand, fiel in eine sehr unglückliche Zeit in Sarahs Leben. Ähnlich wie später auch ihre Schwester litt Sarah an Eßstörungen, in ihrem Fall an Anorexia nervosa. Im Gegensatz zu seiner frostigen Reaktion auf Dianas Bulimie zeigte Charles Sarah gegenüber Mitgefühl und Verständnis.

Sarah berichtete: »Sobald wir uns begrüßt hatten, fragte der Prinz mich: ›Haben Sie Anorexie?‹ Ich verneinte das. Aber obwohl ich wußte, daß ich ihm nicht ernsthaft geantwortet hatte, drang er nicht weiter in mich.«

Seine Frage ist nicht überraschend. In den Wochen unmittelbar vor ihrer Einladung nach Ascot vegetierte Sarah nur mehr vor sich hin. Noch wenige Monate zuvor war das Gewicht der 1,68 m großen Frau von knapp 51 kg auf ein Fliegengewicht von 35 kg zurückgegangen. Sie gestand mir, daß ihre Maße sich damals von 34–24–34 auf 27–20–28 Inches verringert hatten. »Ich sah aus wie eine aus dem Konzentrationslager – mir paßte keine normale Kleidergröße mehr, und ich kaufte in der Kinderabteilung bei Marks and Spencer ein – Kleidung für Zehnjährige.

Wenn man so weit gekommen ist, verhält man sich wie ein Alkoholiker. Man will einfach nicht zugeben, daß da ein Problem existiert. Schlimmer noch, man glaubt am Ende noch, man sei schön, wenn man so dünn ist. Man glaubt echt, wenn ein Mann einem sagt, man solle zunehmen, daß er eben nur dicke Frauen mag. Und wenn andere Frauen etwas zu dir sagen, sind sie eben eifersüchtig.«

Das hätten Dianas Worte sein können. Mangel an Liebe war auch bei Sarah die Wurzel allen Übels. Die Scheidung ihrer Eltern hatte eine Rolle gespielt, hinzu kam noch eine zerbrochene Liebesbeziehung. »Beides zusammen war eine Katastrophe. Ich machte mit meinem Freund Schluß und hörte auf zu essen. Ich stocherte im Gemüse herum, aber wenn ich mich zwang, eine Mahlzeit zu mir zu nehmen, kam sie mir wieder hoch. Natürlich

Ganz allein in Holkham/Norfolk *(Glenn Harvey)*

Die Prinzessin mit einem AIDS-Kranken *(Tim Graham)*

Sie gewinnt, er verliert *(Glenn Harvey)*

Rechts: Fergie und Diana gegen
den Rest der Welt
(Lionel Cherruault)

Unten: Diana und die
Königinmutter beim Epsom-
Derby *(Glenn Harvey)*

Links: Diana und ihre Schwiegermutter
(Glenn Harvey)

Unten: Ein Herz und eine Seele, Mutter
und Sohn *(Lionel Cherruault)*

Rechts: Eine Mutter mit ihren
Söhnen *(Lionel Cherruault)*

Unten: Ein Lächeln für die Welt
(Glenn Harvey)

Rechts: Prinz Charles beim Aussitzen
(Lionel Cherruault)

Unten: Prinzessin Diana und ihre
Generation *(Tim Graham)*

Links: Diana wiegt ein
brasilianisches Baby in ihren Armen
(Tim Graham)

Unten: Die Geschäftsfrau
(Tim Graham)

Links: Eine Märchenprinzessin wie aus dem Bilderbuch *(Glenn Harvey)*

Unten: Der Glücklichste von allen in Schottland *(Lionel Cherruault)*

war ich am Anfang besorgt, aber nachdem man mich im Mai 1975 ins Krankenhaus gebracht hatte, wo ich ›kuriert‹ werden sollte, wurde es nur noch schlimmer. Ich nahm jetzt rapide ab, drei Kilo in zwei Wochen, und damals steckte ich wirklich in einem Dilemma, obwohl ich es natürlich nicht wahrhaben wollte.«

Die Krankheit hatte ihren Zahnschmelz angegriffen, und ihre Situation schien noch schlimmer als damals, nach dem man sie vorzeitig aus der West Heath School entlassen hatte. (»Ich trank aus Langeweile. Ich trank alles: Whisky, Cointreau, Gin, Sherry oder meistens Wodka, weil die Lehrer den nicht riechen konnten.«)

Während Sarah mit ihrer Krankheit zu kämpfen hatte, heiratete ihr Vater Raine, die frühere Countess of Dartmouth und Tochter der Autorin von Liebesromanen, Barbara Cartland. Das war nicht nur für Sarah, sondern auch für Diana eine freudlose Zeit. In der Öffentlichkeit äußerte sich Sarah nur selten über die »gestrenge« Raine, außer mit dem knappen Kommentar: »Sie kam viel zu oft zu Besuch.« Unter vier Augen faßte sie die eigenen Gefühle und die ihrer jüngeren Schwester mit außergewöhnlicher Boshaftigkeit zusammen. Und obwohl es heißt, Raine habe Earl Spencer nach einem schweren Hirnschlag das Leben gerettet, dankten Diana und Sarah es ihr wenig.

Als Spencer den Hirnschlag erlitt, wurde er ins Krankenhaus nach Northampton gebracht, wo die Ärzte befürchteten, daß sie nicht mehr viel für ihn tun könnten. Er wurde ins Brompton Krankenhaus nach South Kensington in London verlegt, wo sich die Ärzte heute noch darüber unterhalten, welches lautstarke Theater Raine am Bett ihres Mannes aufführte, um ihn wieder ins Leben zu rufen. Sie sagte daraufhin, die Leute »vergessen, daß ich auf ihre Gefahr hin überlebe... Keiner zerstört mich, und niemand sollte Johnnie zerstören, solange ich noch an seinem Bett sitzen und ihm meinen Lebenswillen einhauchen konnte«. Sie fügte hinzu, daß einige Mitglieder der Familie ihres Mannes versucht hätten, sie davon abzuhalten, so oft an seinem Bett zu sitzen.

Das mag stimmen oder nicht, aber ich weiß von Sarah, daß nicht nur ihr Vater mit dem Leben kämpfte, sondern daß auch ein Kampf zwischen Raine und den Spencer-Töchtern stattfand. Die

Countess hatte veranlaßt, daß die Kinder nicht ohne ihre Erlaubnis ins Krankenhaus kommen durften. Sarah erinnert sich: »Wir hatten nicht vor, uns das gefallen zu lassen. Er war immerhin unser Vater, wir liebten ihn sehr, wir wußten, daß wir ihm helfen konnten, wenn wir zu ihm gingen, und davon konnte uns auch eine Raine nicht abhalten.«

Nachdem Earl Spencer sich wieder erholt hatte, wurden falsche Gerüchte über eine Versöhnung Raines mit den Kindern in Umlauf gesetzt, die Sarah aber mir gegenüber dementierte. Sie und Diana seien absolut unversöhnlich gewesen, sagte sie, und Raine habe das gewußt. Die Countess hat später geäußert: »Ich hätte das Leben meines Mannes zehnmal retten und dabei mein ganzes Vermögen ausgeben können, und trotzdem hätten die Kinder ihre Haltung mir gegenüber nicht geändert.« Etwa zu diesem Zeitpunkt besserte sich Sarahs Gesundheitszustand, und sie fuhr als Freundin von Prinz Charles nach Klosters in der Schweiz. Offiziell hieß es, sie sei eine ausgezeichnete Skipartnerin für den Prinzen, aber das war nicht die ganze Wahrheit: Sarah war sehr erpicht darauf, die Frau in Charles' Leben zu werden – nicht nur, weil sie ihn mochte, sondern weil sie, genau wie Diana ein paar Jahre später, in seinen Titel verliebt war und mit ihm in Verbindung gebracht werden wollte.

Sie erzählte mir damals: »Er ist so lustig, und ich bin wirklich gern mit ihm zusammen.« Sie hatten vieles gemeinsam, beide waren begeisterte Reiter und Pferdenarren, beide lasen gern Bücher über Geschichte. Charles, der immer schon romantische Neigungen hatte, freundete sich mit dem Gedanken an, daß sie eines Tages heiraten würden, und die beiden sprachen über diese Möglichkeit. Auch sexuell verstanden sie sich gut. Während ihres Skiurlaubs hatten sie ein gemeinsames Schlafzimmer, während Charles' Bodyguard John McLean, ein zäher, sympathischer Schotte, im Flur vor ihrem Schlafzimmer schlief, um Eindringlinge abzuhalten.

In dieser Woche ging ich an jedem Spätnachmittag zum Chalet hinauf, um mich danach zu erkundigen, ob niemand aus der Gesellschaft, insbesondere Charles oder Sarah, sich die Knochen gebrochen hatte. McLean öffnete in der Regel die Tür, und ein Kollege und ich erhielten in der kleinen Diele ein kurzes Statement über die Ereignisse des Tages. Sarah, die gern überall dabei war, nahm meist an diesen Treffen teil und saß beinebaumelnd auf einer Heizung, während wir uns unterhielten. Mehr als einmal wanderte Charles mit einem Handtuch um die Hüften und einem Radio unter dem Arm durch unsere Versammlung und sagte: »Entschuldigen Sie, wenn ich diese Pressekonferenz unterbreche, aber darf ich mal durch? Ich möchte ein Bad nehmen.« Er war glücklich mit Sarah, einer äußerst attraktiven Frau mit leuchtend roten Haaren und einem überschäumenden Temperament. Sie war aufmerksam, liebenswürdig und tat ihr Bestes, sich den Wünschen des Prinzen anzupassen, denn er war darum bemüht, sein öffentliches Leben mit der zunehmenden Notwendigkeit in Einklang zu bringen, sich eine passende Braut zu suchen. Und Sarah war zu haben.

In jenem Sommer bemühte sich Sarah nach Kräften, zur selben Zeit in Deauville Urlaub zu machen, als auch Charles dorthin flog, um Polo zu spielen, aber sie mußte entdecken, daß sie nur eine von vieren war, die um die Aufmerksamkeit des Prinzen buhlten. Die Konkurrenz bestand aus Jane Ward, der geistreichen und attraktiven blonden Sekretärin des Guards Polo Club in Windsor, Laura Jo Watkins, der Tochter eines amerikanischen Admirals, die Charles vor ein paar Jahren in den Vereinigten Staaten kennengelernt hatte, und einem französischen Mädchen namens Chantal.

Als die Ferienwoche näherrückte, ließ Lady Sarah immer deutlicher durchblicken, daß sie mit nach Deauville genommen werden wollte. »Sie hörte nicht auf, darüber zu reden, wie gern sie dorthin fahren würde, wie gut sie französisch sprechen könne und wie viele Leute sie kenne, die auch dort sein würden, einschließlich des Polotrainers von Prinz Charles, Guy Wildenstein«, wurde mir gesagt. Aber Charles entschied sich für Chantal, und die beiden wußten es vortrefflich zu verbergen. Ich erinnere mich besonders gut an den Abend, als sie in einer Diskothek in Trouville herumhopsten. Dennoch war sie kein Mädchen, das Aussichten hatte, Prinzessin von Wales zu werden.

Bald danach fand die Romanze zwischen Charles und Sarah,

oder das, was von ihr übriggeblieben war, ein Ende. Aber das Band zwischen den Spencers und der königlichen Familie war durch ihre Liaison noch stärker geworden, und als es klar war, daß Sarah den Prinzen niemals vor den Altar bekommen würde, gab sie alle guten Ratschläge an Diana weiter. Die ganze Familie unterstützte sie. Jane, die andere Tochter Earl Spencers, inzwischen verheiratet mit dem damaligen stellvertretenden Privatsekretär der Königin, Robert Fellowes, arrangierte es so, daß Diana in den Sommerferien nach Balmoral kommen konnte, um auf ihre neugeborene Tochter Laura aufzupassen. Und sie ermunterte Diana dazu, in der Nähe zu bleiben und sich bereitzuhalten, da Charles mißmutig durch die nahegelegenen Moore und an den Fischteichen entlangwanderte und über das Ende seiner letzten Romanze, diesmal mit der feurigen Anna Wallace, nachdachte. Diese Beziehung hatte immer Pfeffer gehabt, und im August, als Diana, bescheiden und sanft, lange Tage an der Seite des Prinzen verbrachte, trug sie dazu bei, seine Schmerzen zu lindern.

Seine Freunde hatten hörbar die Luft eingesogen, als Charles anfing, Anna den Hof zu machen. Sie war reich, ungehemmt, sehr attraktiv und eine Frau, die nicht im geringsten davon beeindruckt war, daß es sich immerhin um den Prinzen von Wales handelte, der sie umschwärmte. Zudem hatte sie ein aufbrausendes Temperament, wenn sie sich über etwas aufregte, und im Frühsommer 1980 gelang es dem Prinzen zweimal, sie in Rage zu bringen, zuerst unbeabsichtigt auf dem Ball in Windsor anläßlich des achtzigsten Geburtstags der Königinmutter. Bei dieser Gelegenheit tanzte er aus Höflichkeit mit vielen geladenen Frauen, aber er fing sich einen scharfen Rüffel ein: »Untersteh dich, mich noch einmal so zu übergehen. So schlecht hat mich bisher noch niemand behandelt.« Charles, der äußerst sensibel sein kann, war entsetzt, als Anna, die unter Freunden als »Peitsche« bekannt ist, fortfuhr: »Niemand darf mich so behandeln – nicht einmal du.« Bald danach fand ein Polo-Ball in Stowell Park statt, dem Wohnsitz von Lord Vestey in Gloucestershire. Prinz Charles, der immer noch über die Zurechtweisung durch Anna verärgert war, hatte sich vorgenommen, ihr zu zeigen, wer hier der Herr im Hause war. Mir fiel damals auf, daß Anna mit wachsendem Ärger zuschaute, wie ihr Liebhaber einen Tanz nach dem anderen mit seiner bevorzugten Dame unter den verheirateten Frauen tanzte. Nicht einmal Lady Vestey – die ja immerhin seine Gastgeberin war – forderte er auf. Anna sah mit einer Mischung aus Wut, Unglauben und Entsetzen zu, wie der Prinz, der offensichtlich völlig entrückt war, den Abend damit verbrachte, Camilla Parker Bowles in den Armen zu halten.

Es dauerte Jahre, bis die Nebel sich lichteten, aber am Ende hat sich herausgestellt, daß Camilla nicht nur bei der Zerstörung der Beziehung von Charles und seiner Frau Diana ihre Hände im Spiel hatte, sondern daß sie auch bei dem Verhältnis zwischen Charles und Anna Wallace eine Rolle spielte.

Nachdem Anna das Feld geräumt hatte, war für Diana die Bahn frei, um ihr Ziel, den begehrtesten Junggesellen der Welt zu erobern, zu verfolgen. Sie wußte, was zu tun war, wenn sie ihn bekommen wollte, und als man sie anläßlich der Hochzeit ihrer Schwester Jane in der Guards Chapel sagen hörte, diese Kapelle sei ihr nicht gut genug – »für mich muß es die Westminster Abbey sein« –, war klar, daß sie nicht scherzte.

Im September 1980 traf ich Diana, unterstützt und ermutigt von ihren beiden Schwestern, in Balmoral. Ich hatte sie schon vorher mit Charles in Sandringham gesehen, fiel mir plötzlich ein, als ich den Prinzen beim Polospiel in Cowdray Park in Sussex Ende Juli beobachtete. Aber wenn damals schon etwas zwischen ihnen gewesen sein sollte, war es schnell und in aller Heimlichkeit geschehen. Der Palast »belehrte« mich: »Übertreiben Sie nicht, wenn Sie darüber schreiben. Der Prinz mag sie, aber sie ist noch ein Kind.« Ich hatte die beiden am Ufer des Flusses entdeckt, wo er anscheinend angelte, aber die Mühe, die Charles sich gab, seine Begleiterin zu verbergen, ließ vermuten, daß an dem Ausflug mehr dran war als die Jagd nach Lachsen.

Am nächsten Tag lief ich Diana erneut über den Weg – diesmal kamen wir uns allerdings etwas näher: Wir hatten beide denselben Rückflug von Aberdeen nach Heathrow gebucht. Sie wurde von Nicholas Soames begleitet, dem damaligen Ernährungsminister der Konservativen, und von Andrew Parker Bowles, der mit der Frau verheiratet war, die Diana einmal leidenschaftlich hassen sollte. Camilla befand sich nicht im Flugzeug, und damals nahm ich an, daß sie nicht an der Wochenendgesellschaft im Schloß teilgenommen hatte. Seither habe ich aber immer wieder gehört: »Natürlich war Camilla da. Sie blieb noch ein paar Tage zu Gast bei Prinz Charles.« Erst nach den neuesten Enthüllungen verstehe ich, was das bedeutete.

Die Außenwelt wußte noch nichts von der Existenz einer Lady Diana Spencer. Das Bild, das man damals vom Prinzen von Wales hatte, war das eines Mannes, der sich nicht über mangelnden Erfolg beklagen konnte, sondern einfach Pech in der Liebe hatte. Gerüchte waren in Umlauf, die besagten, daß sich Freunde von ihm nach dem Bruch mit Anna Wallace – was auch immer damals durchgesickert ist, es sah so aus, als habe *sie* mit *ihm* Schluß gemacht – über Mittag zusammengesetzt hätten, um eine Liste von »anerkannten Jungfrauen« zusammenzustellen. Sie wollten Charles diese Aufstellung zeigen und ihm in dem Zusammenhang den dringenden Rat geben, sich eine Frau auszusuchen. Ob das jemals geschehen ist, möchte ich bezweifeln. Aber der Druck auf Charles, seine Wahl zu treffen und zu heiraten, wurde stärker; in dieses Szenario paßte Diana wie angegossen. Sie war die aussichtsreichste Kandidatin für die Rolle einer zukünftigen Königin, die ich seit Jahren gesehen hatte; aber wenn überhaupt eine Beziehung zwischen den beiden existierte, dann befand sie sich in einem sehr frühen Stadium.

An jenem Abend, als ich nach London zurückkehrte, machten mein Fotograf und ich uns auf den Weg nach Coleherne Court, der im Laufe der nächsten Monate noch Weltruhm erlangen sollte. Nachdem wir herausgefunden hatten, daß die gesuchte Adresse die Hausnummer 60 war, kehrten wir am nächsten Morgen in aller Frühe zurück, um auf Lady Diana zu warten. Fünfzig Minuten später trat Diana – groß, schlank und bildhübsch – aus der Haustür und ging zu einem indischen Laden, in dem sie Milch und Brot kaufte. Dann überquerte sie die Straße und holte Zeitungen.

Am darauffolgenden Morgen standen wir erneut vor ihrer Wohnung, diesmal, um Fotos zu machen. Am 17. September machten wir weitere Aufnahmen vor dem Young England Kindergarten in

Pimlico, nachdem ich herausgefunden hatte, daß Diana dort als Aushilfe arbeitete – und nicht als Fachkraft, wie es in den meisten Zeitungen hieß. Den Fotografen gefiel, was sie sahen, und sie klickten munter darauf los: Pflichtschuldig wartete sie, bis die Fotografen ihre Arbeit beendet hatten. Sie ahnte nicht, daß man ihre Beine durch den dünnen Stoff ihres Rockes sehen konnte, da die Sonne niedrig stand und sie keinen Unterrock trug. Das Ergebnis war eine Sensation, wenn auch ein wenig schockierend für die junge Unschuld: Sie hat bestimmt Tränen vergossen, als sie sah, was die Zeitungen abdruckten, aber es war eine frühe und relativ harmlose Lektion in puncto Medien. Was die Medien betrifft, mußte man Diana nichts zweimal sagen; es kam nie wieder vor. Charles, so erfuhr ich später einmal, war ausgesprochen belustigt. Sein Kommentar, so wurde berichtet, lautete: »Ich wußte, daß du schöne Beine hast, aber ich konnte ja nicht ahnen, daß sie so toll sind.« Frotzelnd fügte er hinzu: »Aber mußtest du sie unbedingt *allen* zeigen?«

Nach diesem Tag beschlossen der Prinz und Diana, ihre Treffen noch heimlicher zu gestalten, was ihnen ausnehmend gut gelang. Einen ganzen Monat wurden sie nicht einmal zusammen gesehen, bis sie ein Pferderennen in Ludlow in den West Midlands besuchten – Charles als Teilnehmer und Diana als Zuschauerin. Charles ging auf seinem eigenen Pferd Allibar als zweiter durchs Ziel, und Lady Di, wie sie inzwischen beim Publikum hieß, war so aufgeregt, daß auch dem letzten Zuschauer klarwurde, wie sehr sie inzwischen in den Prinzen verliebt war. Es gab damals jedoch immer noch eine gewisse Verschwiegenheit, die ich auf die übermäßige Neugier zurückführte, der sie auf Schritt und Tritt begegnete. Der eigentliche Grund war jedoch ein anderer. Die beiden waren an jenem Tag nicht die einzigen, die Charles' Erfolg und Dianas Aufregung genossen, denn sie hatten eine Anstandsdame mitgebracht. Sie hieß Camilla Parker Bowles. Schon damals war sich die Frau eines gehobenen Kavallerieoffiziers der Königin sicher, daß sie von allen Plänen, die Charles und Diana miteinander schmiedeten, genauestens unterrichtet würde, und sie würde auf jeden Fall dafür sorgen, daß ihre Interessen nicht beschnitten wurden.

Diana wollte Camilla um jeden Preis aus dem Weg haben, war aber damals noch zu jung und unerfahren, um die notwendigen Schritte zu unternehmen: »Sie mußte ihre Gefühle hinunterschlucken und abwarten, bis sie mit Charles verlobt war.« Die beiden hatten bei der Presse so viel Wirbel ausgelöst, daß sie große Probleme beim Verlassen des Rennplatzes auf sich zukommen sahen, wenn sie nicht verfolgt werden wollten. Irgendwie gelang ihnen dann doch die Flucht, und sie fuhren zu einem Haus, das Diana einmal hassen sollte – Bolehyde Manor –, wo sie die beiden folgenden Tage verbrachten. Heute fällt es leicht zu verstehen, warum Diana ihre Rivalin nicht mochte, denn sie hatte von Anfang an, sobald sie mit dem Mann allein sein wollte, den sie heiraten würde, letztlich doch immer Camilla im Schlepptau.

Die Chancen, die Charles und Diana für eine richtige Liebesbeziehung hatten, waren gleich Null. Charles war es anscheinend gleichgültig, mit wem er zusammen war, solange Camilla in seiner Nähe war; Diana war nicht energisch genug, das zu unterbinden. Ein Freund der Familie sagte mir einmal: »Sie mußte so weitermachen wie bisher, sich mit allem einverstanden erklären, was Charles – und damit auch Camilla – vorschlug. Die Alternative war, daß man sie fallenließ. Können Sie sich vorstellen, wie furchtbar das alles für sie war?« Aber Lady Diana konnte auch ganz schön starrsinnig sein; ihr fester Wille, Charles zu heiraten, übertraf alles, und sie machte weiter. Lächelnd ertrug sie die Demütigung, die ihr durch das gönnerhafte Verhalten der älteren Frau zuteil wurde, und stand dem Prinzen jederzeit auf Abruf zur Verfügung. Damals fiel auf, wie wenig Charles Diana umwarb: Er kam nicht ein einziges Mal zu ihrer Wohnung, um sie abzuholen, er schickte nie Blumen oder Konfekt, und Verabredungen traf er über seine Leibwächter John McLean oder Paul Officer, oder seinen Diener Stephen Barry. Und immer wieder sagte er ihr, er könne »ihre albernen Mitbewohnerinnen nicht ausstehen«.

Nur Dianas Mutter bemerkte die Gefahr, die in dieser Situation steckte. Sie sah, daß Camilla ein allgegenwärtiges Element in Charles' Leben war, und riet ihrer verletzlichen und ehrgeizigen jüngsten Tochter zur Vorsicht. An dem Wochenende, an dem Charles Diana zum erstenmal über seinen neuerworbenen Landsitz Highgrove führte, bemerkte Mrs. Shand Kydd trocken: »Ich habe drei Töchter, und die Königin hat drei unverheiratete Söhne. Meine Töchter sind alle drei schon nach Balmoral und Sandringham eingeladen worden. Diana hat vor kurzem die vierte Einladung erhalten – also hat sie sich offensichtlich nicht so schlecht benommen.« Aber sie wirkte nicht sonderlich erfreut, als sie das sagte.

Der verstorbene Lord Fermoy war der jüngere Bruder von Frances Shand Kydd, und ich suchte ihn auf, um mit ihm über seine Nichte zu sprechen. Seine Antwort war recht ungewöhnlich, denn er setzte zu einem Monolog über Dianas Jungfräulichkeit an. Zugegeben, das war ausgesprochen wichtig hinsichtlich ihrer Chancen, die Frau des Prinzen zu werden, aber es überraschte mich nicht wenig, als Lord Fermoy sagte: »Ich kann Ihnen versichern, daß Diana noch keinen Liebhaber gehabt hat. Reinheit scheint oberstes Gebot zu sein, wenn es darum geht, eine mögliche königliche Braut für Prinz Charles auszusuchen. Wenn man sich die eine oder andere seiner letzten Freundinnen ansieht, wundert mich das nicht. Meines Wissens hat sich Diana noch nie auf diese Weise mit jemandem abgegeben. Das ist gut so.« Er mag es gut gemeint haben, aber Diana war entsetzt, als sie hörte, was ihr Onkel gesagt hatte. Aber es hieß, Lord Fermoy sei schon immer ein wenig exzentrisch gewesen und habe befremdliche, unerwartete Dinge gesagt und getan.

Kurze Zeit nach diesem Interview feierte der Prinz seinen zweiunddreißigsten Geburtstag in Sandringham. Da er mit Mitte Zwanzig geäußert hatte, dreißig sei wohl ein gutes Heiratsalter, wurde er immer heftiger unter Druck gesetzt, sich zu verloben. Abgesehen von den Bemühungen seiner wohlmeinenden Freunde drängte nun auch die Fleet Street, endlich »mit Diana zu tun, was sich gehört«. Sie war im Laufe von nur wenigen Wochen zur populärsten Frau des Landes geworden.

In diese Situation platzte der Skandal um den königlichen Zug. Diana muß sehr unter dem Druck gelitten haben, offen über ihren Verdacht zu reden – denn wenn nicht sie diejenige im Zug war, mußte es Camilla gewesen sein. Aber sie war noch jung, noch unerfahren und vor allem immer noch wild entschlossen, den Prinzen von Wales zu heiraten. Sie hatte miterlebt, wie er ihrer Schwester aus den Händen geglitten war, und sie würde es nicht zulassen, daß die Geschichte sich in diesem Punkt wiederholte.

Zu dieser Zeit begann ich, mit Diana eine Verbindung aufzunehmen, die ich seither beständig gepflegt habe. Eines Tages, als wieder einmal eine Horde Fotografen mit ihren Blitzlichtern auf sie losging, wandte sich Diana mit den Worten an sie: »Bitte lassen Sie mich einen Augenblick in Ruhe. Ich möchte mit Mr. Whitaker allein reden.« Wir unterhielten uns etwa zehn Minuten über alles mögliche. Es sollte das erste einer Reihe von Gesprächen sein, die ich in den folgenden Wochen mit ihr führte. Von Mitte November bis zum Tag der Verlobung am 24. Februar sprach ich praktisch jeden Tag entweder persönlich oder am Telefon mit ihr.

Anfang Dezember flog Charles zu einem offiziellen Besuch nach Indien. Vom Buckingham Palast kam immer noch kein Hinweis, daß das Verhältnis zwischen Charles und Diana sich auch nur im geringsten von den anderen unterschied, die Charles zuvor mit verschiedenen Mädchen eingegangen war. An jenem Tag fand ich Diana auf einer Bank in Kensington Gardens, dem Park, der sich an den Kensington Palast anschließt. Gedankenverloren saß sie dort und hatte den Kopf schräg nach hinten gelegt. Ich stellte ihr die Frage, die inzwischen jedermann beantwortet haben wollte: »Werden Sie Prinz Charles heiraten?« Sie überlegte, bevor sie vorsichtig antwortete: »Ich weiß es wirklich nicht.« Das heißt nicht »kein Kommentar« oder »hauen Sie ab«; ganz offensichtlich hatte sie mit Charles über eine Heirat gesprochen. Ich glaube, er hatte förmlich um ihre Hand angehalten, aber Diana dachte trotz ihres heftigen Wunsches, Prinzessin von Wales zu werden, noch über das Angebot nach.

An diesem entscheidenden Punkt konnte man nicht ahnen, warum sie noch zögerte; heute weiß ich, daß sie nicht nur über den Altersunterschied nachdachte, sondern daß sie den schrecklichen Gedanken nicht loswurde, sie könnte mit der allgegenwärtigen Camilla nicht fertig werden. Sie wußte, daß der Prinz sich sowohl geistig als auch körperlich immer noch mit ihr abgab, und wenn sie sich fragte, ob sie die ältere Frau würde ausstechen kön-

122

nen, verließ sie der Mut. Ich stellte ihr noch eine Frage: »Stimmt es, daß der Prinz Ihnen schon einen Heiratsantrag gemacht hat?« Sie antwortete: »Ich kann dazu nichts sagen. Ich kann einfach nicht.« Man mußte eben abwarten.

Kurz darauf schrieb Dianas Mutter an die *Times* und beklagte sich über die Belästigung durch die Presse. Der Brief war merkwürdig. Er kam zwar von Herzen, zeugte aber von ungenauen Kenntnissen darüber, was zwischen ihrer Tochter und der Presse tatsächlich geschehen war. Am selben Tag noch erklärte Diana mir bei einem unserer Telefonate, daß sie mit dem, was ihre Mutter geschrieben habe, nicht ganz einverstanden sei. »Manchmal regen mich die Leute wirklich auf«, sagte sie. »Aber nur manchmal. Und ich möchte fast sagen, daß ich mit den meisten von ihnen ganz gut auskomme. Ich ärgere mich eigentlich nur, wenn meine Kinder (aus dem Kindergarten) von solchen Dingen wie Blitzlichtern erschreckt werden.« Sie hatte bereits gelernt, eine ihrer mächtigsten Waffen einzusetzen – das Wissen um den Umgang mit der Presse. Etwas, was ihrem Mann nie gelingen würde.

Der Prinz kehrte aus Indien zurück und sah Diana eine Woche lang nicht. Ich konnte das damals nicht verstehen, aber es gab eine einfache Antwort, man hätte nur nach ihr suchen müssen. Der Prinz eilte nicht, wie allseits erwartet, an Dianas Seite, weil er bei Camilla war. – Vor seinem Tod gestand mir Stephen Barry, daß der Prinz nicht eher wirklich zurückgekehrt war, bevor er nicht bei Camilla gewesen war. Er fügte hinzu: »Der Prinz erklärte Diana, er habe ein oder zwei Tage zu tun, aber Diana wußte nicht, mit wem.«

In der Nacht zum 17. Dezember stand ich wieder einmal vor dem Coleherne Court, weil ich gehört hatte, daß in Kürze die Verlobung von Charles und Diana in der *Times* bekanntgegeben würde. Diana war mit einem Freund – nicht mit Charles – zum Abendessen ausgegangen, und ich wartete in Dunkelheit und Kälte auf ihre Rückkehr.

Nachdem wir die üblichen Artigkeiten ausgetauscht hatten, fragte ich sie, ob ihre Verlobung am kommenden Freitag bekanntgegeben würde, aber sie antwortete mir nicht. Ich erwähnte die *Times*, worauf ich immer noch keine Antwort erhielt. »Das hier ist so ungefähr die wichtigste Frage, die ich jemandem in meiner journalistischen Laufbahn je gestellt habe. Ich würde Sie zu dieser nachtschlafenen Zeit nicht belästigen, wenn es mir nicht ernst wäre.« Schließlich antwortete Diana: »Ich weiß. Offensichtlich ist das überhaupt eine sehr ernste Sache.« Dann schlug sie vor, wir sollten in den Innenhof gehen, wo »wir reden können«. Dann sprachen wir fast eine Stunde lang über ihre Lage, mal im Stehen, mal auf den Stufen sitzend. Um es vorwegzunehmen: Diana verriet nur sehr wenig, aber als ich ihr sagte, daß ich sofort eine Story schreiben würde, wenn sie nicht dementierte, daß am kommenden Freitag die Verlobung bekanntgegeben würde, war sie besorgt. »Bitte, Mr. Whitaker, seien Sie vorsichtig«, bat sie mich eindringlich. »Ich möchte Ihnen ja vieles erklären, aber ich kann nicht. Das ist alles sehr, sehr schwer für mich. Ich möchte Ihnen gern helfen, aber ich darf nicht. Sie müssen verstehen, wie schwer mir das alles fällt. Ich möchte Ihnen ja helfen . . .« Hier brach sie ab. Sie befand sich eindeutig in einem Dilemma. Aber ich sah mich gezwungen, sie in ein noch größeres zu stürzen – ich sagte ihr, ich hätte die Absicht, die Story zu schreiben, weil sie nicht dementiert habe und sie mich in den zurückliegenden Wochen, in denen wir miteinander geredet hatten, nie belogen habe. Sie sagte: »Warten Sie noch damit. Sehen Sie, überprüfen Sie bitte Ihre Informationen genauer. Es ist schwierig, aber seien Sie bitte vorsichtig.« Nachdem wir uns noch etwa eine halbe Stunde in Ruhe unterhalten hatten – es war inzwischen fast ein Uhr –, sagte ich, jetzt würde ich noch nichts schreiben. Sie seufzte erleichtert und sagte: »Gut, die Leute haben sich zu früh aufgeregt.«

Nach diesem Abend wurde es sehr ruhig. An einem Wochenende stahl sich Diana davon, um bei dem Prinzen in Birkhall auf Balmoral zu sein, statt der immer unangenehmer werdenden Pflicht nachzukommen, Andrew und Camilla Parker Bowles in Wiltshire zu besuchen.

Zwei Tage darauf setzte ich mich erneut mit Diana in Verbindung, wieder in ihrer Wohnung. Ich kam, um ihr frohe Weihnachten zu wünschen, aber sie begrüßte mich in einem roten Schlafanzug, über den sie einen blauen Morgenrock gezogen hatte. Und ausnahmsweise sah sie einmal nicht so gut aus. »Wie geht es Ihnen?« fragte ich sie, als sie sich gegen die Tür lehnte. »Nicht so gut«, antwortete sie. »Ehrlich gesagt, mir geht es ziemlich schlecht, ich habe Grippe.« Da sie allein war und keine Hilfe hatte, fragte ich sie, ob ich etwas für sie tun könne, aber sie sagte, es werde schon besser, wenn sie im Bett bleiben könne. Als ich sie fragte, ob sie einen Arzt aufgesucht habe, sagte sie: »Nein, so schlimm ist es nicht.« Da machte ich Diana mit der Homöopathie bekannt. »Glauben Sie daran?« fragte ich. »Homö . . . was?« fragte sie lachend. »Was in aller Welt ist denn das?« »Wenn Sie die Schwiegertochter der Königin werden, sollten Sie etwas über Homöopathie wissen. Sie bevorzugt diese Richtung der Medizin.« Ich erzählte ihr ein wenig darüber, und sie war fasziniert. Ich versprach ihr, dafür zu sorgen, daß man ihr homöopathische Medizin schickte. Als ich sie nach Weihnachten wiedersah, fragte ich sie, wie sie damit zurechtgekommen sei, und sie antwortete: »Vierundzwanzig Stunden lang hat es phantastisch gewirkt, aber dann, als die Wirkung nachließ, war meine Erkältung so schlimm wie nie.«

Das neue Jahr 1981 begann chaotisch. Reporter belagerten Sandringham in der Hoffnung, Diana dort anzutreffen, und die Königin, die durch die erhöhte Aufmerksamkeit offensichtlich nervös geworden war, vergaß ihre gewohnte Zurückhaltung und fuhr mich an: »Gehen Sie. Können Sie uns nicht in Ruhe lassen?« Charles fügte seinen eigenen Ausbruch hinzu und schleuderte uns einen Gruß entgegen, der mit dem Jahreswechsel nichts zu tun hatte. Die Beziehungen waren so unterkühlt wie noch nie – die Briten verlangten vom Königshaus, daß ihnen eine künftige Königin präsentiert würde, aber das Haus Windsor war noch nicht bereit mitzuspielen.

Ein paar Wochen später begleitete Diana den Prinzen nach Sandringham; sie wollte ursprünglich zwei oder drei Tage bleiben. Am Ende blieb sie wegen des enormen Interesses der Medien nur vierundzwanzig Stunden und beschloß dann, nach London zurückzukehren, weil sie spürte, daß es an ihr lag, wenn die Ferien der Familie nicht ungestört verliefen.

Ein paar Tage später fuhr Charles allein zum Skilaufen nach Klosters. Er kehrte am 2. Februar zurück und machte dann, wie die beiden an ihrem Verlobungstag bekanntgaben, Diana in aller Form einen Heiratsantrag, den sie annahm. Die Neuigkeiten sickerten erst nach drei Wochen allmählich durch.

In dieser Zeit fuhr auch Diana in Urlaub; sie suchte sich einen Ort, der so weit wie möglich entfernt lag, damit sie sich verbergen und »alles überdenken« konnte. Sie begleitete ihre Mutter und ihren Stiefvater nach New South Wales in Australien. Ich fand sehr bald heraus, was vor sich ging, und schrieb eine Story, in der ich verriet, wo Diana sich aufhielt. Als Mrs. Shand Kydd auf ihrer Farm in Yass auf diese Meldung angesprochen wurde, dementierte sie und behauptete, Diana sei nicht bei ihr. Als sie später erklärte, sie bereue nicht, gelogen zu haben, fügte sie noch hinzu, sie hätten einen unbeschwerten Urlaub mit Schwimmen und Surfen verbracht. »Natürlich haben wir uns über Dianas Zukunft unterhalten. Ich kann es nur von Herzen begrüßen, wenn meine Töchter den Mann heiraten, den sie lieben.« Bei näherem Hinsehen verhüllte dieser Kommentar kaum ihre Zurückhaltung, mit der sie die ganze Geschichte immer noch betrachtete.

Kurz nach Dianas Rückkehr aus Australien ereignete sich auf der Rennbahn des Pferdetrainers des Prinzen in Lambourn, Berkshire, ein Unfall. Charles war draußen und trainierte seinen Allibar mit Nick Gaselee, als das Pferd plötzlich ohne ersichtlichen Grund zusammenbrach und einem Herzanfall erlag. Der Prinz sprang herunter, um den Kopf des Tieres zu halten. Diana lief weinend zu ihm hin. Aber sie konnten nichts mehr für das Tier tun.

Zwei Tage darauf, am 22. Februar, rief ich Diana in ihrer Wohnung an, um ihr zu sagen, wie leid mir der Tod des Pferdes tat. Wir unterhielten uns noch über ihren Urlaub in Australien, aber als ich den Hörer auflegen wollte, spürte ich etwas in ihrer Stimme, das mir sagte, daß ich heute zum letztenmal die Gelegenheit gehabt hatte, sie zu Hause anzurufen und sie persönlich den Hörer abnehmen zu hören. Sie verabschiedete sich anders als sonst. Nachdem sie mir mitgeteilt hatte, sie sei am Dienstag wieder im Kindergarten und würde mich dort treffen, sagte sie: »Auf Wiedersehen, Mr. Whitaker, und vielen Dank.«

Es war ein freundschaftlicher Abschiedsgruß. Ich glaube, da der Prinz auf eine längere Reise nach Australien, Neuseeland und in

126

die Vereinigten Staaten gehen sollte, hatte man wohl ganz plötzlich beschlossen, die Bekanntgabe der Verlobung endlich hinter sich zu bringen. Nicht einmal die Mitbewohnerinnen Dianas, mit denen ich später sprach, hatten damit gerechnet, daß man die Verlobung so schnell bekanntgeben würde. Da aber die Pläne im Februar bekanntgegeben wurden, war Zeit genug, eine Hochzeit im Sommer zu arrangieren, wie es sich der Prinz sehnlichst wünschte. Die letzte Hochzeit im Königshaus – Prinzessin Anne und Captain Mark Phillips im Jahr 1973 – hatte im »trüben« November stattgefunden. Also gab der Buckingham Palast zwei Tage nach unserem letzten Gespräch die Verlobung offiziell bekannt. Wenn man bedenkt, daß die Boulevardpresse aufgrund ihrer Behandlung der königlichen Familie immer in der Schußlinie der Kritik stand, lag eine gewisse Ironie darin, daß es ausgerechnet die *Times* war, die die Nachrichtensperre brach. William Rees-Mogg, der damalige Herausgeber der Zeitung, hatte beschlossen, den Knüller des Jahrhunderts in einem kleinen Kasten auf der unteren Hälfte der Titelseite zu veröffentlichen. Die Nachricht sei ihm inoffiziell – so hieß es – vom damaligen Premierminister Edward Heath übermittelt worden. Charles war wütend, fand sich aber allmählich mit der Situation ab.

Während ihrer Interviews im Fernsehen und vor der Presse im Verlauf des Tages gab es ein paar interessante Kommentare; Bemerkungen, die kein sehr günstiges Licht auf die Zukunft warfen. Auf die Frage nach Gemeinsamkeiten sagte der Prinz: »Diana ist jemand, der sich gern draußen aufhält.« Lady Diana warf ein: »Wir beide hören gern Musik und tanzen gern, und wir haben beide denselben Sinn für Humor.« Worauf Charles schnell hinzufügte: »Und den wirst du auch benötigen.« Hinzu kam noch Charles' Äußerung über Liebe – »Was immer das heißen mag«. Es war wohl nicht der glückliche Augenblick, den viele erhofft hatten. Die meisten schrieben diese verunglückte Vorstellung den angegriffenen Nerven der beiden zu. Aber Diana mußte auch jetzt noch an äußere Einflüsse auf ihren zukünftigen Ehemann denken: Man hatte ihr gesagt, daß die beiden Vertrauten des Prinzen, die in Australien geborene Lady Tryon, von Charles Kanga genannt (die Kurzform für Känguruh), und Camilla Parker Bowles, der Verlobung »zugestimmt« hätten. Diana machte sich nicht besonders viel aus der Meinung von Dale Tryon – obwohl sie sie ganz gern leiden mochte und daher in ihrem Geschäft in Knightsbridge einkaufte –, aber Camilla bereitete ihr Kummer. Mit dem Selbstbewußtsein der Jugend und der Sicherheit ihres neuen Ranges als Verlobte des Prinzen von Wales glaubte sie jedoch daran, Camilla aus Charles' Gedanken vertreiben zu können. Und in den folgenden Monaten bis zum Hochzeitstag am 29. Juli nahm sie sich vor, genau das zu tun.

Das Ergebnis war, daß Diana zu leiden begann. Sie nahm mit beängstigender Geschwindigkeit ab, sie konnte nicht mehr gut schlafen und traf ihre früheren Mitbewohnerinnen nicht so oft, wie sie wollte. An dem Tag, als sie aus Coleherne Court auszog, bat sie sie, mit ihr in Kontakt zu bleiben – »Ich werde euch jetzt mehr denn je brauchen« –, aber irgendwie klappte es nicht so. Während Charles die Welt bereiste, wurde sie im Palast eingesperrt und mußte die zusätzliche Belastung einer Polizeieskorte dulden, die sie überallhin begleitete. Sie war bei weitem nicht die glückliche junge Frau, als die die Nation sie gern sehen wollte.

Sie zog aus ihrer Wohnung um nach Clarence House, dem offiziellen Londoner Wohnsitz der Königinmutter. Dort, so glaubte die Öffentlichkeit, nahm die Königinmutter sie freundlich unter ihre Fittiche und führte sie in die Gepflogenheiten der königlichen Familie ein. »Das stimmt einfach nicht«, erzählte mir Diana Jahre später. »Als ich begann, offizielle Pflichten wahrzunehmen, hatte ich nicht die leiseste Ahnung, was ich eigentlich tun sollte. Es war furchtbar. Ich weiß, daß man gemeinhin annimmt, alle möglichen Leute hätten mich unterwiesen, mir gesagt, was ich tun und was ich lassen sollte. Aber das war nicht so. Mir hat einfach niemand geholfen.«

Ihr Selbstbewußtsein wurde noch weiter untergraben durch die ständigen Anrufe von Camilla bei Charles. Besonders ein Gespräch warf sie aus dem Gleichgewicht. Es erreichte den Prinzen kurz vor seiner Abreise nach Australien und Neuseeland. Diana hatte mit ihrem Verlobten in seinem Arbeitszimmer gesprochen, als das Telefon klingelte, und sie erkannte, wer am anderen Ende der Leitung sprach. Sie sagte später: »Ich wußte nicht, ob ich bleiben oder gehen sollte. Es war schrecklich.« Aber ein anderer Zwischenfall, über den im Zusammenhang mit den neuesten Enthüllungen ausgiebig berichtet wurde, gab ihr den Ansporn zurückzuschlagen. Ein Päckchen für den Prinzen kam im Palast an, und Diana beschloß es zu öffnen. Es enthielt ein goldenes Armband mit einem runden Anhänger aus blauem Email, auf dem die verschlungenen Buchstaben »G« und »F« zu sehen waren. Man munkelte, daß diese Initialen für »Fred« und »Gladys« standen, die Kosenamen, die der Prinz und Camilla sich gegeben hatten. In Wahrheit standen die Buchstaben aber für »Girl Friday«, wie Charles Camilla anredete.

Diana verlangte, daß man Camilla von der Liste der Hochzeitsgäste strich, aber Charles machte sich kaum die Mühe, darüber zu diskutieren, bevor er die Auflistung verabschiedete. Aber dafür gewann Diana den nächsten Kampf – sie sagte, es wäre ihr unerträglich, wenn »diese Frau« an dem offiziellen Hochzeitsfrühstück, das die Königin im Buckingham Palast veranstaltete, teilnehmen würde. Während also 120 Verwandte und Freunde des königlichen Paares auf dem Empfang Champagner tranken, Hechtklößchen mit Hummersauce, mit Lamm gefüllte Hühnerbrüstchen und Erdbeeren mit Schlagrahm aus Cornwall aßen, mußten Camilla und die zweite Vertraute des Prinzen sich eine andere Vergnügung suchen.

Damals sagte Lady Tryon: »Ich war nicht zu Gast im Palast. Ich weiß, daß auch Mrs. Parker Bowles nicht eingeladen war. Sie veranstaltete ihre eigene Feier im Freundeskreis. Sie werden verstehen, wenn ich keinen Kommentar abgeben kann, warum ich nicht eingeladen wurde. Ich bin nicht beleidigt.«

Camilla war es auch nicht: Sie wußte, daß sie den Prinzen fest im Griff hatte und daß Diana daran kaum etwas würde ändern können. Außerdem hatte sie einen tadellosen Vorwand – wenn sie je einen gebraucht hätte –, unter dem sie jederzeit Charles anrufen oder sich von ihm anrufen lassen konnte. Der Prinz war Pate ihres Sohnes Tom.

Kapitel 5

Die Flitterwochen sind vorbei

Das Muster, nach dem sich alles weitere abspielen sollte, trat erstmals zutage, als der Prinz und die Prinzessin von Wales ihre Flitterwochen auf Broadlands begannen, dem Sitz von Charles' »Großvater ehrenhalber«, dem Earl Mountbatten. Der Prinz angelte Forellen, während ihm seine frischvermählte Gattin eine Weile dabei zusah, um alsbald das Weite zu suchen. Immerhin konnte sie die Zeit nutzen, um sich an ihr neues Leben und ihre Stellung zu gewöhnen. Trotz allem war sie ungeheuer glücklich über das, was sie erreicht hatte. Mit jugendlicher Zuversicht glaubte sie fest daran, daß sie ihren Ehemann noch dazu bringen würde, sie zu lieben. Aber Diana hatte eines nicht begriffen: Charles betrachtete sie als ein Kind, als jemanden, dem man durchaus Respekt entgegenbringen konnte – solange er sich nicht in seine eigenen persönlichen Belange einmischte –, und zugleich fand er, sie sei besonders gut geeignet, die Mutter seiner Kinder zu werden. Mehr nicht.

Diana lernte schnell, daß sie sich ihm in allem anpassen mußte. Wenn sie sich nicht fürs Angeln interessierte – und das tat sie nicht –, dann war das sehr schade, denn ihm gefiel dieser Sport und darum würde er ihn ausüben. Broadlands war für ihn ein zweites Zuhause, und er war ein Gewohnheitsmensch. Daß er nun eine Frau an seiner Seite hatte, änderte nichts an den Gewohnheiten, die er so lange genossen hatte. Das galt für die Jagd und, wenn auch eingeschränkt, für das Polospiel. Wenn Diana aus Loyalität an einigen dieser Veranstaltungen teilnehmen wollte, so wurde sie nicht entmutigt. Andererseits machte Charles keinerlei Anstrengungen, sie zu integrieren. Kurz gesagt, für einen großen Teil seines Lebens war sie völlig bedeutungslos, und obwohl er durchaus ein Mensch ist, der sich selbst in Frage stellen kann, kam es ihm nie in den Sinn, daß sich sein Leben nach einer Heirat eventuell ändern könnte.

Ein Zwischenfall kurz nach der Geburt Prinz Henrys verdeutlicht auf besondere Weise, in welch frostigem Vakuum sich Diana in der zweiten Jahreshälfte 1984 befand. Nachdem sie ihren Sohn im Lindo-Flügel des St. Mary Hospitals im Londoner Stadtteil Paddington zur Welt gebracht hatte, fanden sich Prinz Charles und Prinz William bei Diana und dem Neugeborenen ein. Charles blieb zehn Minuten und ging dann zum Lunch nach Hause. Später kam er wieder zurück, holte seine Frau und ihren kleinen Sohn ab und fuhr sie zurück in den Kensington Palast. Danach fuhr er weiter zu einem Polo-Match, wo er – ein zweiter Sohn hin oder her – den Rest des Tages verbrachte.

Wie bei allen Frischverheirateten gab es natürlich auch zwischen Charles und Diana Augenblicke der Wärme und Momente, in denen sie zusammen lachen konnten. In den Anfängen seiner Ehe zeigte Charles seine Gefühle nur allzu gerne auch in der Öffentlichkeit, beispielsweise wenn er Diana zärtlich berührte. Ein Kuß oder eine Umarmung schienen selbstverständlich, und einem Fotografen gelang ein besonders amüsanter Schnappschuß, der zeigt, wie der Prinz von Wales am Rande eines Polo-Matches seiner Frau in den Po kneift.

Kurz nach ihrer Rückkehr von Ägypten, wo sie den ersten Teil ihrer Hochzeitsreise an Bord der königlichen Jacht *Britannia* verbracht hatten, absolvierte Diana ihren ersten öffentlichen Auftritt als Prinzessin von Wales an der Seite ihres Mannes. Es war beim Braemar Gathering, fast genau ein Jahr, nachdem ich sie am Flußufer entdeckt hatte, wo sie sich hinter einem Kiefernbaum versteckt hatte und ihrem Mann beim Angeln zusah.

Mit einem Schlag wurde ihr bewußt, auf was sie sich eingelassen hatte, als sie ihr Privatleben hergab, und schon bei ihrem ersten Auftritt zog sie sich den Zorn ihrer Schwiegermutter zu. Als sie sich neben die Königin und Prinz Charles in die königliche Loge setzte, in der die königliche Familie schon zu Zeiten Königin

Viktorias Platz zu nehmen pflegte, begann das Orchester die Nationalhymne zu spielen. Alle erhoben sich, und als die erste Zeile »God save our gracious Queen« gesungen wurde, beugte sich der Prinz zu Diana und flüsterte ihr etwas ins Ohr. Er sagte: »Sie spielen unser Lied…«, und Diana brach in anhaltendes Gekicher aus. Der Prinz vergaß seine Erziehung und die Disziplin der vergangenen 33 Jahre und begann ebenfalls lautlos zu kichern. Die Königin war außer sich, und eine Woche später berichtete mir ein Mitglied aus Dianas Familie: »Das war ein echter *faux pas*. Aber auch wenn die Königin sich über Diana geärgert hatte, so traf ihr Zorn doch in erster Linie Charles. Ich kann Ihnen versichern, daß keiner der beiden solch einen Fehler noch einmal machen wird.«

Die eisige Reaktion der Königin auf diesen Moment naiver Heiterkeit war ein ernüchternder Denkzettel für die junge Prinzessin. Auch wenn unzählige Menschen in aller Welt vor ihr auf die Knie gehen würden, so war sie doch selbst Gefangene eines strengen Protokolls. In der Öffentlichkeit hat sie nie wieder einen derartigen Fehler begangen, auch wenn sie sich niemals völlig anpaßte. Wie bald offenbar werden sollte, vor allem jenen Höflingen, die sich ihr gegenüber herablassend und arrogant benahmen, machte es ihr immer wieder Spaß, sich über einige der feinen Regeln lustig zu machen.

Dies zeigte sich bereits auf ihrer ersten offiziellen Reise als Prinzessin von Wales – einer Reise, die sie passenderweise nach Wales führte. Während der hektischen drei Tage in Wales ließ sie sich ihre gute Laune auch nicht durch den strömenden Regen nehmen und lehnte immer wieder den angebotenen Regenschirm ab, um besser die Hände der bewundernden Menschen in der Menge schütteln zu können. Oft war sie völlig durchnäßt, aber stets mit einem fröhlichen Lächeln auf den Lippen, und ihre Beliebtheit wuchs rapide im ganzen Land, das ihre Auftritte am Fernsehschirm verfolgte.

In der Euphorie, die ihrem Erscheinen auf der öffentlichen Bühne folgte, herrschte die allgemeine Überzeugung vor, daß Diana der königlichen Familie ihre Langeweile und ihre Biederkeit austreiben könne. Von Prinzessinnen werden stets – entgegen aller Logik – gewisse magische Qualitäten erwartet, die allen anderen königlichen Hoheiten im Hause Windsor kaum nachgesagt werden konnten. Anne und Margaret und Prinzessin Michael sahen neben diesem strahlenden Neuankömmling alt und langweilig aus.

Aber in jenen aufregenden Tagen übersah man völlig, was Diana Charles antat: Zum erstenmal in seinem Leben wurde er in den Schatten gestellt, und egal, wie vergnügt er sich in der Öffentlichkeit zeigte, wenn er an Dianas Seite stand – ihm gefiel nicht, was da vor sich ging. Als Prinz von Wales – der 21. englische, seit dieser Titel 1301 zum erstenmal verliehen worden war – war es Charles sein Leben lang gewohnt gewesen, im Mittelpunkt zu stehen. Überall gab es Bedienstete, die ihm die Türen öffneten und hinter ihm schlossen. Er hatte nie einen Linienbus benutzt, nie in einer Schlange gestanden. Die einzigen Augenblicke in seinem Leben, in denen man ihm entgegengetreten war, hatten während seiner Schulzeit in Gordonstoun stattgefunden – aber das lag lange zurück.

Aber auch wenn Diana momentan populärer war als er, so würde diese Phase sicher bald vorüber sein. Im Augenblick jedenfalls überschüttete er seine Frau mit Lob und ging ausgesucht höflich mit ihr um. Es gibt die Meinung, daß er sich nur deshalb so verhielt, weil er sich als eine Art Zirkusdirektor betrachtete, dessen Hauptattraktion Diana war. Dahinter steckte wohl die Annahme, daß sie nur ein Star geworden war, weil er sie dazu gemacht hatte. Es sollte nur noch einige Monate dauern, bis Zeichen der Desillusionierung und des Zwists bei ihren öffentlichen Auftritten sichtbar wurden.

Aber Dianas Debüt hatte sich als bemerkenswerter Erfolg erwiesen, und sie war glücklich. Ihre häuslichen Angelegenheiten entwickelten sich weniger erfreulich. Das Paar konnte noch nicht in seinen Wohnsitz Highgrove, bei Tetbury in Gloucestershire gelegen, einziehen, weil sich das Mobiliar, das man zum Leben benötigte, in einer öffentlichen Ausstellung im St. James' Palace befand, die wohltätigen Zwecken diente.

Dianas Schwester Lady Sarah vertraute mir recht diplomatisch an, daß es zwar kein besonderes Problem darstelle, auf Schloß Balmoral zu wohnen, aber die junge Braut sei »ganz wild darauf, mit Prinz Charles einen eigenen Wohnsitz zu beziehen«.

Diana hatte sich heimlich für zwei Tage von Schottland verabschiedet und die Ausstellung besucht, um sich noch einmal zu vergegenwärtigen, welche Möbelstücke ihr zur Verfügung standen. Danach war sie nach Highgrove gefahren, um die Inneneinrichtung zu planen. Sarah berichtete, daß sich das Paar mittlerweile damit abgefunden hatte, bis Ende Oktober auf Balmoral zu bleiben, auch wenn ihre Flitterwochen sich dadurch auf drei Monate ausdehnen würden, die längsten der königlichen Geschichte.

Als Erklärung für den sehnlichen Wunsch ihrer Schwester, endlich in Highgrove einzuziehen, sagte Lady Sarah: »Diana ist sehr häuslich. Es ist sehr wichtig für sie, daß alles so ist, wie es sein sollte. Als sie sich das Haus zum erstenmal ansah, hat sie eine regelrechte Inspektion vorgenommen und alles überprüft und Fragen gestellt.« Im gleichen Gespräch verneinte Lady Sarah auch, daß Diana unter dem Streß des Ehelebens leide. »Sie findet es phantastisch. Es ist, als sei sie für diese Rolle wie geschaffen. Sie liebt es, daß sie bewundert wird und daß die Leute ihr soviel Aufmerksamkeit entgegenbringen, wie sie sie betrachten und auf sie reagieren.«

Aber welchem Druck auch immer Diana in jenen frühen Tagen ausgesetzt war – und ich bin sicher, daß er nicht unbeträchtlich war –, so gab es doch eine kurze Ruhepause, als am 5. November verkündet werden konnte, daß Diana ein Kind erwarte. Durch die Meldung sollte den »Spekulationen ein Ende« gesetzt werden, aber sie änderte nichts daran, daß die frühere Aushilfskindergärtnerin weiterhin auf Schritt und Tritt verfolgt wurde. Innerhalb kürzester Zeit war sie die meistfotografierte Frau Englands geworden. In der zweiten Dezemberwoche arrangierte der Pressesekretär der Königin, Michael Shea, ein Treffen zwischen Fleet-Street-Redakteuren, Rundfunk- und Fernsehjournalisten und der Königin. Es wurde darauf hingewiesen, daß sich das Gespräch zwar in der Hauptsache um Diana drehen würde, daß sie jedoch nicht die Initiatorin dieser Runde gewesen sei.

Nach einer kurzen Einführung und der Bitte, Diana doch künftig in Ruhe zu lassen, erschien die Königin. Ein seltenes Zusammentreffen von Herrschaft und Presse. Wenn die Königin noch irgendwelche Zweifel über die Weisheit des Entschlusses gehabt haben sollte, sich mit den Schakalen zu treffen, die ihre Schwiegertochter ständig verfolgten – die zudem nun den zukünftigen König Englands in sich trug –, so wurden diese Zweifel sicherlich bestärkt, als sie mit einem Mann namens Barry Askew konfrontiert wurde.

Askew war Redakteur bei *News of the World* und hatte den Spitznamen die »Bestie von der Bouverie Street«. Seine Absicht war, deutlich zu zeigen, daß ihn ein Zusammentreffen mit der Königin nicht sonderlich beeindrucken konnte. Der Pressesekretär hatte sich zuvor darüber beklagt, daß Diana nicht einmal unbehelligt ein paar Süßigkeiten im Dorfladen von Tetbury einkaufen könne. Askew fiel dazu die Frage ein: »Wäre es dann nicht besser, einen Diener in den Laden zu schicken, der für Diana die Gummibärchen besorgt?« Das ging zu weit. Die Königin erhob sich zu ihrer vollen Größe von einem Meter sechzig und entgegnete: »Mr. Askew, das war eine äußerst anmaßende Bemerkung.« Einen Monat später mußte Askew seinen Redaktionssessel räumen.

Im Februar 1982, nur sechs Monate nach der königlichen Hochzeit, machte ich mich auf den Weg auf die Bahamas, wo der Prinz und die Prinzessin von Wales einen Urlaub mit ihren Freunden Lord und Lady Romsey verbrachten.

Entgegen den im letzten Jahr veröffentlichen Berichten, daß Diana schon zu jenem Zeitpunkt, dem Februar 1982, so unglücklich und verzweifelt gewesen sein soll, daß sie sich mit Selbstmordgedanken trug, gab es keinerlei Anzeichen dafür, daß dieses junge Paar etwas anderes als glücklich miteinander war.

Im Gegenteil, sie verhielten sich wie alle Frischverheirateten. Eng umschlungen standen sie im Wasser und tauschten ständig Küsse aus. All das läßt Spekulationen, wie sie in Andrew Mortons Buch zu lesen sind, daß sich die Prinzessin nur zwei Wochen zuvor eine Treppe im Sandringham Palast hinuntergestürzt haben soll, völlig lächerlich erscheinen. Damals habe ich mit jemandem gesprochen, der kurz nach Dianas Sturz an Ort und Stelle war. Charles ging keineswegs davon, während Diana vor den Stufen lag – wie angedeutet worden ist –, nein, er war sogar äußerst besorgt und ließ sofort nach einem Arzt rufen.

Er verabschiedete sich danach auch keineswegs für einen Reitausflug, wie berichtet wurde. Sobald die Prinzessin sich wieder erholt hatte, nahm er sie mit zu einem Picknick in das Strandhaus der königlichen Familie an der Küste von Norfolk bei Wells-next-the-Sea.

Meine Zeitung veröffentlichte Fotos von diesem Bahamaurlaub, die eine noch schlanke Diana in einem roten Bikini zeigten. Die Königin war darüber nicht amüsiert und sprach von einem schwarzen Tag für den britischen Journalismus. Ich schrieb einen Brief an Diana, in dem ich mich entschuldigte, falls ich ihr irgendwelche Unannehmlichkeiten bereitet hätte. Durch ein Mitglied ihres Personals erfuhr ich dann, daß es ihr eigentlich nichts ausgemacht habe, und so wurde der schwarze Tag im nachhinein doch erheblich sonniger.

Prinz William von Wales, der zukünftige König, wurde im Juni geboren. Der folgende Monat begann voller Zufriedenheit und Erfüllung für Diana, denn schließlich hatte sie nicht nur einen gesunden Jungen zur Welt gebracht, sondern der Nation gleich bei ihrer ersten Niederkunft einen Thronerben geschenkt. Doch plötzlich änderten sich die Dinge. Anfang November konnte man in der Londoner Royal Albert Hall eine erstaunliche Szene beobachten. Es fand das jährliche British Legion Festival of Remembrance statt, an dem die königliche Familie traditionsgemäß teilnimmt. In diesem Jahr, dem Jahr des Falkland-Krieges, war auch die Prinzessin bei dieser Ehrung der Lebenden und der Toten anwesend. Im Saal erwartete man sie mit Spannung.

Aber dann lief alles fürchterlich schief. Wenige Minuten vor dem Beginn des offiziellen Programms wurde einem der Türsteher mitgeteilt, daß die Prinzessin nun doch nicht zur Feier erschiene. Sofort rückte man in der königlichen Loge hektisch Stühle hin und her, der für Diana vorgesehene Stuhl wurde entfernt. Aber fünf Minuten später, die Königin hatte bereits ihren Platz eingenommen, tauchte sie zur Überraschung aller Anwesenden an einem Seiteneingang auf, in Begleitung ihres Leibwächters Alan Peters.

Ein Augenzeuge beschrieb die Prinzessin bei ihrem Eintreffen als »gereizt und mürrisch.« Am Ende des Abends war sie jedoch wieder »fröhlich und strahlend« und erwiderte den Applaus der

137

Besucher. Aber niemand läßt die Königin grundlos warten. Ich machte mich also daran, herauszufinden, was geschehen war.

Es war leider so, daß dieses unvorhersehbare Verhalten in den vorangegangenen Wochen bei Diana häufiger zu beobachten gewesen war. Ungefähr einen Monat zuvor war Diana außer sich vor Zorn aus Balmoral gestürmt und ließ Charles und den dreieinhalb Monate alten Prinzen William allein zurück. Sie wollte um jeden Preis aus Schottland fort, wurde mir mitgeteilt, sie konnte die behagliche Selbstgefälligkeit der königlichen Familie nicht mehr ertragen. Außerdem konnte sie es nicht aushalten, daß Charles sich bei jeder Zwistigkeit auf die Seite seiner Mutter schlug.

Diana machte es darüber hinaus immer mehr zu schaffen, auf welche Art und Weise die Königinmutter ihr »helfen« wollte. Zunächst einmal hatte sie bei ihrer Einführung in die königlichen Kreise keinerlei Unterstützung durch die Mutter der Königin erhalten, auch wenn gerne behauptet wird, daß die alte Dame sie in den Regeln des Hofes unterrichtet habe, und nun war sie der Meinung, daß sie mit allen Situationen auch allein fertig werden konnte, ohne sich kleine Lektionen der Königinmutter anhören zu müssen. Prinz Charles schwieg zu alledem, was sie nur noch mehr erzürnte.

Zur gleichen Zeit erreichten mich Berichte, die besagten, daß sich das Personal der Prinzessin allmählich vor ihr zu fürchten begänne. Ihr Presseoffizier Vic Chapman gab zu, daß es »ein kleines Problem« gebe, was natürlich bedeutete, daß es ein größeres gab. »Was für ein Problem?« fragte ich. »Nichts Besonderes«, meinte Vic. »Aber sie steigert sich in manche Dinge zu sehr hinein. Wenn zum Beispiel ihre Schuhe vom Putzen zurückkommen, dann besteht sie darauf, daß sie in der gleichen Reihenfolge und genau so gerade wieder zurückgestellt werden, wie sie vorher standen.«

Und weiter: »Sie hat sich in den Gedanken hineingesteigert, daß jeder und alles um sie herum perfekt sein muß. Sie hat das Gefühl, daß man eine Menge von ihr erwartet und daß sie das gleiche fordern kann.« Damals schrieb ich einen Artikel mit der Schlagzeile »Wird es langsam zuviel für Diana?«, in dem ich die Meinung äußerte, daß man fürchten müsse, daß der Druck für die Prinzessin zu groß werde, daß die Nation zu viel von ihr erwarte und daß sie furchtbar darunter litt, es jedem recht machen zu wollen.

Dann äußerte ich die Vermutung, was Schreie der Entrüstung auslöste, daß ein solcher Druck zu irrationalen Verhaltensweisen führen könne, die sich in Form von zwanghaftem Fasten, auch Magersucht genannt, äußern könnten. Ich fügte hinzu, daß man sich wirklich Sorgen darüber machen sollte, ob Diana nicht langsam Symptome dieser Krankheit zeigte. Ich schrieb, daß sie nach meinen Beobachtungen erschreckend dünn aussieht und allen Leuten erzählt, daß sie auf ihre Linie achten müsse. Seit der Geburt von Prinz William hatte die Prinzessin erschreckend abgenommen. Sie achtete auf völlig übertriebene Weise darauf, was sie aß und wieviel. Ich erinnerte mich an ein Essen mit Pächtern des Herzogtums Cornwall eine Woche zuvor, an dem Diana teilgenommen hatte. Zunächst lehnte sie die Hauptmahlzeit, ein zartes Lendenstück vom Schwein, ab und weigerte sich ebenfalls, den ersatzweise angebotenen Lachs zu essen. Prinz Charles, der von der Magersucht von Dianas Schwester Sarah wußte, hatte begonnen, so oft wie möglich mit seiner Frau zusammen zu Mittag zu essen, nur um sicher zu sein, daß sie auch ordentlich ißt.«

Ich machte darauf aufmerksam, daß man sich gut um Diana kümmern müsse. Ich schrieb: »Wir sollten nicht vergessen, daß die Prinzessin erst einundzwanzig ist. Wir erwarten von ihr jederzeit ein makelloses Verhalten. Wenn sie dann und wann einmal über die Stränge schlägt und sich ›schwierig‹ und temperamentvoll benimmt, sollten wir unser eigenes Verhalten bedenken. Prinzessin Diana ist eine starke Frau mit außerordentlicher Willenskraft und Durchsetzungsvermögen. Es wäre ein Unglück, wenn wir zu früh zu viel von ihr verlangten, und es wäre eine Tragödie, wenn sie dadurch erkranken sollte.«

Als dieser Artikel am 15. November unter der Schlagzeile »Angst um Dianas Gesundheit« erschien, gab es einen Aufschrei der Entrüstung. Der Londoner *Evening Standard* schrieb, daß Anzeichen von Streß und Überbeanspruchung hauptsächlich durch »völlig übertriebene« Berichte über ihre Gesundheit verursacht worden seien. Eine ungenannte Quelle aus dem Buckingham Palast wurde zitiert: »Behauptungen, daß die Prinzessin an Magersucht leide, sind unbegründete Spekulationen. Man sollte sie um Himmels willen einfach in Ruhe lassen.«

Am gleichen Tag war ich Gast in der Radiosendung des BBC *Today*, zu deren regelmäßigen Hörern auch Prinz Charles gehört. Der Moderator Brian Redhead bezeichnete es als »ungeheuerlich«, anzudeuten, die Prinzessin leide an Magersucht, wenn man es nicht beweisen könne. Ich entgegnete zu meiner Verteidigung, daß ich mit einem Mitglied der Familie der Prinzessin gesprochen hätte, das zugegeben habe, daß es ein Problem gäbe. »Wir würden uns gerne mit ihr darüber unterhalten«, hatte das Mitglied der Familie mir mitgeteilt. Was ich nicht erwähnte, war, daß es sich bei meiner Quelle um die zutiefst besorgte Lady Sarah McCorquodale, Dianas Schwester, handelte.

Es dauerte weitere neuneinhalb Jahre, bevor meine Story über Dianas Magersucht (das Wort Bulimie war damals noch nicht gebräuchlich) bestätigt wurde. Es war Diana selbst, die es schließlich zugab.

Die Krankheit, die durch den Druck und die ständige Beobachtung durch die Öffentlichkeit zum Ausbruch kam, hatte jedoch einen Hauptgrund: Prinz Charles wurde mit den Problemen und den Ängsten seiner Frau nicht fertig.

Manche Leute waren der Meinung, er liebte sie nicht genug, aber seit seinem Ausspruch bei der Pressekonferenz anläßlich seiner Verlobung über die Definition des Wortes Liebe (»was immer das sein mag«) lag die Vermutung nahe, daß er sie überhaupt nicht liebte.

Er hatte entdecken müssen, daß er mit der Frau, die er aus solch zynischen Gründen geheiratet hatte, über nichts reden konnte. »Wir können einfach keine vernünftige Unterhaltung führen«, beklagte er sich regelmäßig. Langsam begann er Diana mit wachsender Abneigung zu betrachten. Er sah in ihr eine Frau, die sich in ihrem persönlichen Erfolg und der Publizität sonnte, die sie durch die Öffentlichkeit und die Presse erfuhr. Seiner Familie vertraute er an, daß er mit ihren Launen und ihren ständigen Bitten um seine Unterstützung nicht zurechtkam.

Charles war der Meinung, daß sie gewußt haben mußte, was sie tat, als sie ihn heiratete, und daß sie nun langsam begreifen müßte, wie die Dinge liefen. Es war an der Zeit, daß sie erwachsen wurde. Aber offenbar machte er keinen Versuch, hinter die Tränen und die Vorwürfe zu schauen, um die Gründe für das Problem kennenzulernen. Für Charles war das Medium die Botschaft – Tränen bedeuteten Ärger, und wenn Tränen flossen, begab er sich auf die Flucht.

Zu jener Zeit, im Frühling 1983, weniger als zwei Jahre nach seiner Heirat, entschloß sich Charles, sein sexuelles Verhältnis mit der einzigen Frau, die ihn je verstanden hatte, wiederaufzunehmen – Camilla Parker Bowles. Aber es sollte noch eine Weile dauern, bis es dazu kam.

Zunächst einmal begab man sich auf eine längere Reise nach Australien und Neuseeland, der kurz darauf ein ähnlich langer Aufenthalt in Kanada folgte. Ich berichtete über beide Reisen und konnte mich davon überzeugen, daß sie für den Prinzen wie auch für die Prinzessin zu einem Triumphzug wurden. Aber dennoch geschah etwas Entscheidendes. Man konnte bemerken, daß der Prinz zum erstenmal sein Unbehagen darüber erkennen ließ, von Diana in den Schatten gestellt zu werden.

Bei einer Rede während des Abschiedsbanketts in Auckland meinte Charles scheinbar im Scherz: »Ich bin zu dem Schluß gekommen, daß es einfacher wäre, wenn ich zwei Ehefrauen hätte. Sie hätten beide Seiten der Straße übernehmen können, während ich in der Mitte gegangen wäre und nur Anweisungen gegeben hätte.« Aber insgeheim nahm er es keineswegs leicht, daß die Aufmerksamkeit der Öffentlichkeit sich von ihm ab- und Diana zugewandt hatte. Es mußte ihn schmerzen, wenn die Menge auf seiner Seite der Straße enttäuscht aufstöhnte, sobald er aus der königlichen Limousine stieg, während auf der anderen Seite Jubel aufbrauste, weil die Leute dort Diana zu sehen bekamen. Charles versuchte, seine aufkommende Eifersucht und seine Enttäuschung durch witzige Kommentare zu verbergen: »Tut mir leid, daß Sie mich erwischt haben. Am besten lassen Sie sich Ihr Geld zurückgeben.«

Der Prinz spielte damit wohl auch auf seinen Sohn William an, der einige Tage zuvor seinen ersten offiziellen Fototermin auf dem Rasen des Government House abgehalten hatte. (Man erfuhr an diesem Tag auch, daß Charles seinen Sohn »Wills« nannte.) Den jungen Prinzen auf die vierwöchige Reise nach Australien und Neuseeland mitzunehmen, hatte bei den älteren Mitgliedern der königlichen Familie, aber auch beim älteren Personal Kopfschütteln hervorgerufen. Entrüstet verwiesen sie auf die Zeit, als die Queen auf Reisen gegangen war. Der kleine Charles und Anne waren stets zu Hause geblieben – »dort, wo sie hingehörten«. Veränderungen waren bei den Höflingen noch nie besonders beliebt, machten sie ihnen doch stets deutlich, wie schnell die Zeit vergeht und wie sie mit ihr altern.

Diana konnte sich gut daran erinnern, was Charles ihr einmal erzählt hatte: Wenn die Königin von einer ihrer langen Reisen zurückkehrte, mußte der kleine Prinz seine Mutter stets formell begrüßen und durfte ihr lediglich die Hand zum Gruß entgegenstrecken. Es gab keine Umarmung, keine Küsse. Diana, die sich nur allzugut an ihre eigene beschädigte Kindheit erinnerte, hatte sich geschworen, daß ihr Verhältnis zu William anders sein sollte. Gegen eine schier übermächtige Opposition setzte sie sich durch und nahm ihren Sohn mit auf die Reise, aber, wie Charles andeutete, es funktionierte nicht.

Das königliche Paar mußte weitaus größere Strecken zurücklegen, als eigentlich notwendig war, da William auf einer Farm bei Woomargama im Hinterland untergebracht war und sie alle drei oder vier Tage dorthin zurückkehrten, um den Jungen zu besuchen. Charles genoß diese Unterbrechungen zwar, aber er war der Meinung, daß die Anwesenheit seines Sohnes sie davon abhielt, ihrer eigentlichen Aufgabe intensiver nachzugehen – und die bestand darin, die Australier davon zu überzeugen, daß es eine gute Idee sei, auch weiterhin eine königliche Familie zu haben.

Gegen Ende der Reise kamen auch bei Diana Zweifel an der Weisheit ihrer Entscheidung auf, William mitzunehmen, obwohl ihre mütterlichen Instinkte noch stärker waren als ihre königlichen. Durch den Jungen wurde die Reise in die Länge gezogen, und der eigentliche Zweck des Besuches geriet in den Hintergrund, aber Diana kehrte jedesmal gern nach Woomargama zurück, wo eine Extraportion Küsse und Umarmungen auf sie wartete. Dennoch sorgte der Palast dafür, daß dieses Trio nicht

142

mehr gemeinsam auf Reisen ging. Schon während des folgenden Besuchs in Kanada mußte William zu Hause bleiben. Die Höflinge wiesen auf die Schwierigkeiten hin, die durch kleine Kinder verursacht werden konnten, wenn ernsthafte Angelegenheiten anstanden, und sie verfügten, daß von nun an keine Kinder mehr zu den königlichen Staatsbesuchen mitgenommen werden sollten.

Diana reagierte prompt auf diesen Befehl, indem sie verkünden ließ, daß sie in diesem Fall nicht mehr so lange Reisen wie die durch Australien unternehmen würde. Ihre Erklärung Charles gegenüber war einfach: »Man darf Kinder in diesem Alter nicht so lange allein lassen.«

Die Haltung verstärkte sich noch, nachdem sie in ihre Rolle als Prinzessin von Wales hineingewachsen war, und heute gilt für all ihre Besuche die unumstößliche Regel, daß Reisen nach Übersee innerhalb einer Woche abgeschlossen sein müssen. Sie besteht auch darauf, daß sie keine Auslandsreise unternimmt, wenn ihre Kinder gerade ein freies Wochenende im Internat haben.

Diese beiden bedeutsamen Reisen des Jahres 1983 verwandelten Diana von einem Objekt der Faszination in einen internationalen Megastar, aber das schien zu jenem Zeitpunkt keinerlei Auswirkungen auf ihren natürlichen Charme und ihr bescheidenes Auftreten zu haben. Die Prinzessin kehrte nach Hause zurück und richtete sich in einer recht beschaulichen Existenz ein, bemühte sich, ihren Aufgaben noch besser gerecht zu werden, und gewann dadurch an Selbstvertrauen. Sie hatte erkannt, daß sie innere Kraft brauchte, wenn ihr Leben sinnvoll verlaufen sollte. Ihre Beziehung zu Charles litt darunter, daß er sie nicht als gleichberechtigte Partnerin behandelte, wenn sie auch sonst ein gutes Einvernehmen hatten. Über Staatsangelegenheiten sprach er nicht mit ihr, und wenn er Probleme hatte, vertraute er sich stets einer von zwei Frauen an – und Diana war keine von beiden. Seine erste Ratgeberin war Camilla, seine zweite, in bestimmten Fällen, die Königin.

Es scheint keinen Hinweis dafür zu geben, daß er seine Frau bewußt ablehnte, aber bei seinen vielen Verpflichtungen schien er die mißliche Lage, in der sich seine Frau befand, nie ganz wahrzunehmen. Sie war in seine Familie hineingezogen worden, und in einem langsamen Prozeß war sie gezwungen worden, fast all ihre früheren privaten Kontakte abzubrechen. Innerhalb der königlichen Kreise fand sie kaum befriedigenden Ersatz – sie lernte nur allzu häufig Menschen kennen, die sie entweder als Außenseiterin betrachteten oder sie nicht ernst nahmen. Charles, der in diesen Kreisen groß geworden war, konnte – oder wollte – ihre berechtigten Klagen nicht verstehen. Wenn ein Wort seine damalige Einstellung zu Diana beschreibt, dann ist es Zurückhaltung.

Im September 1983 wurde sie schwanger. Sie hoffte sehr, daß es die sehnlichst gewünschte Tochter würde. Es war wohl auf Schloß Balmoral, daß sie der Königin im Beisein von Prinzessin Margaret eröffnete, daß sie ihr zweites Kind erwartete. Die Königin ließ Champagner servieren, um auf die Gesundheit des Kindes zu trinken. Doch in der folgenden Woche erlitt Diana eine Fehlgeburt.

Ende 1983 war die Prinzessin erneut schwanger. Ob das Ehepaar sehr glücklich darüber war, ist schwer zu beurteilen – zumindest würde Diana ihre Rolle als Mutter ein weiteres Mal erfüllen und Charles wird sich über einen zweiten potentiellen Thronfolger gefreut haben.

Die Probleme des Paares waren mittlerweile so zahlreich, daß sie einem größeren Publikum nicht mehr verborgen bleiben konnten, und während der Prinz und die Prinzessin kurz vor ihrem dritten Hochzeitstag standen, begannen Freunde des Paares, sich über die Beziehung der beiden Gedanken zu machen.

Die meisten stimmten darin überein, daß es dem jungen, naiven Mädchen und dem älteren, erfahrenen Charles sehr schwer fiel, die Bedürfnisse des jeweils anderen zu verstehen – Bedürfnisse, die nur zu oft zum Streit führten. Es wurde immer deutlicher, daß sie nur wenig gemeinsam hatten. Auch ihre Schlafgewohnheiten paßten nicht zusammen: Wenn Diana am Abend nichts vorhatte (was in jenen Tagen häufig der Fall war), dann ging sie gegen neun Uhr im Kensington Palast zu Bett. In ihrem Schlafzimmer gab es kein Fernsehgerät, und ihre Bettgenossen waren ein Stofftier und ein Teddybär.

Charles dagegen fand es äußerst merkwürdig, wenn sie sich nach einem frühen Abendessen so schnell zurückzog. Ein Mitglied des Personals berichtete: »Meistens ging er in sein Arbeitszimmer und blieb dort bis spät in die Nacht, hörte in voller Lautstärke Opernmusik, sah Videos an oder arbeitete sich durch einen Berg von Schreibarbeit, die nicht länger aufgeschoben werden konnte.

Die ehelichen Beziehungen standen auf der Liste der Verpflichtungen nicht gerade an erster Stelle. Der besagte Diener versicherte, daß das königliche Paar selbst zu diesem Zeitpunkt seiner Ehe nur sehr selten zusammen in ihrem Himmelbett schlief: »Wenn der Prinz seine nächtlichen Tätigkeiten beendet hatte, ging er leise die Stufen hinauf und schlich, ohne seine Frau aufzuwecken, in sein Ankleidezimmer, das neben dem Schlafzimmer lag und das man durch eine Tür im Flur betreten konnte. Dort legte er sich in das Bett, das immer für ihn vorbereitet war. Ob er das aus Rücksichtnahme auf seine Frau tat oder ob er bloß allein sein wollte, kann ich nicht sagen. Aber so war es meistens.«

Die traurige Wahrheit dieses Arrangements – das vom Prinzen ausging – war, daß es Diana offenbar nichts ausmachte. Der Diener erklärte: »Diana hat mittlerweile akzeptiert, daß ihr Ehemann oft nicht bei ihr ist, ja sie genießt es geradezu. Die beiden haben wahrscheinlich erkannt, daß sie wohl niemals gemeinsame Hobbys oder Interessen finden werden.« Beide liebten zwar die Oper und spielten gerne mit Prinz William, aber das war auch schon alles. Die Freunde von Charles langweilten Diana; umgekehrt war es genauso. Der Altersunterschied von zwölf Jahren bedeutete in diesem Fall, daß sie aus zwei verschiedenen Generationen stammten und keinen gemeinsamen Nenner finden konnten.

Mittlerweile hatte die Prinzessin gelernt, mit dem Sicherheitspersonal umzugehen, das ständig um sie herum war, und sie hatte festgestellt, daß ihre »Schatten« unterhaltsam und sogar recht attraktiv waren. Sie hatten die Pflicht, Diana auf Schritt und Tritt zu folgen (selbst vor der Badezimmertür hatten sie zu warten), und eine solche Nähe erzeugt unweigerlich eine gewisse Vertrautheit. In den zwölf Jahren, in denen Diana Sicherheitsoffiziere des Scotland Yard zur Seite standen, ging sie mit drei von ihnen freundschaftliche Beziehungen ein – Sergeant Barry Mannakee, der tragischerweise bei einem Autounfall ums Leben kam, nur wenige Wochen nachdem er von seinem Posten als Leibwächter abberufen worden war (zeitweilig kursierte das abwegige Gerücht, der Geheimdienst MI5 hätte ihn eliminiert); Inspector Graham Smith, genannt Smudger, der 1991 aufgrund einer Krebserkrankung den Dienst quittieren mußte, und ihr derzeitiger Leibwächter Nummer eins, Inspector Ken Wharfe, der frühere Sicherheitsoffizier der beiden kleinen Prinzen.

Aber so freundlich diese Männer auch waren, konnte sich Diana nie wirklich mit den Einschränkungen abfinden, die die Anwesenheit dieser Leute für ihr Leben bedeutete. Andererseits war sie darauf angewiesen, daß ihre Leibwächter ständig präsent und wachsam waren, besonders da immer wieder seltsame Zwischenfälle passierten. Ich erinnere mich an einen Mann in einem Regenmantel, der stets zugegen war, wenn die Prinzessin irgendwo auftauchte. Sie war gerade jung verheiratet und hatte ihre ersten öffentlichen Auftritte zu absolvieren. Der Mann schien äußerst erregt, wenn er die Prinzessin erblickte, und sein Mantel schien auf und ab zu hüpfen. Als ich ihn etwas genauer unter die Lupe nahm, erkannte ich, was er dort tat, und es war etwas sehr Unanständiges. Mehr als einmal mußten meine Kollegen und ich die Polizei auf diesen Mann aufmerksam machen, bis ein Sergeant ihm unmißverständlich klarmachte, daß er sich nicht mehr blicken lassen dürfe.

Es gab immer wieder Personen, die versuchten, in den Buckingham Palast einzudringen. Durch die Sicherheitsvorkehrungen rund um die königlichen Wohnsitze, die nach dem Einbruch von Michael Fagan in den Buckingham Palace und die Schlafräume der Königin noch verstärkt worden waren, wurden die Eindringlinge in der Regel nach wenigen Minuten erwischt. Aber Gefahr drohte immer und überall; in allen Räumen der Wohnung des Prinzen und der Prinzessin befanden sich Notrufschalter, auch neben jedem der königlichen Betten. Damals nahmen Charles und Diana, genauso wie ihre Fahrer und Leibwächter, an speziellen Trainingskursen im Hauptquartier der Anti-Terror-Einheit SAS in Hereford teil. Dort lernten sie bestimmte Überlebenstechniken – wie man sich, falls man gefesselt wird, so zusammenzieht, daß man die Knoten später lockern kann; wie man einen Wagen auch im Rückwärtsgang mit 60 Stundenkilometern fahren kann; wie man mit einer 38er Smith and Wesson umgeht, ja sogar, wie man ein Heckler-und-Koch-Maschinengewehr bedient. Sie lernten bei Vorträgen und Live-Vorführungen, wie man einen Terroristenangriff überleben kann. Sie wurden mit Rauchbomben und Blendgranaten beworfen, um den Unterricht noch realistischer zu gestalten. »Es war tatsächlich so«, berichtete ein SAS-Offizier später, »daß es Charles und Diana in diesen Tagen draußen bei uns richtigen Spaß machte. Und sie flirtete wie wild mit den Jungs von der Truppe.«

Aber im Grunde war es ihre erneute Schwangerschaft, die Diana ein Gefühl der Zufriedenheit gab. Sie sagte zu ihren Schwestern: »Erst wenn das Baby einmal viel älter ist, wird es erkennen, wieviel Glück es hatte, nicht der Erstgeborene zu sein.« Die mangelnde Zuneigung ihres Ehemanns hatte Diana noch stärker an William gebunden. Vielleicht fügte sie deshalb hinzu: »Das zweite Kind wird nie den Druck und die Probleme verspüren, mit denen sich der arme William immer wird auseinandersetzen müssen.« Einer Freundin vertraute sie an: »Ich will nur, daß meine Kinder glücklich und normal sind. Ich werde alles tun, um ihnen zu helfen, daß sie die ganz elementaren Gefühle entfalten können.« Im Rückblick wird klar, daß Diana damals auch von sich selbst und von ihren eigenen Gefühlen sprach, aber zu diesem Zeitpunkt wußten nur wenige Menschen von der königlichen Dreiecksbeziehung, die wieder aufgelebt war: zwischen dem Prinzen, der Prinzessin und Camilla Parker Bowles.

Freunde der Familie Camillas bestätigen, daß sie und Charles sich zu der Zeit, als Harry zur Welt kam, im St.-Mary's-Krankenhaus in Paddington in demselben Zimmer, in dem der zukünftige König zur Welt gekommen war, wieder regelmäßig trafen. Nach der Geburt von Prinz Harry von Wales am 15. September 1984 sagte Charles immer häufiger offizielle Termine ab – vorgeblich, um mehr Zeit bei seinen Kindern verbringen zu können. Aber als er seine Verpflichtungen fast auf den Nullpunkt reduziert hatte, setzte von seiten der Presse und des Parlaments heftige Kritik ein. Vic Chapman erklärte mir, daß Charles sich keineswegs »drücke«, sondern daß er bewußt eine Pause einlege, um bei seinen Söhnen zu sein. »Er ist durchaus darauf vorbereitet, das Amt des Königs zu übernehmen, wenn es nötig werden sollte, aber im Augenblick baut er das Herzogtum von Cornwall auf, und er will seinen Söhnen William und Henry einige Jahre widmen, solange sie in so einem wichtigen Alter sind.« Es gab noch einen anderen Grund: Der Prinz ging wieder auf die Jagd, aber er jagte nicht nur Füchse.

All dies verunsicherte die Prinzessin, und sie wurde launisch und litt immer öfter an Anfällen von Heißhunger – einmal saß sie in der Küche von Schloß Windsor und schlang einen ganzen Reispudding hinunter, ein anderes Mal stopfte sie mehrere Fleischpasteten in sich hinein. Und sie tat absichtlich Dinge, um andere zu verärgern. Die Königin, eine Frau, mit der man besser nicht ins Gehege kam, war wütend, als ihre Schwiegertochter anläßlich der Parlamentseröffnung 1984, einem der wichtigsten Termine in ihrem Kalender, mit einem extravaganten neuen Haarschnitt erschien, der zum erstenmal ihren Nacken frei ließ. Die Königin, so sagte man mir, war der Meinung, daß »dieser Unsinn« von der Würde der Veranstaltung ablenkte. Vielleicht spielte dabei auch eine Rolle, daß Dianas Bild auf den Titelseiten fast aller Zeitungen erschien, auch bei der *Times*. Fotos von der Königin, sofern es welche gab, hatten Briefmarkengröße.

Im Dezember jenes Jahres fand die Taufe des Prinzen Harry in Windsor Castle statt, und Prinzessin Anne war das erste Mitglied der königlichen Familie, das öffentlich andeutete, daß sie Dianas Verhalten mit wachsendem Mißmut betrachtete. Sie und ihr Ehemann, Captain Mark Phillips, blieben der Zeremonie fern, ein noch nie dagewesener Affront. Statt dessen zog es das Ehepaar Phillips vor, auf ihrem Anwesen in Glocestershire auf Fasanenjagd zu gehen. Die Sprecher des Palastes taten ihr Bestes, die Situation herunterzuspielen, indem sie darauf hinwiesen, daß die Jagdpartie schon lange geplant gewesen sei und daß Anne und Mark ihren Gästen gegenüber eine Verpflichtung hätten; aber sie konnten niemanden täuschen. Diana selbst war es völlig egal, ob Anne auf Schloß Windsor erschien oder nicht, und sie schüttelte sich vor Lachen, als die Meldung herauskam, daß Anne die Patin ihrer Tochter werden würde, sollte sie je eine bekommen. Aber Anne war wohl die letzte, an die sie dabei dachte. »Ich mag sie einfach nicht«, sagte Diana. »Es mag ja großartig sein, daß sie diese Wohltätigkeitsarbeit für Save the Children und andere Organisationen leistet, aber das kann ich genauso gut.« Anne revanchierte sich, indem sie Diana nur die »Bekloppte« nannte.

Nach diesem öffentlichen Beweis ihrer gegenseitigen Abneigung bat Charles Diana, sie solle doch versuchen, besser mit Anne auszukommen, und sei es nur nach außen hin. Mit seiner Schwester redete er in ähnlichem Sinne: Das Wichtigste sei die Harmonie innerhalb der Familie. Aber als Diana einige Wochen später gefragt wurde, ob zwischen ihr und Anne so etwas wie Rivalität bestünde, zeigte sie sich keineswegs versöhnlich. Ihre wenig überzeugende Antwort lautete: »Überhaupt nicht. Prinzessin Anne tut unglaublich viel für Save the Children, und ich bin ihr größter Fan. Ich könnte niemals so viel in einen Tag hineinpacken wie sie.« Und fast schon ironisch fügte sie hinzu: »Wir haben es nie gezeigt, daß wir uns prächtig verstehen. Ich finde sie einfach phantastisch.«

Aber auch Anne war weiterhin verärgert über ihre Schwägerin. Der Wirbel über ihre neuen Kleider und ihre charmante Art, mit Menschen umzugehen, berührten einen wunden Punkt. Charme war niemals Annes stärkste Seite gewesen, und die beste Figur machte sie noch auf dem Rücken eines Pferdes. Die Tatsache, daß die Öffentlichkeit jemanden in ihr Herz schließen konnte, der intellektuell so wenig zu bieten hatte, tat ihr weh, so wie es ihren Bruder ärgerte. »Anne weiß sehr wohl, daß manches nicht Dianas Schuld ist, aber es wurmt sie trotzdem«, wurde mir erzählt. Bemerkenswert ist auch, daß die Erwachsenen fast nie anwesend waren, wenn Anne und Mark den Prinzen und die Prinzessin von Wales und ihre Kinder zu sich einluden. Anne gab viele Barbecue-Partys, versteckte sich aber stets hinter ihren Kindern.

1985 hatte Diana schließlich genug von Highgrove. Charles hatte das Haus noch vor ihrer Romanze gekauft, und die relativ kleine Wohnfläche behagte ihr nicht. Auch wenn ihr Vater lediglich ein Earl war, so wirkte sein Wohnsitz im Vergleich zu dem des Prinzen doch wie ein Palast. Diana glaubte, daß ein Umzug ihnen beiden guttun würde. Wenn sie dort war, fühlte sie sich irgendwie abgetrennt, sowohl von ihren Freunden als auch von ihren Interessen. Außerdem lag das Haus viel zu nahe am Wohnsitz des Ehepaars Parker Bowles. Es folgte ein halbherziger Versuch, sich andere Häuser anzusehen. Mehr als einmal wurden Charles und Diana dabei beobachtet, wie sie sich im leerstehenden Belton House in Lincolnshire umsahen, ein weitaus beeindruckenderes Gebäude als Highgrove, das Lord Brownlow gehörte und zudem in einem erstklassigen Jagdgebiet lag. Und das Ehepaar Parker Bowles würde auch nicht mehr in der Nachbarschaft wohnen.

Aber aus all dem wurde nichts. Aus einer Reihe von Gründen war das Ehepaar an Highgrove gebunden. Am schwersten wog die Tatsache, daß ein großer Teil der Hochzeitsgeschenke auf die eine oder andere Weise eine Beziehung zu dem Haus hatte und man die Schenker durch einen schnellen Umzug sehr verletzen würde. »Es wäre sehr unschön und rücksichtslos, wenn sie das Haus aufgeben würden«, erklärte Vic Chapman. »Die schmiedeeisernen Eingangstore sind zum Beispiel ein Geschenk der Dorfbewohner. Und der Swimmingpool ist durch viele kleine Gaben von Mitgliedern der Streitkräfte zustande gekommen.«

Hinzu kommt, daß Highgrove aufgrund seiner geringen Größe relativ leicht zu überwachen ist. Es gibt einen Sicherheitsraum mit stahlverstärkten Wänden und wasserdicht verschließbaren Schutztüren, in den sich die Familie im Falle eines Angriffs flüchten kann. Darin befindet sich Proviant für mehrere Monate. Es gibt dort auch einen Waffenschrank, Funksender und andere Geräte zur Nachrichtenübermittlung. Der Raum soll jedem möglichen Angriff standhalten können und angeblich so solide sein, daß er selbst dann intakt bleibt, wenn das Gebäude durch Raketen angegriffen würde. Diana behagte diese Art von Sicherheitstechnik in einem Familienwohnhaus keineswegs, aber Charles konnte sich sehr gut damit abfinden. So mußte sie stets das Gefühl haben, daß Highgrove sein Haus war und nicht ihr gemeinsames.

Außerdem zeigte sich Charles von seiner besten Seite, wenn er mit den kleinen Prinzen in Highgrove war. Einer seiner Nachbarn, der Aushilfsarbeiten auf dem Gelände verrichtete, meinte: »Die drei haben viel Spaß miteinander, wenn sie alle hier sind, und Charles kümmert sich wirklich nett um die Kinder. Er ist mehr wie ein großer Bruder als wie ein Vater für sie, und er bringt ihnen ständig neue Dinge bei und zeigt ihnen alles. Er ist unglaublich geduldig, erklärt ihnen, wie es auf dem Land zugeht und auch sonst alles, was um sie herum geschieht. Charles läßt sie auch gern auf dem Traktor mitfahren.«

Eine andere Angestellte, die im Haushalt arbeitete, sprach auf sehr loyale Weise mit mir darüber, wie sich zu dieser Zeit »das Verhältnis zwischen dem Prinzen und der Prinzessin ungeheuer verbessert« habe. Nachdem sie eingeräumt hatte, daß es Probleme gegeben habe, sagte sie zu mir: »Aber glauben sie mir, so groß waren diese Probleme nicht. Sie sollten sie sehen, wenn sie hier zusammen sind, sie sind sich wirklich sehr nah. Es hat sich alles zum Guten gewendet.« Leider ein Fall von Selbsttäuschung, wenn auch sicherlich mit den besten Absichten. Wie alle anderen liebte auch diese Dame das ideale Bild des Prinzenpaares und versuchte verzweifelt, die Realität zu beschönigen. Sie wollte einfach, daß die Ehe funktionierte. Aber dafür gab es keine Chance, solange Camilla in der Nähe war, und das war ständig der Fall.

Im Verlauf des Jahres 1985 vergrößerte sich die Kluft zwischen Charles und Diana immer mehr. Zum erstenmal begann die Prinzessin, bestimmte Verpflichtungen allein wahrzunehmen, Termine, bei denen die Damen normalerweise in Begleitung ihrer Gatten erschienen. Aber für Charles war es kein Thema, an etwas derartig Frivolem wie einer von der Modewelt gesponserten Veranstaltung teilzunehmen, auch wenn alle Einnahmen wohltätigen Zwecken zugute kamen. Doch Diana besuchte einen dieser Wohltätigkeitsbälle, der von dem Modedesigner Bruce Oldfield organisiert worden war. Als sie in den Ballsaal geleitet wurde, trug sie natürlich eine Abendrobe von Bruce Oldfield. Sie schien sich prächtig zu amüsieren, und der Abend war perfekt, als der Komponist Jean-Michel Jarre sie nach einem kleinen Flirt zum Tanzen aufforderte. Diana folgte der Aufforderung mit fast schon ungebührlichem Vergnügen. Die Ehefrau des Komponisten, die Schauspielerin Charlotte Rampling, war nicht annähernd so beglückt; angeblich endete der Abend für sie in Tränen.

Ungefähr zu jener Zeit nahm Dianas frühere Mitbewohnerin Carolyn Pride zusammen mit mir an einer Sendung für das australische Fernsehen über das Leben von Charles und Diana teil. Der Interviewer, Michael Barrat, fragte sie, was das königliche Ehepaar miteinander verband. Es folgte eine längere Pause, bevor sie schließlich – und nicht besonders überzeugend – antwortete: »Die Kinder.« Mich hatte ihr Zögern nicht überrascht. Meine eigenen Beobachtungen hatten mich davon überzeugt, daß dieses Paar so gut wie nichts gemeinsam hatte.

Im Herbst war es dann soweit: Die Prinzessin versuchte nicht mehr, den Schein zu wahren. Nach dem üblichen Familientreffen auf Schloß Balmoral reiste Diana plötzlich ab, nachdem sie sich über die Langeweile und den ständigen Regen beklagt hatte. Charles blieb noch eine ganze Weile dort und machte keinerlei Anstalten, wieder zum Kensington Palace zurückzukehren. Im November 1985 unternahm das Paar anläßlich der 150-Jahr-Feier des Bundesstaates Victoria eine weitere Reise nach Australien. Wie zuvor beschlossen, blieben beide Kinder dieses Mal zu Hause. Diana war über diese Entscheidung sehr unglücklich.

Ihre Unzufriedenheit zeigte sich auch auf andere Weise, zum Beispiel durch die Anforderungen, die sie an ihr Personal stellte. Damals berichtete ich, daß seit der Heirat fast 40 Bedienstete den Palast verlassen hatten. Der auffälligste Fortgang war zweifellos der von Charles' Privatsekretär Edward Adeane. Noch bei seiner Einstellung hatte es geheißen, daß er so lange im Dienst des Prinzen bleiben werde, bis dieser König geworden sei. Zwischen 1983 und 1985 erreichte der Exodus seinen Höhepunkt. Ein Mitglied des Personals stellte eine Liste der Kollegen auf, die gegangen waren – in drei Kategorien aufgeteilt: diejenigen, die man zum Gehen aufgefordert hatte, diejenigen, die es nicht mehr ertragen konnten, und diejenigen, die in den Ruhestand gegangen waren oder bessere Stellungen angenommen hatten.

In die dritte Kategorie gehörten neben Adeane Charles stellvertretender Privatsekretär Oliver Everett (der Bibliothekar in Windsor Castle wurde), Butler Alan Fisher (der mir erzählte, daß er den Dienst gekündigt habe, weil Charles und Diana »so langweilig sind, nie geben sie richtige Dinnerpartys«), Chauffeur David Garforth und zwei Hausangestellte. Außerdem gingen die Leibwächter Paul Officer (der Diana am Tag der königlichen Verlobung zugeteilt worden war) und Jim McMaster, der Lakai Bishnu Pun, ein weiterer Chauffeur, Ron Pike, die Hausangestellte Julie Spinelli und der Kammerdiener Paul Chant. Während dieser Zeit, die

152

manche entschuldigend als »Zwischenphase« beschreiben, scharte die Prinzessin einen »harten Kern« von Dienstboten um sich, der ihr gegenüber völlig loyal war. Schon in diesem frühen Stadium der Ehe wurden feindliche Lager errichtet.

Mit der Ernennung von Sir John Riddell (Eton, Oxford, Schweizer Kreditbank, First Boston Bank) zum Privatsekretär, einem eher konservativen Mann aus dem Establishment, kam wieder etwas mehr Ruhe in den Haushalt des Prinzenpaares, auch wenn Riddell die Presse als »Feind« bezeichnete. Das größte Problem war nun, darin stimmten alle überein, der Prinz selbst. Auf jeden Fall machte sich sein Vater darüber Sorgen, wie Charles sich verhielt und auf wessen Rat er hörte. Er hielt seinen Sohn für einen »intellektuellen Weichling« – und intellektuelles Gebaren war nichts für Philip. Ein Foto in Charles' Räumen, das den Duke von Edinburgh zeigt, verdeutlicht die Kluft zwischen Vater und Sohn. Unter das Bild hat Charles handschriftlich die Worte gesetzt: »Ich bin nicht dazu geboren, in die Fußstapfen meines Vaters zu treten.«

Der Duke hegte besonders gegen die beiden Gurus Argwohn, die Charles zu jener Zeit stark beeinflußten – der achtzigjährige Ölmagnat Armand Hammer und der Philosoph und Schriftsteller (und Patenonkel von Prinz William) Laurens van der Post. Die beiden Männer waren eine Art Ersatzväter für Charles, der sich seit dem Tod des Earls Mountbatten oft orientierungslos fühlte. Philip beobachtete argwöhnisch, welchen Einfluß diese beiden Mentoren auf Charles ausübten. Er befürchtete vor allem das, was er das »Aufkauf-Syndrom« nannte. Darunter verstand er, daß ein Mitglied der königlichen Familie sich dazu herabläßt, durch Reifen zu springen, um auf einer Wohltätigkeitsveranstaltung Geld in die Kasse zu bringen.

Ein Dinner in West Palm Beach im November 1985 erregte in besonderem Maße seinen Unwillen. Der Preis der Eintrittskarten für den Wohltätigkeitsabend richtete sich danach, wie nahe der Gast bei Charles und Diana sitzen würde. Das führte zu einer ganzen Reihe zynischer, aber zutreffender Witze über das Paar, die in der Jet-Set-Gemeinde von Palm Beach kursierten. Der Schaden für das unkommerzielle Image des Königshauses war kaum wieder gutzumachen, und das bereitete nicht nur Prinz Philip Sorgen, sondern auch Diana.

Charles jedoch war von Dr. Hammer, einem der reichsten Männer der Welt, geradezu begeistert – er bewunderte seine globale Sicht der Dinge, aber er bewunderte offensichtlich auch seinen Reichtum. Aber nicht jeder hatte soviel für Dr. Hammer übrig. Ich erinnere mich an eine Geschichte, die man mir bei eben jenem Besuch in Florida erzählt hatte: Der dominante Mr. Hammer war spät und unerwartet bei einem Lunch aufgetaucht, das eigentlich nur für zwei Polo-Teams und für Charles und Diana gedacht war. Die Prinzessin, die spürte, daß sie es hier mit einem Mann zu tun hatte, der trotz seines Reichtums stets nur an seinen Profit dachte, wandte sich einem Tischnachbarn zu und meinte: »O mein Gott, nicht schon wieder dieser Mann – ich kann es nicht mehr ertragen!« Charles konnte es, und dadurch sank er in Dianas Achtung noch tiefer. Interessant ist jedoch, daß Mr. Hammer, der so viele Millionen für Charles' soziale Programme beigesteuert hatte, nicht ein einziges Mal offiziell von der Königin empfangen wurde. Philips tiefes Mißtrauen gegenüber Hammer – das auch von anderen geteilt wurde – spielte dabei sicherlich eine Rolle.

Auch die Bewunderung seines Sohnes für Laurens van der Post beunruhigte Philip, wenn auch in geringerem Maße. Der Forscher und Schriftsteller van der Post, ein enger Freund des Psychoanalytikers Carl Jung, war verantwortlich für einige von Charles recht seltsam klingenden Gedanken zu Themen wie Alternativmedizin und Buddhismus.

Während eines Besuchs in Japan im Mai 1986 vertraute der Prinz einem buddhistischen Priester an, daß er oft über Stunden im Kensington Palace meditiere. Er sagte zu dem Zen-Hohepriester Tensan Yasuda, daß er darauf hoffe, daß seine Kinder auch diesen Lehren folgen würden und durch Kontemplation die gleiche innere Ruhe fänden wie die Mönche. Natürlich ist dagegen nichts einzuwenden. Dennoch wird befürchtet, daß sich Charles als zukünftiges Oberhaupt der Kirche von England zu sehr mit religiösen Lehren identifiziert, die nicht zum orthodoxen Glauben gehören.

Charles' Verhältnis zu seinem Vater war stets schwierig gewesen, und man kann seine oft so distanziert wirkende Art sicherlich als Folge der strengen und kalten Erziehung sehen, unter der er während seiner Kindheit leiden mußte. Daß Charles sich eher zu einem »Softie« zu entwickeln schien, konnte sein von Disziplin und einem eisernen Willen geprägter Vater kaum mitansehen. Poesie, Kunst, Philosophie – all diese Gebiete waren für den alten Herrn nicht der Beschäftigung wert. Prinz Philips Biograph John Parker merkte an: »Früher betrachtete Charles seinen Vater als eine fast gottgleiche, charakterstarke und aktive Gestalt, die er imitieren wollte. Doch dieses Bild ist im Laufe der Jahre dem eines fordernden, überstrengen und unbeholfenen Mannes gewichen.«

Charles' Erziehung zum zukünftigen König war streng und unnachgiebig: »In diesem Jahrhundert sollte es keine Schwächlinge auf dem Thron mehr geben. Philip wollte sichergehen, daß sein Sohn dem Druck standhalten konnte.« Aber wie bereits gesagt, der Prinz hatte, genau wie seine Mutter, jene Zurückhaltung, ja Schüchternheit geerbt, die schon den Charakter von George VI. bestimmt hatte. Doch ihm wurde nicht gestattet, sich über diese Schüchternheit hinauszuentwickeln. Im Laufe seiner Erziehung legte er sich eine härtere Schale zu und wurde für andere Dinge empfänglich. Von seinem Vater, dessen Tage als Schürzenjäger auch mit seiner Hochzeit nicht gänzlich beendet waren, übernahm der Prinz Vorstellungen über Männlichkeit, die ihm im Verlauf seines Lebens noch sehr schaden sollten.

Während dieses Besuches in Japan erfuhr ich auch, daß Diana immer noch nicht vernünftig aß. Sie brachte sich mit einem einzigen Salat über den Tag. Ich erinnere mich daran, daß ihre beiden Köche Mervyn Wycherley und Graham Newbold nahezu verzweifelten. Das Personal im Kensington Palace scherzte damals, daß man sich wie in Äthiopien vorkäme, weil sowohl die Prinzessin als auch der Prinz so dünn seien. Kurz vor dem Japan-Besuch war das Paar anläßlich der Expo '86 nach Kanada gereist. Als sie den kalifornischen Pavillon besuchten, erlitt Diana einen Ohnmachtsanfall. Die Anwesenden sahen entsetzt, wie Diana zu Boden sank, nachdem sie ihrem Ehemann noch zugeflüstert hatte: »Mir wird schwindlig«. Ihr Leibwächter konnte sie auffangen, und mit vereinten Kräften wurde sie von David Roycroft, dem stellvertretenden Privatsekretär des Prinzenpaares und ihrer Hofdame Anne Beckwith-Smith halb davongezogen, halb getragen. Berichten zufolge soll sich der Prinz nicht allzu besorgt gezeigt haben. Vic Chapman brachte seine Botschaft unmißverständlich vor: »Sie ist nicht schwanger. Mein Gott, ihr ist nur zu heiß geworden, als die Leute sich um sie drängten.« Später jedoch vertraute mir Vic bei einem Drink an: »Es ist wahr, sie ißt praktisch nichts.«

Aber ihre manchmal etwas schwächliche Konstitution konnte nichts an dem eisernen Entschluß ändern, sich nicht von ihrem Ehemann unterkriegen zu lassen. In diese Zeit fiel auch ihr gefeiertes »Debüt« im Covent Garden als Partnerin des ehemaligen Mitglieds des Königlichen Balletts Wayne Sleep. Der Prinz reagierte ablehnend. Er war der Meinung, daß Diana sich zur Schau gestellt habe, und das befand er als unmöglich. Rückblickend läßt sich das, was man an jenem Abend sehen konnte, als Geste des Trotzes bewerten. »Schau her, was ich kann!« schien Diana sagen zu wollen.

Aber der Tanz war wirklich ihre große Leidenschaft. Als Dianas Schwester Sarah einmal zu ihrer Rettung herbeieilte, als Charles wieder einmal auf einer seiner endlosen Auslandsreisen war, lud sie die Prinzessin auf eine private Party in Lincolnshire ein. Am nächsten Tag berichtete ich darüber, daß Diana bis spät in die Nacht für »nur noch einen Tanz« »junge Männer auf die Tanzfläche gezerrt« habe.

1985 erschien Sarah Ferguson auf der Bildfläche, zunächst als Freundin und dann als Frau von Prinz Andrew. Mit ihr gewann Diana eine Gefährtin, und lange Zeit galten sie als enge Freundinnen. Aber die Beziehung sollte nicht von Dauer sein. Nach der Heirat der Yorks im Sommer in der Westminster Abbey geriet die kränkelnde Ehe des Prinzen und der Prinzessin von Wales endgültig in die Krise. Das Ehepaar begab sich für einen Strandurlaub mit den Kindern nach Mallorca, wo sie im Marivent-Palast bei Palma Gäste von König Juan Carlos waren.

Einen Tag nahm der spanische König – ein sehr charmanter Mann – das Prinzenpaar von Wales nach Cabrera mit, einer kleinen Inselgruppe etwa hundert Kilometer vor der Küste. Sie reisten auf der neun Millionen Mark teuren Jacht des Königs, der

Fortuna, die neunzig Knoten machen konnte. Ein paar Kollegen und ich folgten in respektvollem Abstand auf einer Jacht, die fast ebensogroß, wenn auch nicht so luxuriös und schnell war.

Als wir in einer der kleinen idyllischen Buchten, die den Reiz von Cabrera ausmachen, vor Anker gingen, hatte die königliche Gesellschaft keine Ahnung, daß wir in der Nähe waren. Ich blieb unter Deck und verfolgte mit einem Fernglas, was sich in den folgenden fünf Stunden auf der *Fortuna* tat. Was ich sah, war äußerst erhellend. Meine Befürchtungen in bezug auf die Ehe des Prinzen und der Prinzessin von Wales trafen zu. Nicht ein einziges Mal während all dieser Stunden saßen Charles und Diana nebeneinander, nicht ein Wort wurde zwischen ihnen gewechselt. Wenn er aus seinen klimatisierten Räumen an Deck kam, um sich zum Windsurfen bereitzumachen, ging sie demonstrativ in die andere Richtung. Wenn sie am Bug des Bootes tauchte, sah er demonstrativ weg. Sie lasen, sie nahmen Sonnenbäder, sie plauderten mit allen anderen; aber miteinander wechselten sie nicht eine Silbe.

Völlig gebannt sah ich durch mein Fernglas. Ich hatte all die Geschichten gehört, hatte all die Entschuldigungen vernommen und gehofft, daß alle Berichte übertrieben oder unwahr seien. Aber dem war offensichtlich nicht so. Ich mußte zu dem Schluß kommen, daß die fünfjährige Ehe tot war. Es gab zwar keine offizielle Erklärung, die besagte, daß alles vorbei sei, aber dennoch schrieb ich einen Artikel mit der Schlagzeile »Sind Charles und Di noch auf einer Wellenlänge?« Eigentlich hätte ich es nicht als Frage zu formulieren brauchen.

In der Zwischenzeit habe ich erfahren, daß der Prinz und die Prinzessin seit dieser Woche unter der Sonne Mallorcas nicht mehr zusammen geschlafen haben.

Kapitel 6

Der Zerfall einer Ehe

Der Mallorca-Urlaub endete, indem Prinz Charles sich zwei Tage früher als geplant verabschiedete, damit er um so eher in seinem geliebten Schottland und bei seiner geliebten Camilla sein konnte. Als offizieller Grund für die vorzeitige Abreise wurde eine Angeltour angegeben. In Wahrheit war er froh, Diana verlassen zu können, die mit dem König und den Kindern zwei weitere sonnige Tage auf dem Meer verbrachte, und sie war froh, daß er fort war. In diesem Augenblick hatte sich das Muster ihres zukünftigen Lebens geformt. Von nun an ging jeder privat seine eigenen Wege, es sei denn, sie trafen durch die Kinder wieder zusammen. Was ihre Pflichten anbetraf, so hatten sie die Absicht weiterzumachen, ohne in Betracht zu ziehen, ihre Ehe zu beenden: Ihre Verbindung gehörte mittlerweile zu den Pflichten, denen sie gehorchen mußten. Bei einem gemeinsamen Besuch der Golfstaaten Oman, Qatar, Bahrain und Saudi-Arabien im November 1986 gelang es dem Paar noch einmal, seine gegenseitige Gleichgültigkeit überzeugend zu verbergen. Im folgenden Februar brachen sie zu einem gemeinsamen Besuch nach Portugal auf.

Hier erfuhr ich, daß Diana darauf bestanden hatte, ein separates Schlafzimmer zu beziehen; es war das erste Mal, daß so etwas während eines Staatsbesuches geschah – Vertreter des Palastes dementierten, aber das Hotelpersonal bestätigte die Meldung. Offenbar war dieser neue Freiraum der Grund dafür, daß wir Diana zum erstenmal seit Monaten wieder einmal in ausgelassener Stimmung erlebten. Während einer Ballettaufführung in Lissabon setzte sie die Versammlung der hochdekorierten Oberschicht des Landes dadurch in Erstaunen, daß sie vor aller Augen an den Hosenträgern des Staatspräsidenten Mario Suarez zupfte. Dem Präsidenten schien diese ungebührliche Neckerei durchaus zu gefallen; Charles weitaus weniger. Er hielt solch ein Benehmen bei einem Staatsbesuch für unmöglich – doch Diana kümmerte sich nicht darum.

Aber auch Charles glänzte nicht gerade als Diplomat. An einem besonders trüben Morgen – die tieftreibenden Wolken brachten vom Atlantik Regen mit – mußte das königliche Paar einer besonders langweiligen Rede des Bürgermeisters von Lissabon zuhören, die sich endlos in die Länge zog, da jeder Satz übersetzt wurde. Der Prinz wandte sich einigen Reportern zu, die in seiner Nähe standen, und flüsterte: »Kann mir irgend jemand sagen, was ich hier soll? In *Lissabon?* Im *Februar?*« Die Antwort auf seine Frage war allerdings sehr einfach: Er war dort, weil seine Premierministerin es so wollte. Margaret Thatcher wünschte eine Festigung der portugiesisch-englischen Beziehungen, weil England die Bewerbung Portugals um Aufnahme in die EG unterstützte. Aus dem gleichen Grund waren der Prinz und die Prinzessin zwei Monate zuvor nach Spanien gereist. Während dieser Reise war es zum Ende jeglicher Beziehung zwischen Charles und der Presse gekommen, sofern von einem funktionierenden Kontakt noch die Rede sein konnte.

Über Jahre hinweg hatten der Prinz und die Prinzessin stets einen Empfang für die mitreisenden Journalisten gegeben, bei dem beide Seiten auf neutralem Boden offen ihre Meinungen austauschen konnten. Dabei ging man stillschweigend davon aus, daß nichts, was gesagt wurde, direkt an die Öffentlichkeit dringen durfte, aber die Journalisten konnten Hinweise und Andeutungen als Hintergrundmaterial verwenden – Diskretion vorausgesetzt. Theoretisch funktionierte dieses System, und es hatte für die Mitglieder des Königshauses den Vorteil, daß sie hier ein paar Pluspunkte für sich sammeln konnten. Während eines solchen Presseempfangs wies Diana mich einmal gutgelaunt zurecht, weil ich darüber geschrieben hatte, daß sie wärmende Unterwäsche trug – sie beschuldigte mich, ihr mit dem Fernglas unter den Rock ge-

Prinz Charles ist verärgert über die neue Frisur *(Tim Graham)*

Sie läßt sich nicht mehr überzeugen *(Glenn Harvey)*

Der Prinz und sein früherer Polomanager, Major Ron *(Glenn Harvey)*

Oben: Als sie sich
noch küßten,
Juni 1986
(Lionel Cherruault)

Rechts: Der Tag, an
dem alle wußten,
daß es zu Ende
war, Februar 1992
(Rex Features)

Die Show muß weitergehen *(Glenn Harvey)*

Camilla – der Blick, dem Charles nicht widerstehen konnte
(Robin Nunn/Nunn Syndication)

Zweimal James in Dianas Leben: Hewitt (links) und Gilbey (rechts)
(Glenn Harvey, Empics/Nunn Syndication)

Diana, die wohltätige Prinzessin *(Robin Nunn/Nunn Syndication)*

Charles spricht mit seinen Pflanzen *(Tim Graham)*

Der Welt beliebtestes Titelmädchen *(Glenn Harvey)*

Ab in die Lüfte mit William und Harry *(Lionel Cherruault)*

Spaß und Spiel im Schnee *(Glenn Harvey)*

schaut zu haben. Außerdem würde ich sowieso zuviel über ihre Kleider schreiben. Aber auf den letzten Reisen hatte das System versagt, und das Prinzenpaar mußte feststellen, daß einige Journalisten sie direkt zitiert hatten.

Beim Medienempfang in Spanien ließ uns Vic Chapman eine letzte Warnung zukommen. »Hört gut zu, Jungs«, sagte er. »Haltet euch um Gottes willen an die Regeln. Und wagt ja nicht, irgend etwas zu zitieren. Sonst ist endgültig Schluß.« Wir stimmten zu, auch wenn Diana wie aufgedreht wirkte und unablässig redete. Aber eine Stunde später erschien ein aufgeregter Fotograf und berichtete, daß über die spanische Nachrichtenagentur eine hochinteressante Geschichte gekommen wäre: ein Interview mit Prinz Charles, in dem er mit Aussagen zur ETA, der IRA und dem Terrorismus im allgemeinen zitiert wurde. Eine Gruppe spanischer Journalisten hatte ihn befragt und unter anderem auch wissen wollen, ob er sich über einen möglichen Anschlag baskischer Separatisten auf ihn Sorgen mache. Charles hatte eine recht fatalistische Antwort gegeben: »Ich glaube, daß man nicht allzuviel machen kann, wenn der eigene Name auf der Kugel steht.« Eine sehr gute Story, und da die spanischen Journalisten annehmen durften, daß sie den Prinzen nicht so bald wiedersehen würden, brachen sie die Vereinbarungen ohne Zögern und brachten ihre Storys mit allen Zitaten, die Charles zugeschrieben waren.

Nach einem Gespräch mit Vic Chapman zog die britische Pressedelegation nach – mittlerweile ging die Geschichte sowieso schon um die ganze Welt. Was, so fragten wir am nächsten Morgen nach, hielt seine königliche Hoheit von all dem? »Nicht viel«, knurrte Chapman. »Um die Wahrheit zu sagen, er ist verdammt wütend.« Wie wütend er war, sollten wir bald merken – Charles kündigte an, daß er nie wieder einen Empfang für die Vertreter der Medien geben würde. Im Herbst 1991 nahm die Prinzessin diese Gewohnheit wieder auf, ohne Charles. Aber zu diesem Zeitpunkt hatte sie sich geistig von ihrem Ehemann und von allem, woran er glaubte, längst getrennt.

Aber beim Empfang in Madrid 1987 war Diana in Topform: »Als wir geheiratet haben, hielt uns jeder für das ideale Ehepaar. Jetzt schreiben alle, daß wir getrennt leben. Als nächstes werde ich

wahrscheinlich lesen, daß ich einen schwarzen Liebhaber habe.«
Ich fragte die Prinzessin, ob das Gerücht stimme, daß sie wieder
ein Kind erwarte. Sie strich sich über den Bauch und verneinte
sehr bestimmt. Ein anderer Reporter frage sie, ob es wahr sei, daß
sie und ihr Ehemann sich voneinander entfernten. Fasziniert beobachtete ich Diana, während sie von der »Wahrheit über unser
sogenanntes getrenntes Eheleben« sprach: »Es ist ganz simpel.
Mein Mann und ich erhalten in sechs Monaten ungefähr 2000
Einladungen. Alle können wir sowieso nicht annehmen, aber
wenn wir unseren Pflichten einzeln nachgehen, können wir immerhin doppelt so viele Termine wahrnehmen.« Es ist schwer zu
sagen, warum Diana bei diesem Empfang so positiv über ihren
Ehemann sprach. Sie wußte, daß er am Wochenende zu einer
weiteren Einzelreise aufbrechen würde. Dieses Mal ging es nach
Bologna in Italien, wo er eine Auszeichnung für sein Buch *The Old
Man of Lochnagar* entgegennehmen sollte. Sie wußte auch, daß
nach dieser Feier eine Zeichenreise durch die Toskana mit Aufenthalten in Florenz und Padua folgen würde. Und sie befürchtete,
daß Camilla Parker Bowles sich davonstehlen könnte, um bei dem
Prinzen zu sein.

Zu diesem Zeitpunkt wußte die Prinzessin über Charles' Affäre
gänzlich Bescheid, aber mittlerweile schien es ihr nichts mehr auszumachen. Sie hatte sich damit abgefunden, daß sie ihren Ehemann nur noch äußerst selten sah. Im Juni hatte Charles mindestens   sieben   Soloausflüge   unternommen,   darunter   eine
aufsehenerregende Expedition durch die afrikanische Kalahari-
Wüste in Begleitung von Sir Laurens van der Post. Die *News of the
World* führte eine Liste darüber, wie oft sich das Ehepaar sah.
Demnach hatten Charles und Diana innerhalb von drei Monaten
35 Tage voneinander getrennt verbracht. An einigen dieser Tage
war er wegen offizieller Termine abwesend, aber der Prinz hatte es
vorgezogen, 26 Nächte nicht zu Hause zu verbringen. So hatte
sich ein neues Muster entwickelt. Im Februar begab sich Diana
nach einem achttägigen Skiurlaub vorzeitig nach London; im
März fuhr Charles in der Schweiz Ski, während seine Frau in England blieb; im April kümmerte sich Charles auf Balmoral um William und Henry – Diana kehrte in den Kensington Palast zurück.

Ende April hielt Charles sich erneut in Italien auf. Scheinbar ging es um eine Kunstreise, in Wirklichkeit traf er sich mit Camilla. Im Mai flog er allein auf eine einsam gelegene Hebrideninsel, wo er drei Tage lang den Bauern bei der Arbeit half.

Eheberater flüsterten einander zu, daß der königliche Terminkalender unweigerlich zu einer Katastrophe führen mußte, auch wenn es für Mitglieder des Hauses Windsor nichts Außergewöhnliches war, häufig voneinander getrennt zu sein. Nachdem sie schon früh, wenn auch nur ansatzweise erkannt hatte, daß ihre Ehe nie eine Partnerschaft im konventionellen Sinn sein würde, war Diana inzwischen bereit, die Dinge auf sich zukommen zu lassen und die Freiheiten zu genießen, die das neue Arrangement ihr bot. Zu ihrem Skiurlaub im Februar – das erste Mal, daß die Yorks und der Prinz und die Prinzessin von Wales einen gemeinsamen Urlaub als Ehepaare verbrachten – lud Fergie Philip Dunne und David Waterhouse ein.

Diana begann zu dieser Zeit, sich mehr um ihre Hobbys zu kümmern. Zwei- oder dreimal in der Woche spielte sie Tennis im Vanderbilt Racquet Club in Shepherd's Bush in West-London, und sie nahm regelmäßig an Fitneßkursen teil. Aber an erster Stelle standen ihre Kinder. Sie vergötterte sie und bezog von ihnen Kraft und Trost. Ganz gleich, welche Termine sie wahrzunehmen hatte, sie ließ es sich nicht nehmen, sie jeden Morgen zur Schule zu bringen, und richtete ihren Terminkalender so ein, daß sie bei ihrer Rückkehr zu Hause war. Aber obwohl sie so viel Zeit für karitative Zwecke opferte – sie begann gerade, sich in der AIDS-Hilfe zu engagieren –, versuchte die Prinzessin, jeden freien Augenblick mit sozialen Aktivitäten zu füllen. Sie ging essen, sie ging einkaufen, und sie traf sich auf einen Plausch mit Freunden. Das einzige, was fehlte, war eine auch nur annähernd zufriedenstellende Beziehung zu ihrem Ehemann. Aber wenn diese Phase in ihrem Leben ihr manchmal düster erschien, so sollte es noch schlimmer kommen. Die Freundschaft mit der Herzogin von York brachte ihr eine Menge negativer Schlagzeilen ein. Ihre gemeinsamen Späße erweckten den Eindruck, als führte sie ein sorgenfreies und unbeschwertes Dasein, während das Land unter den Auswirkungen der Rezession zu leiden begann. Auch wenn sie behauptete, keine Artikel über sich in den Zeitungen zu lesen, so schien die Prinzessin doch stets über die negativen Berichte informiert zu sein. Nach Erscheinen eines solchen Artikels vertraute sie mir einmal an: »Ein, zwei Tage später erscheint der Postbote mit einem großen Sack voller Schmähbriefe, die irgendwie durchkommen. Ich lese sie, und ich rege mich darüber auf.«

Als der Herbst nahte, waren die Risse in der Ehe des Prinzenpaares für jedermann zu erkennen. Ende September schrieb ich, daß alle Mitglieder der königlichen Familie, angefangen bei der Königin, langsam erkannten, daß viele ihrer Befürchtungen in bezug auf den Prinzen und die Prinzessin auf erschreckende Weise wahr wurden. Diana, die sich bei ihrem trockenen Ehemann nur noch langweilte, verbrachte fast keinen Augenblick mehr mit ihm. Wenn sie abends ausging, dann mit jedermann außer Charles.

Aber selbst wenn sie sich abends gemeinsam in ihrem Heim aufhielten, blieb Diana den Dinnerpartys ihres Gatten fern. Zu viele langweilige alte Männer, beklagte sie sich, auch wenn sie klug und verdienstvoll waren. Anstatt die gelassene Gastgeberin zu spielen, ging sie an solchen Abenden früh zu Bett. Irgendwann einmal, wahrscheinlich 1987, gab Charles es dann auf, seine Frau zur Teilnahme an diesen Gesellschaften zu überreden.

Als ich an einem dieser Abende mit einem Gast sprach, berichtete er: »Natürlich fragten wir, wo die Prinzessin sei. Die Antwort war ›Oh, sie ist etwas müde und läßt sich entschuldigen‹. Später erfuhren wir, daß sie ins Kino oder ins Theater gegangen war und sich nach ihrer Rückkehr in den Palast in ihr Schlafzimmer geschlichen hatte.« Dann fügte der Freund des Prinzen in dem gleichen herablassenden Tonfall hinzu, den auch Charles manchmal pflegte, wenn er über Diana sprach: »Aber ganz ehrlich, ich glaube, das war recht vernünftig von ihr, denn bei unseren Gesprächen, die doch recht intellektuell und philosophisch waren, hätte sie doch nicht mithalten können. Aber der Prinz fördert diese Art von Gesprächen. Wäre sie dabeigewesen, wäre es ihm sicher peinlich gewesen, und er hätte sich geärgert, ihr die Themen der Diskussion erklären zu müssen. Charles ist zwar auch nicht gerade ein typischer Intellektueller, aber er ist belesen und kann gut seinen Standpunkt in der Diskussion vertreten.«

164

Aber die Tatsache, daß sie diesen Treffen fernblieb, betrübte Diana keineswegs; ungeachtet der herablassenden Haltung ihres Ehemannes, gewann sie immer mehr an Selbstvertrauen. Sie fand langsam an der Vorstellung Gefallen, daß sie eine äußerst begehrenswerte Frau war, ein Weltstar, den die Masse verehrte. Früher hätte sie so etwas eher verunsichert, aber als sie begann, ihren eigenen Weg ohne Charles zu gehen, gewann sie durch das Wissen um ihre Beliebtheit an Stärke. Aber noch immer gab es Augenblicke der Schwäche, wenn ihr Gatte zugegen war, auch wenn sie immer seltener wurden. Ein Sicherheitsbeamter des Kensington Palastes berichtete mir, daß er auf einem seiner Rundgänge die Prinzessin in ihrem Zimmer habe schluchzen hören. Er habe außerdem gehört, wie sie zu Charles sagte: »Du hattest es schwer mit deinem Vater. Warum kannst du dich deinen Problemen nicht stellen? Das solltest du wirklich tun.«

Der Tag des Lawinenunglücks von Klosters, der 10. März 1988, war der Tag, an dem Diana sich endgültig innerlich von ihrem Ehemann lossagte. Das Wetter war perfekt für eine Skitour, und der Prinz war schon früh auf der Piste. Wir aßen im gleichen Restaurant, dem Conterser Schwend, zu Mittag, aber die Temperaturen waren inzwischen gestiegen, und weil die Aussichten fürs Skilaufen am Nachmittag nicht besonders gut waren, ging ich ins Dorf zurück. Der Prinz blieb jedoch. Er ist ein guter Skiläufer mit einer ausgezeichneten Kondition, aber vielleicht doch nicht ganz so gut, wie seine Skilehrer ihn glauben machten.

Was dann geschah, ist inzwischen eingehend untersucht worden; der Prinz überredete seine Begleiter zu einer Abfahrt auf einer abseits gelegenen Strecke, obwohl es deutliche Warnschilder gab. Charles muß für die Tragödie sicherlich die Verantwortung übernehmen. Major Hugh Lindsay, königlicher Stallmeister, starb unter den Schneemassen, die ihn begruben, und eine Freundin der Familie, Patty Palmer-Tomkinson, kam nur knapp mit dem Leben davon. Aber es dauerte Monate, bis sie sich von ihren Verletzungen erholt hatte.

Aber es war nicht nur der Tod von Hugh Lindsay, der Diana so erschütterte, sondern auch die unverständliche Haltung ihres Ehemannes angesichts dieser Katastrophe. Diana schwor Hughs

Witwe Sarah, die schwanger war, als ihr Mann starb, daß sie nie wieder nach Klosters fahren würde. Prinz Charles kehrte jedoch schon ein Jahr später dorthin zurück und widmete sich dem Skilaufen, als sei nichts geschehen. Es war dieses unsensible Verhalten, das die Prinzessin so aufbrachte.

Dieser Tag hatte (zumindest für meine Kollegen) auch noch einen komischen Aspekt. Ich mußte vier Stunden im örtlichen Gefängnis verbringen, nachdem ich wegen vermeintlicher Fahrerflucht verhaftet worden war. Als ich hörte, daß eine Lawine abgegangen war – ersten Gerüchten zufolge war Prinz Charles tot, Prinzessin Diana und die Prinzessin von York schwer verletzt –, fuhr ich so schnell wie möglich von meinem Hotel zum Kabellift am Fuße des Gotschnas. Unterwegs schleuderte ich durch eine Kurve und stieß leicht mit einem entgegenkommenden Fahrzeug zusammen, dessen Schweizer Insassen kein Wort Englisch sprachen. Ich versuchte minutenlang, mich verständlich zu machen, aber schließlich fuhr ich einfach weiter. Ich mußte in Erfahrung bringen, welches Ausmaß das Unglück wirklich gehabt hatte. Nachdem ich die Wahrheit erfahren hatte, kehrte ich ins Tal zurück, wo ich wegen Fahrerflucht von einem Polizisten verhaftet wurde. Trotz aller Proteste mußte ich meinen Inquisitor zur Polizeiwache begleiten, wo ich in eine Zelle gesperrt wurde, obwohl man mich freundlicherweise für 20 Minuten herausließ, damit ich meiner Zeitung einen Bericht durchgeben konnte. Monate später wurde ich in Abwesenheit für schuldig erklärt und mußte eine Geldbuße von umgerechnet 900 DM bezahlen.

Kurz nach diesem Zwischenfall stellte Dianas Freundin Carolyn Bartholomew entsetzt fest, daß nicht nur das Nervenkostüm Dianas unter dem Tod Major Lindsays gelitten hatte, sondern daß die Magersucht der Prinzessin mittlerweile erschreckende Formen angenommen hatte. Ein Spezialist erklärte Carolyn, daß chronischer Mangel an lebenswichtigen Mineralstoffen zu Ermüdungserscheinungen und Depressionen führen könne. Sie wußte, was ihre Pflicht war. Carolyn rief Diana an und riet ihr dringend, einen Arzt aufzusuchen, andernfalls würde sie sich an die Presse wenden. Die Prinzessin wurde an Dr. Maurice Lipsedge vom Guy's Hospital in London verwiesen, einen Spezialisten für Eßstörungen. In diesem labilen Zustand, so wird berichtet, soll Diana schließlich Camilla Parker Bowles entgegengetreten sein, es war auf der Party zum 40. Geburtstag von Camillas Schwester Annabel Elliot. Angeblich soll Diana gesagt haben: »Warum lassen Sie nicht endlich meinen Mann in Ruhe?«, aber Freunde von Camilla Parker Bowles haben mir versichert, daß diese Konfrontation in Wahrheit niemals stattgefunden hat.

Nichtsdestoweniger galten Camilla und Charles in den Kreisen, in denen sie sich bewegten, als »Thema«. »Jeder wußte, daß sie verliebt waren und eine Affäre hatten. Sie machten auch nie ein Geheimnis daraus, wenn sie sich gemeinsam irgendwo aufhielten«, lautete eine Meinung. Im Mai 1988, Charles befand sich gerade auf einer weiteren Reise nach Italien – möglicherweise in Begleitung Camillas –, erhielt er die Nachricht, daß sein Sohn Henry zur Notoperation eines Bruchs ins Krankenhaus eingeliefert worden sei. Er erklärte sich sofort bereit, zurückzukehren, aber Diana sagte nein. Es dauerte nicht lange, bis jedermann wußte, daß sie nach der Operation im Great Ormond Street Hospital nicht nach Hause gegangen war, sondern die Nacht in einem Sessel am Bett ihres Sohnes verbracht hatte. Aus den fetten Schlagzeilen erfuhr sie am nächsten Tag, wie einfach es ist, gegen einen abwesenden Ehemann einen Punkt zu machen. Charles war äußerst erbost.

Etwa zu dieser Zeit ergriff Dianas Vater, Earl Spencer, das Wort zugunsten seiner Tochter und versuchte, die Geschichten über die ehelichen Differenzen, die täglich mehr wurden, zurechtzurücken. In der Illustrierten *Woman's Own* sprach er über seine Tochter als Ehefrau und Mutter und gab offen zu, daß Charles und Diana den »einen oder anderen Krach« hätten. Es war ein fast rührendes Interview, charmant und loyal, wie man es erwarten konnte, aber es zeigte auch, wie wenig Lord Spencer mitbekam. Er wischte alle Gerüchte beiseite und erklärte: »Das sind doch alles Trivialitäten, lästige Fliegen, nichts weiter. Natürlich haben Diana und Charles dann und wann Streit, welches Paar hat das nicht? Aber sie sind eben kein alltägliches Paar. Der Unterschied besteht darin, daß sie sich die ganze Zeit auf dem Präsentierteller befinden. Stellen Sie sich vor, die beiden hatten gerade eine Auseinandersetzung und müssen sofort danach vor die Kamera treten und so tun, als sei alles in Ordnung – das ist nicht einfach.« Er fügte hinzu: »Sie liebt Charles immer noch sehr.« Dann fuhr er fort und verneinte Geschichten, die besagten, daß Diana und Fergie sich überworfen hätten: »Natürlich ist all dies Gerede großer Unsinn – die beiden sind die besten Freundinnen. Fergie hat vieles für Diana viel leichter gemacht. Als sie und Andrew heirateten, war sie überglücklich. Schließlich hat Diana die Ehe gestiftet.«

Der Earl irrte sich leider. Im Verlauf des Jahres 1988 begann Diana sich von der Herzogin zu distanzieren. Vic Chapman sagte einmal zu mir: »Sie kommen aus verschiedenen Ställen. Da ist die Herzogin von York, und da ist die Prinzessin von Wales, die weit über ihr steht. Beide kennen ihre Positionen und vergessen sie auch nicht.«

Die Dinge hatten sich geändert. 1982, an Dianas 21. Geburtstag, war außer Sarah niemand zum Lunch im Buckingham Palast erschienen. Die »lustigen Weiber von Windsor« wurden zu einem vielbelachten Komikerduo, und nur wenige Wochen nach ihrer Hochzeit war das neueste Mitglied des Hauses Windsor »ein äußerst populärer Co-Star im königlichen Ensemble«, wie es das *People*-Magazin formulierte. Das galt besonders für die USA. Diana war für viele etwas zu kühl, etwas zu reserviert, um wirklich bewundert werden zu können – im Gegensatz zur Herzogin. Die Amerikaner liebten ihre lässige, ungestüme und direkte Art – wenn jemand wie sie es bis an die Spitze schaffen konnte, so lautete die Meinung, dann konnte es jeder schaffen.

Fergie kam auch sehr viel besser mit der Königin zurecht. Sie ritten zusammen aus, es fiel ihnen leicht, ein Gespräch miteinander zu führen, und die Herzogin genoß es, mit der Königin zu Mittag zu essen, ganz im Gegensatz zu Diana. Aber die Prinzessin besaß ein gutes Gespür für nahenden Ärger, und die Herzogin hatte mittlerweile einige Leute vor den Kopf gestoßen. Oft war sie einfach zu ehrlich; sie zeigte ihre Gefühle, und wenn sie etwas auf dem Herzen hatte, dann sprach sie es aus, ohne an die möglichen Folgen zu denken. Für eine kurze Zeit wirkte dieses Verhalten erfrischend, aber eben nicht für lange.

Das Jahr hatte für Fergie und ihre Familie nicht einmal schlecht begonnen, aber als im November 1987 verkündet wurde, daß die

Herzogin schwanger sei, und sie zugab, daß der Nachwuchs nicht geplant gewesen sei – »Ich mache mir keine Sorgen«, sagte sie, »aber wenn ich es mir hätte aussuchen können, hätte ich lieber noch kein Kind gehabt« –, wurde diese Nachricht von der Öffentlichkeit mit eisigem Schweigen aufgenommen. Ein Besuch der Yorks in Kalifornien erwies sich bei den amerikanischen Gastgebern als voller Erfolg, aber in England mußten die beiden einen besonders bösartigen Angriff der *Sunday Times* über sich ergehen lassen.

In Australien sprach Fergie ein Jahr später ganz offen mit mir über die feindseligen Schlagzeilen, die sie plötzlich bekam: »Natürlich tut es mir weh, wenn man mich angreift. Ich versuche, es zu verbergen, aber es geht mir schon sehr nahe.« Mir persönlich gefiel ihre burschikose Art, aber bei Hofe erregte ihr Benehmen meist Mißfallen – während die clevere Diana der Meinung war, daß es dumm von Fergie sei, so viel von sich preiszugeben. Fergie, so schätzte sie, würde früher oder später auf die Nase fallen. Als ihre Schwägerin aus Australien zurückkehrte, bot sie ihr ihre Hilfe an, aber Fergie lehnte ab. Dann kam auch nocht heraus, daß Fergies Vater offenbar regelmäßiger Besucher eines zwielichtigen Massagesalons im Londoner West End war; in diesem Fall konnte auch die Prinzessin Major Ron Ferguson nicht helfen.

Außerdem hatte Diana genug mit ihren eigenen Problemen zu tun. Mit ihrer Ehe ging es in immer schnellerem Tempo bergab, ihr Gatte verbrachte immer mehr Zeit mit Camilla – guten Freunden, darunter Major Ferguson, vertraute er an: »Ich will einfach immer nur bei ihr sein« – und obwohl auch Diana versuchte, sich mit den »zur Verfügung stehenden« Männern zu vergnügen, hatte sie doch stets zu viel Angst, sich damit Schwierigkeiten einzuhandeln. Sie war in einer bedauernswerten Lage. Um so mehr ist ihre Fähigkeit zu bewundern, Anteilnahme am Leid und am Glück anderer Menschen zu bekunden. Im Mai 1990 beobachtete ich fasziniert, wie die Prinzessin die Hand der Frau des neuen ungarischen Präsidenten ergriff, während die ungarische Nationalhymne gespielt wurde. Das Land hatte sich gerade vom Kommunismus verabschiedet, und Szuzsa Goncz war so von ihren Gefühlen überwältigt, daß sie in Tränen ausbrach. Es war keine demonstrative

Geste; im Gegenteil, die Fotografen entdeckten sie erst, nachdem ich sie darauf hingewiesen hatte und sie ihre Fotos noch einmal genauer betrachteten.

Nach Meinung der meisten Beobachter war es Dianas besonderes Verdienst, daß sie eine durch und durch moderne Auffassung von ihrer Rolle hatte. Sie wirkte locker, fröhlich und voller Energie; sie schien geradzu der lebende Gegenbeweis zu der Auffassung des viktorianischen Konservativen Walter Bagehot, der sagte, »wir dürfen den Zauber nicht dem Licht des Tages aussetzen«, um den königlichen Glanz nicht zu zerstören.

Ein Mitglied ihres Dienstpersonals teilte mir mit, daß Diana auf die ihr eigene bescheidene Weise der Meinung sei, daß sie die Pflicht habe, anderen Menschen zu helfen. Ende 1989 nahm sie wieder ihre Besuche bei Kindern in der dritten Welt auf. In meinem Kommentar bedauerte ich es damals, daß sie diesen neuen Abschnitt ihres Lebens nicht gemeinsam mit ihrem Ehemann begann. »Ich werde allein auf diese Reisen gehen«, hatte sie gesagt. »Mein Mann ist mit seinen eigenen Organisationen zu sehr beschäftigt.« In Wahrheit hatte sie eine neue Rolle für sich entdeckt, eine Rolle, in der sie nicht nur als Anhängsel des Prinzen von Wales auftrat, sondern als eigenständige Persönlichkeit. Auslöser dieser Entwicklung waren Fernsehbilder von verhungernden Kindern gewesen, verbunden mit einer Hilfsaktion, die der Rockstar Bob Geldof ins Leben gerufen hatte.

Dianas Assistent teilte mir mit, daß die Prinzessin sich in den neunziger Jahren in der Hauptsache um Familienfragen kümmern wolle. Er sagte: »Das gilt nicht nur für das Ausland, wo die wirtschaftlichen Umstände die Familien oft auseinanderbrechen lassen, sondern auch für England.« Außerdem widmete Diana einen Teil ihrer Zeit der Organisation Relate, einer Beratungsstelle für Ehe und Familie. »Die Prinzessin will darauf aufmerksam machen, wie überaus wichtig es ist, daß die Ehe funktioniert«, meinte ihr Assistent. Die Sprecherin von Relate, Zelda West-Meads, wies auf die große Bedeutung hin, die Dianas Schirmherrschaft für ihre Organisation habe. 1988, bevor sich die Prinzessin offiziell für Relate einsetzte, wurden bei den verschiedenen Veranstaltungen umgerechnet etwa 30 000 DM eingenommen. Nachdem Diana die

Schirmherrschaft übernommen hatte, schnellte die Summe 1990 auf über 700 000 DM hoch. »Bevor die Prinzessin begann, uns aktiv zu unterstützen«, meinte Zelda West-Meads, »trauten wir uns kaum, eine Gala-Filmpremiere zu organisieren, weil wir Angst hatten, auf unseren Karten sitzenzubleiben. Und ein Wohltätigkeitsball brachte uns selten mehr als 25 000 DM ein. Seit uns die Prinzessin unterstützt, können wir mit 90 000 bis 150 000 DM rechnen.« Die Organisation war von Dianas Einsatz begeistert. Während eines Besuchs machte sie jemand darauf aufmerksam, daß es Zeit sei für eine Mittagspause. Aber die Prinzessin hörte gerade jemandem aufmerksam zu und meinte nur: »Ach, vergessen wir das Essen.« Ein anderes Mal nahm sie an der Ehrung der »Familie des Jahres« teil, ein Titel, den Relate verliehen hatte. Ich war ebenfalls bei diesem Lunch in kleinem Rahmen in der Park Lane dabei. Dianas Tischrede war voller Andeutungen. Unter anderem sagte sie: »Ich habe die Tränen gesehen, den Zorn, die heftigen Gefühlsausbrüche, den Schmerz und die Angst, die eine Trennung erzeugt.«

Auf alle Fälle hatte sich die persönliche Beziehung der Prinzessin zu ihrem Ehemann mittlerweile zu einer Katastrophe ausgewachsen. In einem Artikel, der kurz vor ihrem zehnten Hochzeitstag erschien, beleuchtete ich drei öffentliche Auftritte, bei denen Diana – und wahrscheinlich auch der Prinz – am meisten gelitten haben muß. Ich schrieb dies, kurz nach dem Diana geäußert hatte, daß sie »niemals glücklicher« gewesen sei. Diese drei Beispiele zeigten, wie zerrüttet ihre Beziehung schon war.

Die erste Begebenheit trug sich am 8. November 1988 zu. Das Ganze fand in Paris auf der Seine statt, wo für den Prinzen und die Prinzessin ein Abend geplant war, an dem sie sich im Verlauf eines hektischen Besuchs einmal entspannen sollten. Das Paar sollte die Gelegenheit haben, einen zauberhaften Abend auf einem Boot zu verleben, das mit Musik und einem exquisiten Abendessen bei Kerzenlicht den Fluß entlangglitt. Aber die Feier wurde für alle Beteiligten zu einem Alptraum. Als die Kapelle »I Love Paris« spielte, war die Stimmung zwischen Charles und Diana so spürbar schlecht, daß sie sich auch auf die anderen Gäste übertrug. Später fragte ich einen der Musiker, welchen Eindruck er von dem

Paar gehabt hätte. Er berichtete, daß sich die beiden kaum einmal angesehen hätten und während des ganzen Abends kein Wort miteinander gesprochen haben.

Die zweite Episode ereignete sich am 2. August 1990 während eines abendlichen Konzerts im Buckingham Palast, zu dem Charles im Rahmen der Festlichkeiten anläßlich des 90. Geburtstags der Königinmutter eingeladen hatte. Der Prinz lief aufgeregt herum und überzeugte sich davon, daß alle Gäste ihre Plätze eingenommen hatten, bevor das Londoner Symphonieorchester mit seinem Konzert begann. Ein Teil der Musik war speziell für diesen Abend komponiert worden. Diana kam auf ihren Ehemann zu und fragte ihn freundlich, wo einer ihrer Freunde Platz nehmen könne, aber Charles machte sich nicht einmal die Mühe, sie anzusehen. Er antwortete kurz angebunden, sie solle die Angelegenheit »selbst regeln«, und widmete seine Aufmerksamkeit wieder einem betagten Mitglied des europäischen Adels, das extra zu diesem Anlaß eingeflogen worden war.

Das dritte Datum ist der 10. September 1990, ein traumatischer Tag im Leben der Familie: Prinz Williams erster Tag im Internat. Dutzende von Fotografen hatten sich an der Vorbereitungsschule in Ludgrove bei Wokingham in Berkshire eingefunden, um das Ereignis zu dokumentieren. Ein paar von ihnen durften das Eingangstor passieren, um den Augenblick festzuhalten, in dem der junge Prinz aus der elterlichen Limousine stieg und den beiden Schulleitern Gerald Barber und Nicol Marston die Hand schüttelte. Alles wirkte sehr harmonisch – doch der Schein trog. Vieles von dem, was ich dort sah, ähnelte einer Schmierenkomödie. Charles, Diana und William waren nur scheinbar gemeinsam in ihrem Bentley Turbo in Ludgrove eingetroffen. Die Wahrheit sah weniger freundlich aus. Charles, der noch immer an den Folgen eines komplizierten Armbruchs litt, war mit dem Wagen aus Highgrove gekommen. Diana und William hingegen kamen in einem Jaguar XJS aus dem Kensington Palast, wo sie das Wochenende verbracht hatten. Wenige Minuten nacheinander fuhren die beiden Wagen durch einen Hintereingang auf das Schulgelände. Im Schutz der Buchsbaumhecken stiegen die Prinzessin und William vom Jaguar in den Bentley um. Dann fuhr die Familie gemeinsam die letzten 50 Meter bis zum Eingang. Nachdem sich Diana unter Tränen von ihrem Sohn verabschiedet hatte, fand das Wechselspiel ein zweites Mal statt: Charles und Diana stiegen in den Bentley, fuhren auf die Rückseite des Hauses und trennten sich wieder. Sie fuhr zum Kensington Palast zurück, er nach Highgrove. Nach diesem Zusammentreffen, das insgesamt weniger als eine halbe Stunde gedauert hatte, sollte es 39 Tage dauern, bevor sie sich wiedersahen.

Damals glaubte ich noch, daß eine Trennung, geschweige denn eine Scheidung, unvorstellbar sei, aber ich wußte nicht, wie wenig Charles dafür tat, seine Ehe zu retten. Ein wichtiger Punkt in der Verschlechterung der ehelichen Beziehung war Charles' Unfall während eines Polospiels in Cirencester im Juli 1990. Während eines außergewöhnlich rauhen Spiels stürzte der Prinz von seinem Pferd. Noch hundert Meter von der Unfallstelle entfernt konnten die Zuschauer hören, wie sein Arm brach.

Trotz einer sofortigen Operation verlief der Heilungsprozeß nicht zufriedenstellend. Schließlich wurde Charles ins Nottingham General Hospital überwiesen, wo ein Zimmer für ihn leergeräumt und eigens möbliert wurde. Nach außen hin hieß es, er werde behandelt wie jeder Patient im Rahmen des National Health Service, aber soviel Aufmerksamkeit wie ihm wurde wohl nur wenigen geschenkt.

Während des folgenden langen Sommers durfte sich nur ein Mensch um Charles kümmern: Camilla. Zwar fuhr auch Diana von Zeit zu Zeit nach Highgrove, aber das Personal scherzte schon, daß Camilla durch den Hintereingang davonfuhr, wenn Diana zum Vordereingang hereinkam. Die Kommentare, die Diana über ihre Rivalin abgab, wurden vom Personal und einigen Polofreunden an mich herangetragen. Zunächst schienen sie zurückhaltend, wurden im Laufe der Zeit aber immer bissiger.

Die Freunde betrachteten Camilla mittlerweile als Charles' offizielle Gastgeberin in Gloucestershire. Sie rühmte sich der Rosen, die sie im Garten von Highgrove züchtete, sie gab Dinnerpartys für Charles und nahm im Bikini ein Sonnenbad, während er ganz in der Nähe im Garten herumwerkelte. Legt man die moralischen Maßstäbe der meisten Leute an, war ihr Verhalten völlig unmöglich. Ein Nachbar sagte zu mir: »Es schien, als sei es den beiden völlig egal, was die anderen mitbekamen. Sie lebten in jeder Hinsicht wie ein Paar zusammen.« Einer der Sicherheitsbeamten, die das Gelände bewachten, brachte sogar die Geschichte in Umlauf, daß er Charles und Camilla in einem der unteren Räume beim Liebesspiel beobachtet habe.

Charles und Diana ertrugen um der Kinder willen einen weiteren gemeinsamen Urlaub mit König Juan Carlos auf Mallorca, aber selbst auf dieser Reise traf der Prinz früher ein als Diana, und als sie mit den Jungen ankam, nahm er seine Zeichenblöcke und verschwand. Er konnte es kaum erwarten, daß der Urlaub zu Ende ging und er wieder nach Schottland zurückkehren konnte. Die amerikanische Illustrierte *People* bezeichnete die Ehe als »Schwindel« und als »Täuschung, sie wird nur noch aufrechterhalten, weil eine formale Trennung oder gar eine Scheidung so viele verfassungsrechtliche Probleme mit sich bringt«.

Im Frühsommer 1991 waren Gerüchte aus Gloucestershire zu vernehmen, denen zufolge Diana akzeptieren müsse, daß Charles einen Teil seiner Zeit mit Camilla verbringe. Diese Gerüchte kamen auf, als Charles und Camilla auf einem Urlaub in Italien entdeckt wurden. Sie sei allein unterwegs, meinte Camilla, Charles ebenfalls – die Termine hätten sich einfach überschnitten. Camilla wehrte ab, daß es daran nichts zu kritisieren gäbe; aber nun war ihre Beziehung zu Charles, die doch so lange im verborgenen geblieben war, endgültig ins Licht der Öffentlichkeit gerückt worden.

Wenn die Öffentlichkeit dieser bis dahin unbekannten Frau positiv gegenüberstand, dann nicht zuletzt, weil sie neben der makellosen Ikone Diana so etwas wie eine Kuriosität darstellte. Aber hinter der Bühne schlugen Charles' einflußreiche Freunde immer heftiger auf Diana ein: Sie besuche zu viele Sterndeuter, Mystiker, Aromatherapeuten, Wahrsager und andere seltsame Gestalten. Die Leute fangen zu munkeln an, daß sie langsam zu »spinnen« beginne und daß sie gefährlich und unberechenbar geworden sei. Sogar Dianas selbstkritische Bemerkungen – mit denen sie in den frühen Tagen ihrer Ehe vielen Leute die Befangenheit genommen hatte – wurden nun wieder hervorgeholt und gegen sie eingesetzt.

Bezeichnungen wie durchsetzungsfähig und wendig waren

kaum Bezeichnungen, die Charles' Freunde benutzt hätten, um Diana zu beschreiben, aber genau dies waren die Eigenschaften, die sie zeigte, als Prinz William im Juni 1992 von einem Mitschüler in Ludgrove mit einem Golfschläger am Kopf getroffen wurde. William wurde schnellstens ins Krankenhaus gebracht, beide Eltern sofort benachrichtigt – bezeichnenderweise saß Diana gerade beim Mittagessen im San Lorenzo, während Charles sich in Gloucestershire aufhielt. Das königliche Paar sollte sich im Royal Berkshire Hospital in Reading treffen. Beide waren sehr besorgt und nervös, aber es war die starke Diana, die sich der Situation stellte. Der Prinz war zunächst unentschlossen und schlug schließlich vor, man solle William in das Krankenhaus in Nottingham bringen, wo er selbst wegen seines Arms behandelt worden war, aber die Prinzessin wies ihn an, den Mund zu halten. Auch wenn die beratenden Ärzte von der Heftigkeit dieser Reaktion verblüfft waren, gaben sie sofort Auskunft, als Diana wissen wollte, wo es die besten Spezialisten für ihren verletzten Sohn gäbe. Ohne zu zögern nannten sie das Great Ormond Street Hospital in London.

Als Diana das Zimmer verließ, hatte sie noch eine Anweisung für ihren Ehemann übrig, die sie in dem gleichen kurz angebundenen Ton hervorbrachte, den sie von ihm gelernt hatte. Ohne Charles auch nur anzusehen, sagte sie: »Du hast gehört, was sie gesagt haben. Kümmere dich darum!"

Die ganze schlimme Angelegenheit sollte sich zu Dianas Gunsten wenden. Am Abend dieses Tages sollte Charles als Gastgeber einer Gesellschaft europäischer Umweltschützer und britischer Politiker fungieren, die in Covent Garden zusammentrafen, um einer Aufführung von *Tosca* im Royal Opera House beizuwohnen. Der Termin war schon seit Monaten geplant und hatte wegen Charles' gebrochenem Arm ein Jahr zuvor schon einmal verschoben werden müssen. Als feststand, daß William nicht vor 20 Uhr 40 operiert werden könne, wollte der Prinz absagen. Aber die beratenden Ärzte gaben Entwarnung; es handelte sich um eine unkomplizierte Operation, und es gäbe keinen Grund zu übertriebener Sorge. Auch Diana war dieser Meinung. »Es ist schon in Ordnung«, sagte sie. »Geh nur.« Aber die Schlagzeilen des nächsten Morgens zeigten ihm, daß er die Situation falsch eingeschätzt hatte. »Was bist du nur für ein Vater?« bellte ihm eine Zeitung entgegen. Diana, die wieder im Krankenhaus geblieben war, lächelte in sich hinein.

Im September 1991 erlaubte sie sich einen weiteren kleinen Triumph, als sie ihre erste Soloreise nach Pakistan unternahm, die allgemein als äußerst erfolgreich bewertet wurde. Die folgende Reise nach Indien war weniger lohnend, da Diana dieses Mal von ihrem Mann begleitet wurde. In Neu-Delhi gab es Streit darüber, ob das Prinzenpaar in einer gemeinsamen Suite im Palast des Vizekönigs von Indien übernachten würde. Schließlich wurde eine Entscheidung gefällt – Diana schlief in einem anderen Gemach.

Schon in den ersten Wochen des Jahres 1992, des *annus horribilis*, wie die Königin es später nennen sollte, verspürte man unangenehme Erschütterungen auf königlichem Terrain. Radikale Jagdgegner beschimpften Charles während der Meynell-Jagd, und der Prinz verlor die Nerven und rief: »Haltet doch die Klappe!« Am nächsten Tag mußte er jedoch einen sanfteren Ton anschlagen, als er William und Henry zur Kirche brachte und ein Passant ihm zurief: »Und wo ist Di?« Mit einem sauren Lächeln brachte der Prinz den altbewährten Scherz an: »Sie ist heute nicht dabei, Sie können sich Ihr Geld zurückgeben lassen.«

Für eine Weile traten die Spekulationen um die Ehe des Prinzen und der Prinzessin von Wales etwas in den Hintergrund, während weniger prominente Mitglieder des Königshauses ins Rampenlicht traten. Die hübsche und beliebte Lady Helen Windsor, die Tochter des Herzogs von Kent, ließ verlauten, daß sie ihren langjährigen Freund Tim Taylor heiraten werde. Eine Woche später wurden intime Fotos veröffentlicht, die die Herzogin von York zusammen mit Steve Wyatt zeigten. Wyatt versuchte die kompromittierenden Bilder als »Witz« herunterzuspielen, aber der Schaden war schon zu groß. Fergie hielt sich während der nächsten fünf Tage mit ihrem Vater in Florida auf, um für ein Wohltätigkeits-Polomatch zu werben. Sie leugnete immer wieder, ein intimes Verhältnis mit dem Texaner zu haben – auch das war nicht sehr geschickt. Es konnte niemanden mehr überzeugen.

Daß sich die Prinzessin von Wales ganz bewußt von Fergie di-

176

stanziert hatte, erwies sich als weiser Entschluß. Auf der Rückreise nach London erlitt die Herzogin im Flugzeug einen »Mini-Nervenzusammenbruch«, wie es einige Mitreisende beschrieben. Sie hatte noch am Flughafen Telefonate mit Wyatt und ihrem Ehemann geführt und beide tränenüberströmt beendet. Während des Fluges begann die Herzogin, angeregt durch einige Gläser Champagner, nasse Handtücher, Erdnüsse und Papiertaschentücher herumzuwerfen. Dann hielt sie sich eine Tüte vor den Mund und tat so, als ob sie telefoniere. Ihr Vater und ihr Leibwächter John Askew taten ihr Bestes, um sie zu beruhigen; ihr Vater gab zu, daß sie »schwere Probleme« habe. So war es keine große Überraschung, daß bei einer Meinungsumfrage, die kurz nach diesem peinlichen Schauspiel abgehalten wurde, die Herzogin als die Person bezeichnet wurde, die der königlichen Familie den schwersten Schaden zugefügt habe. Am oberen Ende der Skala stand Diana, die zum beliebtesten Mitglied der Familie gewählt worden war, weit vor ihrer Schwiegermutter und ihrem Ehemann.

Dann aber beging Diana einen taktischen Fehler, wie es ihr selten passierte. Entgegen der üblichen Einkaufspolitik des Buckingham Palastes, die stets britische Produkte bevorzugte, schaffte sich Diana einen Mercedes Benz 500 SL auf Leasingbasis an. Der Wert des Sportwagens betrug etwa 250 000 DM. Einige hielten der Prinzessin zugute, daß sie damit sagen wollte »ich bin meine eigene Herrin und mache, was ich will«, aber es war nun einmal kein englischer Wagen, und die Manager der Autoindustrie warfen ihr Gedankenlosigkeit vor. Zunächst weigerte sich Diana, ihren Fehler zuzugeben, aber nach einigen Monaten wurde der Mercedes zurückgegeben.

Und so begann die Reise durch Indien, ein weiteres ausländisches Minenfeld, das Charles und Diana gemeinsam überwinden mußten. Diana posierte allein vor dem Taj Mahal, den der Mogulenherrscher Shah Jehan im 17. Jahrhundert errichten ließ. Der Tempel galt seit ewigen Zeiten als romantisches Kleinod, und um so mehr, als der Prinz vor Jahren als begehrter Junggeselle hier ein Versprechen abgegeben hatte: »Eines Tages werde ich zurückkommen und meine Frau mitbringen.« Nun war es soweit – aber seine Frau ging ohne ihn zum Fototermin. Der Prinz hielt sich in

Delhi auf, wo er eine völlig unromantische Rede vor Wirtschafts-
führern hielt. Wieder einmal zeigte er kein Gespür für die delikate
Aufgabe, einerseits seine Pflichten dem Gastgeberland gegenüber
zu erfüllen und zugleich einer fotohungrigen und ungeduldig wartenden Öffentlichkeit ein paar Zugeständnisse zu machen. Er
hatte den herbeigesehnten Fototermin vor dem Taj Mahal ausge-
lassen, weil er die erdrückende Oberflächlichkeit eines solchen Bil-
des nicht ertragen konnte, aber ein Foto von ihm und seiner Frau
vor dem größten Liebestempel der Welt wäre das Bild gewesen,
das von der Reise geblieben wäre. So prägte sich allen nur das
eine Foto ein, auf dem der Prinz von Wales wie ein Trottel wirkte.
   Am Vorabend des Valentinstages befand sich das Ehepaar in
Jaipur. Es war brütend heiß, und Charles hatte gerade ein hekti-
sches Polospiel absolviert. Diana, die Polo langweilig fand, hatte
die zweite Spielhälfte von einem Balkon aus verfolgt, aber nun
stand Charles neben seinen Teamgefährten und wartete darauf,
von seiner Frau einen Pokal überreicht zu bekommen. Schon die
ganze Woche hatte es Spekulationen darüber gegeben, ob sie sich
wohl küssen würden, um so den dichtgedrängten Reihen der Fotografen ein Titelbild für den romantischsten Tag des Jahres zu
schenken. Ich erinnere mich daran, daß es für Charles und Diana
einmal ganz selbstverständlich gewesen war, sich nach so einem
Spiel auf die Lippen zu küssen – sie hatten es sogar mit sichtli-
chem Vergnügen getan. Aber das schien schon sehr lange her zu
sein. Erwartung lag in der Luft. Würden sie es tun oder nicht? Die
Antwort sollte nicht lange auf sich warten lassen. Was folgte, war
wohl die grausamste öffentliche Erniedrigung, die einem Mann
durch seine Ehefrau widerfahren kann, und zwar vor Hunderten
von Fotografen und 5000 lachenden Indern. Mit blitzenden Augen
wartete Diana, bis die Lippen ihres Gatten die ihren fast berührten, um im letzten Moment den Kopf abzuwenden. Dabei ließ sie
Charles aber keine Zeit, seinen Kopf zurückzuziehen, nein, es
schien alles noch sehr viel kalkulierter. Diana bewegte ihren Kopf
nur ganz leicht nach links. Charles, der wußte, daß die Welt ihm
in diesem Moment praktisch zusah – auch das Fernsehen war vor
Ort –, versuchte galant und höflich, Dianas Bewegung des Kopfes
zu folgen. Er folgte ihr so lange, bis er nicht weiter kam, ohne um-

178

zufallen. Es endete alles damit, daß er halb die Luft, halb Dianas goldenen Ohrring küßte.

Vier Tage später sah man eine weinende Diana, die einem Nonnenchor lauschte, der eine von Mutter Teresa selbst komponierte Hymne sang. Als wollte sie für ihre ungewöhnliche öffentliche Grausamkeit Buße tun, begab sie sich danach in das Hospiz der Mission und ging zu den Betten der unheilbar Kranken, die dort auf ihren Tod warteten. Die Patienten waren zum Teil derartig geschwächt, daß sie weder feste noch flüssige Nahrung mehr zu sich nehmen konnten. Die einzige Linderung brachten ihnen Süßigkeiten, die sie langsam lutschten. Diana setzte sich zu einigen der Kranken und ließ vorsichtig Süßigkeiten in ihren offenen Mund gleiten. Sich solch einem Schrecken auszusetzen, schien sie zu ermutigen; sie schöpfte daraus offenbar innere Kraft.

Zwei oder drei Tage nach ihrer Rückkehr nach England flog die Prinzessin nach Rom, um Mutter Teresa zu besuchen, die dort im Krankenhaus lag und Diana deshalb während ihres Indienbesuches nicht hatte begrüßen können. Sie beteten gemeinsam, und Mutter Teresa betete für Diana und ihr persönliches Wohlergehen. Das Treffen erfüllte die Prinzessin mit neuer Stärke und, so berichtete man mir, bestärkte sie in ihrem Entschluß, ihre eigenen Probleme zu vergessen und sich denjenigen zu widmen, denen es weitaus schlechter ging. Sie hatte sich eine neue Aufgabe geschaffen.

Ende März 1992 wurde in London offiziell mitgeteilt, daß sich der Herzog und die Herzogin von York trennen würden. Fergie war nicht länger Mitglied der königlichen Familie. Sie durfte keine Repräsentationspflichten mehr wahrnehmen und benötigte auch keinen Leibwächter mehr (das galt jedoch nicht für ihre beiden Töchter). Am folgenden Tag erklärte ein äußerst betrübter Prinz Andrew: »Das ist eine sehr schwere Zeit für mich«, während die Anwälte schon dabei waren, die Scheidungsverträge zu entwerfen. Aber im Gegensatz zum Prinzenpaar gingen die Yorks nach der Trennung sehr zivilisiert miteinander um. Zwei Tage später nahmen Andrew und Sarah an einem Dinner bei Kerzenlicht im Familienwohnsitz teil. Anschließend besuchten sie eine Party des Popstars Elton John. In der Woche darauf gaben die Yorks eine

Geburtstagsparty zu Eugenies zweitem Geburtstag, um den Kindern eine Freude zu machen. Wenn die Scheidung eine Schlacht ist, dann war dies höchstens ein Scharmützel.

Am 13. April trat etwas ein, das ich schon 1989 vorausgesagt hatte: Prinzessin Anne reichte die Scheidung von Captain Mark Phillips ein, und sofort richtete sich die Aufmerksamkeit auf ihre Romanze mit einem ehemaligen Beamten des königlichen Haushalts, Commander Timothy Lawrence, einem Marineoffizier. Aus dem Buckingham Palast wurden einige negative Dinge über Tim verbreitet, und ich erfuhr, daß die »alte Garde« es nicht gerne sah, daß ein früherer Angestellter der ältesten Tochter der Königin schöne Augen machte. Der Zeitungskolumnist Sir John Junor hatte Anne schon gewarnt: »Hände weg von den Untergebenen.« Es wurde allseits sorgfältig vermieden, die Tatsache zu erwähnen, daß Laurence' Familienname ursprünglich Levy gelautet hatte, aber man konnte den Verdacht nicht loswerden, daß seine jüdische Herkunft in den Köpfen seiner Kritiker eine gewisse Rolle spielte.

Es gab eine kurze Atempause für Charles und Diana, als sich die Aufmerksamkeit der Presse wieder der Herzogin von York zuwandte. Kurz vor Ostern unternahm sie mit ihren beiden Töchtern eine ebenso überraschende wie geheimgehaltene Urlaubsreise. Von Southampton aus ging es mit einem Privatflugzeug nach Deutschland, von wo aus sie eine Linienmaschine nach Thailand bestieg. Aber alles flog auf, als die *Daily Mail* drei Tage später ein unscharfes Foto veröffentlichte, das die Herzogin mit einem glatzköpfigen Mann zeigte, der schnell als John Bryan identifiziert wurde. Offenbar hatte Bryan diesen Urlaub geplant und dafür gesorgt, daß Fergie der Pressemeute zumindest um Haupteslänge voraus war. Anfang Mai hielten sich Fergie und ihre Kinder in Indonesien auf, und auch hier hatten die Fotografen sie noch nicht eingeholt. Am 8. Mai flog ich nach Djakarta, um die Herzogin und die Kinder auf dem Heimweg nach London zu begleiten. Fergie war zwar sonnengebräunt, sah aber sehr schlecht aus. Möglicherweise ein Zeichen für die Vermutung einiger enger Freunde, daß sie eine Fehlgeburt erlitten hatte. »Sie verlor eine Menge Blut, und ein Arzt mußte aus England eingeflogen werden, um ihr eine Transfusion zu geben«, erklärte einer ihrer Freunde.

180

Kurz danach konnte man in einer Fernsehdokumentation sehen, wie Prinz Charles auf der entlegenen schottischen Insel Bernary Kartoffeln ausgrub und Hummerfallen leerte. Währenddessen flog der Star des Films in die Türkei, um dort Urlaub zu machen, während seine Frau eine weitere Soloreise unternahm. Dieses Mal ging es nach Ägypten. Der Zynismus, mit dem die Ehe des Prinzenpaares betrachtet wurde, ging so weit, daß mehrere Zeitungen vorsorglich Reporter in die Türkei geschickt hatten, falls Camilla ebenfalls dort auftauchen sollte. Aber sie hatten kein Glück. Am Ende der Ägyptenreise stand fest, daß Diana die Fähigkeit besaß, auch auf sich gestellt hervorragende Botschafterdienste für England zu leisten. Als Regisseurin ihrer eigenen Aufführung fühlte sie sich sichtlich wohl; das spürte man besonders, als das Prinzenpaar kurz danach eine gemeinsame Reise zur Weltausstellung Expo in Sevilla unternahm. Diana wirkte unzufrieden und unglücklich.

Vom 7. Juni an erschien das Buch, das sie so tatkräftig unterstützt hatte, in Vorabdrucken in der *Sunday Times*. Aber eine Woche später nahm Diana an der Gesellschaft der Königin in Ascot teil, wagte die Flucht nach vorne und teilte den Fragenden mit: »Es ist noch nicht vorbei.« Zwar verließen Charles und Diana die Rennbahn gemeinsam, doch trennten sie sich sofort wieder, und sie fuhr nach London zurück, anstatt in Windsor zu bleiben, wie sie es in den Jahren zuvor getan hatte. An einem Nachmittag während der Rennwoche konnte ich beobachten, daß Prinz Philip Diana offensichtlich die kalte Schulter zeigte. Als sie die königliche Loge betrat – noch ganz frisch im Gesicht von der Kutschenfahrt rund um die Rennbahn, während der Tausende begeistert applaudiert hatten – ignorierte Philip sie demonstrativ. Allerdings schien ihr das keineswegs etwas auszumachen.

Eine Woche später wurde berichtet, daß Diana und Charles eine »Krisensitzung« bei der Königin gehabt hätten, in deren Verlauf Diana voller Selbstvertrauen gesagt habe: »Ich kenne meine Pflichten.« Sie meinte damit, daß sie die Ehe nicht beenden wollte, und in der Tat konnte man das Prinzenpaar am Ende des Monats gemeinsam erleben, als sie an der Dinnerparty anläßlich des 40. Thronjubiläums der Königin teilnahmen. Unter den Gästen befanden sich neben dem britischen Premierminister auch vier seiner Amtsvorgänger.

Im August unternahm die Wales-Familie einen letzten Rettungsversuch. Gemeinsam flogen sie nach Griechenland, wo sie zu einer Kreuzfahrt auf der Yacht des Reeders und Milliardärs John Latsis eingeladen waren. Aber trotz der luxuriösen Bedingungen wurde die Reise ein Reinfall. Die Prinzessin bestand darauf, getrennte Kabinen zu beziehen und die Mahlzeiten mit den Kindern einzunehmen. Gegen Ende der Reise tauchten Meldungen auf, nach denen Diana Charles mehr als einmal bei Telefongesprächen mit Camilla erwischt habe. Machte es Diana wirklich noch etwas aus? Ich glaube nicht. Ich glaube vielmehr, daß sie ihrem Eheleben nur noch entkommen wollte.

Nach Aussagen von Bediensteten des Prinzenpaares hatte der Prinz im Sommer damit begonnen, seine Frau ständig verbal zu beleidigen. Ein Angestellter des Kensington Palastes vertraute mir an, daß der Prinz Diana immer wieder mit »du dummes Mädchen« oder »du albernes Ding« anfuhr. »Es war schrecklich«, meinte der Angestellte. »Diana tat mir so leid. Aber es war klar, daß sie einander haßten, und ich war sicher, daß sie sich trennen würden. So wie sie miteinander redeten, gab es keinen Zweifel daran.« Ein anderer Dienstbote bekam Auseinandersetzungen zwischen Charles und Diana mit, bei denen sie ihn anfuhr, »halt den Mund«, während er zurückgab: »Ich halte es mit dir nicht mehr aus.« Diana habe heftig geweint. »Charles warf ihr vor, daß sie die Kinder nicht richtig erziehe; daß sie ihnen viel zu viele Freiheiten lasse und die Stellung der Jungen nicht genügend berücksichtige. Dann erwähnte er noch, daß es albern sei, die Jungen dauernd zum Go-Kart-Fahren zu ermuntern. An dieser Stelle hörte Diana auf zu weinen und meinte nur noch: ›Ach, halt doch die Klappe.‹«

Ein weiterer Zeuge sah das königliche Paar in ihrem Wagen in der Nähe des Marble Arch. Er beobachtete voller Erstaunen, wie Diana an ihrer Tür zerrte und versuchte, aus dem Auto zu gelangen – es war die Staatslimousine –, obwohl es noch nicht ganz angehalten hatte. Offenbar hatte zuvor ein besonders heftiger und bösartiger Wortwechsel stattgefunden. Der Augenzeuge, ein Straßenkehrer, erzählte mir später, daß die Prinzessin völlig aufgelöst gewesen sei und geweint habe. Er sagte: »Ich habe deutlich gehört, daß sie so etwas sagte wie ›jetzt habe ich endgültig genug‹, und ich sah, wie der Mann auf dem Beifahrersitz, wahrscheinlich ein Leibwächter, sie zurückhielt.«

Andere Angestellte des Kensington Palastes berichten, daß Sir Robert Fellowes und Charles Anson offen über die zerrüttete Ehe des Prinzenpaares sprachen. Das geschah zwischen Juni und August 1992, vier Monate vor der offiziellen Bekanntgabe. Letzten Endes hätte sich die Ehe auch noch in das Jahr 1993 retten können, wie Sir Robert vorausgesagt hatte. So verdarb Dianas frühe Ankündigung die Heirat von Prinzessin Anne und Tim Lawp183rence. Eine Freundin sagte dazu: »Das war ziemlich trotzig, aber es war eine Reaktion auf Annes eigene Spitze.« Sie hatte zuvor recht anmaßend gesagt: »Ich werde nicht heiraten, nur um diese beiden dummen Mädchen (Diana und Fergie) aus einer unangenehmen Lage zu retten.«

Im August veröffentlichte die *Sun* die »Tintenfischchen-Bänder«. Zunächst einmal bezeichnete der Buckingham Palast diese als Fälschungen, aber schon kurz darauf machte man einen Rückzieher und sagte, man sei sich nicht sicher. Nun war das Ende nahe: Es ging jetzt nur noch um die Kinder, um die sich sowohl Charles als auch die Prinzessin große Sorgen machten. Es gelang ihnen sogar, ihre persönlichen Probleme für kurze Zeit zu vergessen, um Harry im September zu seinem ersten Schultag nach Ludgrove zu bringen. Ein schlimmer Tag für Diana – zum erstenmal mußte sie ganz allein zum Kensington Palast zurückkehren, wo außer ihrem Personal niemand auf sie wartete. Am nächsten Tag machten der Prinz und die Prinzessin einen offiziellen Besuch in Nottingham, doch den wartenden Menschen fiel auf, daß die beiden kein einziges Wort miteinander wechselten. Bald danach drang durch, daß die Anwaltskanzlei der Königin, Farrer's, bereits Historiker und Verfassungsexperten befragte, ob der Prinz und die Prinzessin auseinandergehen könnten, ohne die Monarchie zu gefährden.

Anfang Oktober stand Diana unter heftigem Beschuß der königlichen Familie, und sie litt sehr darunter. Ihr Bruder Earl Spencer hielt die Zeit für gekommen, sich zu Wort zu melden und für sie Partei zu ergreifen. »Diana ist warmherzig, liebevoll und sehr weiblich. All dies sind höchst seltene Eigenschaften. Sie ist wahrscheinlich einzigartig.« Eine Woche später nahm Diana an einer Relate-Konferenz teil, auf der ein Soziologe darüber sprach, daß es stets die Kinder seien, die unter einer Scheidung der Eltern am meisten zu leiden hätten. Einer von Dianas Beratern sagte an jenem Tag zu mir: »Natürlich ist Diana diese Problematik bekannt, das ist der Grund, warum sie sich noch nicht von ihrem Mann getrennt hat. Aber ich glaube, sie steht kurz davor.«

Anfang November fand die peinliche Koreareise statt. So wie Charles und Diana miteinander umgingen, war mir klar, daß nun alles zu spät war. Am 20. November stand Windsor Castle in Flammen, und am 24. sprach die Königin in der altehrwürdigen Guildhall in der City of London von ihrem *annus horribilis*, dem schrecklichen Jahr. Daß die Königin sich dieses lateinischen Ausdrucks bedient hatte, fand später eine einfache Erklärung, als bekannt wurde, daß sie die Formulierung aus einem mitfühlenden Brief entliehen hatte, den ihr einer ihrer beleseneren ehemaligen Angestellten gesandt hatte. Trotz aller Vorwarnungen und bösen Ahnungen war es ein Schock, als am 9. Dezember 1992 das Ende verkündet wurde. Der Premierminister wandte sich mit folgenden Worten an das vollbesetzte Unterhaus: »Der Buckingham Palace gibt mit Bedauern bekannt, daß der Prinz und die Prinzessin von Wales beschlossen haben, sich zu trennen. Ihre Königlichen Hoheiten haben nicht vor, sich scheiden zu lassen, und ihre verfassungsmäßige Stellung bleibt unangetastet. Eine Entscheidung erfolgt in beiderseitigem Einvernehmen, und beide werden sich zu gleichen Teilen an der Erziehung ihrer Kinder beteiligen. Ihre Königlichen Hoheiten werden auch weiterhin ihren öffentlichen Pflichten nachgehen, wenn auch auf getrennten Wegen, und sie werden von Zeit zu Zeit gemeinsam an Familienfesten und nationalen Feiern teilnehmen.

Die Königin und der Herzog von Edinburgh sind zwar betrübt, haben aber Verständnis für die Schwierigkeiten, die zu dieser Entscheidung geführt haben. Ihre Majestät und Seine Königliche Hoheit hoffen, daß das Eindringen in die Privatsphäre des Prinzen und der Prinzessin nun ein Ende findet. Sie sind der Meinung, daß ein gewisses Maß an Privatheit und Verständnis notwendig ist, damit Ihre Königlichen Hoheiten ihren Kindern eine glückliche und sichere Erziehung zuteil werden lassen und sich ihren öffentlichen Pflichten mit ganzem Herzen widmen können.«

Diejenigen, die es nicht für allzu klug hielten, den Premierminister das Bulletin des Buckingham Palace verlesen zu lassen, sahen sich bestätigt, als John Major in Antwort auf die vielen Fragen, mit denen er bestürmt wurde, versicherte, daß nichts dagegen stünde, daß Diana einmal Königin werden würde. Selbst in jenem emotional aufgeladenen Augenblick schien dieser Gedanke absurd, und nachdem man die Tragweite dieser unnötigen und beispiellosen Aussage einmal erfaßt hatte, wirkte sie noch absurder.

Noch am gleichen Tag schrieb ich vom »Ende eines Märchens«. Für mich war die Angelegenheit sicher persönlicher als für alle anderen Beobachter des Königshauses, denn ich war von Anfang an dabeigewesen, und nun erlebte ich das Ende mit.

Kapitel 7

Die Spencers erklären den Krieg

Aufgrund der Ereignisse, die der Tod des achten Earl Spencer nach sich zog, kann man behaupten, daß ihm ein größerer historischer Stellenwert zukam als seinem Leben. Wenn die Ahnenreihe der Spencers auch ebenso lang wie bedeutend war, so zeichnete sich Johnnie doch eher dadurch aus, daß er recht wenig geleistet hatte.

Abgesehen von einer besonders widerwärtigen Scheidung Ende der sechziger Jahre und einer kurzen Episode als königlicher Stallmeister unter König George VI. und bis zum Anfang der fünfziger Jahre unter der Königin, gab es nicht viel, das die Aufmerksamkeit der zeitungslesenden Öffentlichkeit auf Johnnie hätte lenken können. Private Kleinkriege, die er führte, um das Dach seines Familiensitzes zu retten, sind vielen Engländern in seiner Position vertraut. Einen geringeren Mann hätte das Unterfangen vielleicht entmutigt, aber der Earl nahm es als Last seiner Privilegien hin. Seine Laufbahn war typisch für Mitglieder seiner Klasse: Eton, die Kavallerie, Mitglied des Grafschaftsrats, High Sheriff, oberster Grafschaftsrichter. Kraft seines Geburtsrechts durfte er die Vikare der zwölf Kirchensprengel um Althorp in Northumbershire auswählen und ernennen. Aber obwohl er Mitglied im Turf Club und bei Brooks war, tauchte sein Name im Mitgliedsbuch von White nicht auf. Auch wenn es auf den ersten Blick so scheinen mochte, Johnnie Spencer gehörte nicht zum Hochadel.

Seine Jugend auf dem Anwesen von Sandringham, wo er in so nahen Kontakt mit der königlichen Familie kam, ist ausreichend beschrieben worden. Weniger bekannt ist Spencers dunklere Seite, die sich auf verschiedene Weise zeigte. Obwohl er nach außen hin jovial und gutgelaunt wirkte, zeugte die Art, wie er seine erste Frau behandelte, von einem weniger heiteren Naturell, und auch wenn er oft von der Beziehung zu seiner Tochter schwärmte, wurden seine Gefühle durchaus nicht immer erwidert, wie man sehen wird.

Um Dianas Verhältnis zu ihrem Vater und ihrer Mutter zu verstehen, muß man bis zum Ende der sechziger Jahre zurückgehen. Spencer, damals noch Vicomte Althorp, lebte in Norfolk und betrieb Landwirtschaft. Mit seinem Vater verband ihn nichts als gegenseitiger Haß, und nachdem Johnnie erwachsen war, sahen sich die beiden Männer kaum noch. Eines hatten sie jedoch gemeinsam: das aufbrausende Temperament. Earl Spencers Braut Frances Roche, die Tochter des vierten Lord Fermoy, lernte diese Seite ihres Mannes zu spät kennen. Sie schenkte ihm fünf Kinder: Sarah, Jane, einen Jungen, der kurz nach der Geburt starb, Diana, und seinen Erben Charles.

Nach dreizehn Jahren Ehe hatte Lady Althorp jedoch endgültig genug. In den Kreisen der feinen Gesellschaft galt sie als »Ausreißerin«, die mit dem Mann, den sie später heiratete, Peter Shand Kydd, durchgegangen war. Als es zur Trennung kam, verlor sie erwartungsgemäß das Sorgerecht für ihre Kinder, und auch bei der Scheidung war Lady Althorp die Verliererin. Um zu verstehen, durch was die Prinzessin von Wales in ihren jungen Jahren geprägt worden ist, müssen die Geschehnisse genauer betrachtet werden. Lady Althorp, die heutige Mrs. Frances Shand Kydd, hat folgendes dazu geäußert:

»Im Sommer 1967 einigten Johnnie und ich uns auf eine vorläufige Trennung. Es wurde beschlossen, daß ich Diana und Charles mit zu mir nach London nähme, wo sie im September zur Schule gehen sollten – Sarah und Jane waren schon auf einem Internat.

Ich mietete ein möbliertes Haus in London und meldete Diana, die damals sechs war, in einer Tagesschule für Mädchen an. Der vierjährige Johnnie bekam einen Platz in einem Kindergarten. Johnnie hatte all dem zugestimmt.

Anfang September verließ ich Park House in Sandringham und fuhr nach London. Einen Tag später setzte Johnnie Diana und Charles in Begleitung eines Kindermädchens in einen Zug, der sie zu mir nach London brachte, wo wir zukünftig zusammen leben würden. Während der Schulzeit kehrten die beiden Kinder an den meisten Wochenenden nach Park House zurück, um ihren Vater zu besuchen, der uns ebenfalls bei seinen Aufenthalten in London einen Besuch abstattete. Im Oktober verbrachten wir die Herbstferien zusammen mit allen vier Kindern, also auch mit Sarah und Jane, in Park House.

Weihnachten war die ganze Familie erneut in Park House versammelt. Es war mein letztes Weihnachtsfest dort, denn es war offensichtlich, daß die Ehe mittlerweile völlig zerrüttet war. Johnnie bestand plötzlich darauf, daß die Kinder in King's Lynn in der Nähe von Park House zur Schule gingen, und sie sollten auch in seinem Haus wohnen.

Nach Neujahr weigerte er sich, die Kinder wieder nach London zurückkehren zu lassen. Ich war mit dieser Entscheidung überhaupt nicht einverstanden und versuchte im Juni 1968, durch einen Gerichtsbeschluß erwirken zu lassen, daß die Kinder bei ihrer Mutter leben durften und von ihr erzogen würden. Aber ich verlor den Fall und das Sorgerecht für die Kinder.«

Dies ist nur eine Seite der Geschichte. Mrs. Shand Kydds Erziehung würde es ihr niemals erlauben, öffentlich zuzugeben, daß ihr Mann sie geschlagen hatte, auch wenn die feine Gesellschaft Norfolks – und nicht nur sie – kaum daran zweifelte, daß er es tat. Jahre später schrieb Erin Pizzey, die zu jener Zeit das erste Zentrum für mißhandelte Frauen in Chiswick einrichtete, einen Roman, in den sie ihr Wissen um die Ehe der Spencers, das sie durch Freunde erworben hatte, einfließen ließ. Das Buch heißt *In the Shadow of the Castle* (Im Schatten des Schlosses) und beschreibt auf beängstigende Weise, wie auch in der High-Society Ehefrauen von ihren Männern geschlagen werden.

Obwohl Frances das Sorgerecht abgesprochen worden war – was wenig erstaunt, wenn man bedenkt, daß sich nicht nur eine Reihe von Johnnies gewichtigen aristokratischen Freunden, sondern auch ihre eigene Mutter Ruth, Lady Fermoy, gegen sie gewandt hatten – war sie es, die die Scheidung einreichte. Das war im Dezember 1968; der Scheidungsgrund lautete: Grausamkeit.

Die Tatsache, daß seine Frau ihn verlassen hatte, machte Johnnie schwer zu schaffen. Hinzu kam noch die Furcht, daß Details über seine Brutalität ihr gegenüber an die Öffentlichkeit gelangen könnten. Also inszenierte er einen massiven Gegenangriff, um seine Frau zu erledigen, koste es, was es wolle. Seine Anwälte verklagten sie wegen Ehebruchs mit Peter Shand Kydd. Im moralischen Klima der späten Sechziger hatte sie keine Chance. Sie hatte den Kampf um das Sorgerecht verloren und war mit einem anderen Mann liiert. Die Spur der Schläge verschwinden, Ehebruch bleibt bestehen.

Als es am 15. April 1969 zur Verhandlung kam, stand der Sieger schon fest: Johnnie Spencer. Er wurde schuldlos geschieden, denn seine Frau brachte keine Beweise für ihre Scheidungsklage vor. Ihre Anwälte hatten ihr klargemacht, daß sie keine Chance gegen ihn hätte und daß es noch das Beste sei, ohne großes Aufsehen das Feld zu räumen. Die Erniedrigung war vollkommen: Sie durfte ihren berechtigten Kummer nicht publik machen, sie hatte ihre Kinder verloren und mußte außerdem noch 3000 Pfund von Johnnies Anwaltskosten übernehmen. Johnnies barbarisches Verhalten wurde bestens dadurch verstärkt, daß ihre eigene Mutter gegen Frances aussagte. Penny Junor sieht es so: »Sie konnte es einfach nicht fassen, daß ihre Tochter einen ehrbaren Earl wegen eines Geschäftsmannes verlassen hatte.«

Man hat oft gemutmaßt, daß es die mutterlosen Jahre waren, die einen Schatten auf das Leben der Spencerkinder geworfen haben. Aber Freunde der Familie halten es für wahrscheinlicher, daß es die gewalttätigen Szenen vor Frances Shand Kydds endgültigem Fortgang waren, die sowohl Dianas Bulimie als auch Sarahs Anorexie ausgelöst haben. Während ihrer späteren Kindheit mußten sie mit der Last fertig werden, bei einem Vater zu leben, der ihre Mutter schlecht behandelt hatte. Es ist sicher kein Zufall, daß alle Kinder in späteren Jahren regelmäßigen Kontakt mit ihrer Mutter hatten; mit ihrem Vater sprachen sie kaum.

Aber all das spielte an jenem Wochenende, an dem der Earl so plötzlich verschieden war, keine Rolle mehr. Sein Tod bedeutete für Charles und Diana den endgültigen Bruch. Jeder konnte es miterleben, und danach gab es niemanden mehr, der noch an die Rettung dieser Ehe glaubte.

Earl Spencer war am 22. März 1992 mit einer Lungenentzündung ins Krankenhaus eingeliefert worden, aber sein Zustand war keineswegs lebensbedrohend. Auch wenn Diana und er eine recht unterkühlte Beziehung hatten, so machte sie sich natürlich doch Sorgen um ihren Vater. Sie traf gerade die letzten Vorbereitungen für den jährlichen Skiurlaub mit William und Henry, und nach einigen beruhigenden Telefongesprächen mit Earl Spencers Ärzten sah sie keinen Grund, ihre Pläne zu ändern. Ziel ihrer Reise war der österreichische Wintersportort Lech, den Diana nach dem Unglück von Klosters ausgesucht hatte.

Nachdem man ihr mitgeteilt hatte, daß ihr Vater am kommenden Dienstag wieder nach Haus entlassen würde, brach sie mit den Jungen auf.

Die Reise stand unter den gleichen trübseligen Vorzeichen wie im vergangenen Jahr, als Charles nicht mit seiner Familie in den Skiurlaub gefahren war. Diese Entscheidung hatte ihn 1991 einiges von seiner Popularität gekostet, und er mußte herbe Kritik einstecken, weil er Diana und seine Söhne nicht begleitet hatte. Beamte und Bedienstete des Buckingham Palastes hatten mir in privaten Gesprächen vorausgesagt, daß eine öffentliche Trennung von seiner Familie während des Urlaubs dem Prinzen schaden würde, aber sie konnten wenig dagegen tun, und Charles war nicht in der Stimmung, auf sie zu hören. Die einzige Entschuldigung, die man der Presse anbot, klang äußerst dürftig: Angeblich mußte sich Charles an jenem Wochenende nach Schottland zurückziehen, um ein paar besonders wichtige Reden vorzubereiten. Die Wahrheit, die ich im nachhinein erfuhr, sah etwas anders aus. An diesem Wochenende hielt sich auch Camilla Parker Bowles auf Balmoral auf, dem ersten Ort, den Charles und Diana nach ihrer Flitterwochenfahrt auf der königlichen Jacht aufgesucht hatten.

In Gesprächen mit Beamten des Hofes wies ich wiederholt darauf hin, daß es sicher keine kluge Entscheidung von Charles war, nach Schottland zu fahren. Wenn Diana allein auf den österreichischen Pisten auftauchte, würde dies nur weitere Spekulationen über den Zustand ihrer Ehe provozieren. Die Reden waren ein fadenscheiniger Vorwand, denn sicherlich hätte er neben dem Skifahren abends Zeit dafür gefunden. In Wahrheit jedoch hatte Charles überhaupt keine offiziellen Verpflichtungen. Er verbrachte seine Zeit mit Camilla, während sich die öffentliche Aufmerksamkeit auf Diana und die Jungen auf den Skipisten richtete. Charles Verhalten hatte etwas unangemessen Zynisches.

Dennoch dürfte die Kritik dem Prinzen nicht entgangen sein, denn er kündigte an, daß er für einige Tage zu seiner Familie nach Lech fliegen würde. Diana bewohnte einen Flügel im Arlberg Hotel, und sie kamen überein, sich dort zu treffen. Für Diana, die mittlerweile Expertin im Manipulieren der Medien geworden war, bedeutete das eine mittlere Katastrophe, denn bislang hatte sie ihr Image als Mutter und Beschützerin gepflegt. Unterstützung von ihrem Ehemann war ihr keineswegs recht. Ich vermutete hinter all dem einen Coup von Charles' Freunden und Beratern, um sein Image aufzubessern, und ich sollte nicht enttäuscht werden.

Am Freitagabend traf der Prinz, aus Mailand kommend, ein. Man hatte die Presse über den Zeitpunkt seiner Ankunft im Hotel informiert, und so hatten sich etwa 40 bis 50 Fotografen erwartungsvoll versammelt. Drei oder vier Minuten bevor Charles eintreffen sollte, entdeckte ich William und Henry im Hotelfoyer, wo sie sich hinter der Eingangstür verbargen und auf die Ankunft ihres Vaters warteten. Schlagartig wurde mir klar, daß hier ein sehr öffentlicher Empfang stattfinden sollte; man hatte die beiden kleinen Prinzen herbeigekarrt, um eine zynische Show für die Öffentlichkeit zu inszenieren, die nur ihrem Vater nützte.

Nun verstand ich auch, warum Philip Mackie in Lech aufgetaucht war. Der Schotte war Mitarbeiter des Pressebüros des Buckingham Palastes (wo er unter dem Spitznamen »Silly Ghillie« bekannt war) und hielt sich schon seit zwei Tagen am Ort auf. Offenbar war es seine Aufgabe gewesen, dafür zu sorgen, daß dieses »private« Treffen zwischen Vater und Söhnen reibungslos über die Bühne ging. Seine Rolle als Verbindungsmann zwischen der Prinzessin von Wales und der Presse war lediglich Tarnung. Ein Jahr zuvor, während des gleichen Urlaubs und unter den gleichen Umständen, hatte niemand seine zweifellos vorhandenen Talente vermißt.

Die wogenden Reihen der Fotografen hatten mittlerweile eine Menschenmenge vor dem Eingang angelockt, aber von Diana war noch immer nichts zu sehen. Später erfuhr ich, daß man sie bei diesem Fototermin nicht dabei haben wollte; er war für Charles arrangiert worden, damit jeder sehen konnte, daß die Kinder auch noch einen Vater hatten.

Zwischen Charles' Wagen und dem Hotel existierte eine Funkverbindung, und so erschienen William und Henry genau 30 Sekunden vor der Ankunft ihres Vaters auf den Stufen. Der Wagen fuhr vor, und die beiden rannten aufgeregt auf Charles zu und küßten ihn.

Normalerweise sind solche Schnappschüsse selten, denn der Moment für eine Aufnahme ist allzu schnell vorbei, aber hier hatten die Fotografen über eine Minute Zeit, das zu bekommen, was sie wollten, und pflichtgetreu veröffentlichten die Zeitungen die Bilder am nächsten Tag.

Dieser Schachzug ließ mich vermuten, daß der Wind sich gedreht hatte. Wenn man sich auch nur schwer vorstellen konnte, daß Charles selbst für diese allzu offensichtliche Inszenierung gesorgt hatte, so hätte sie doch nicht ohne seine Zustimmung stattfinden können. Aller Wahrscheinlichkeit nach hatte Commander Richard Aylard den Anstoß zu dieser Aktion gegeben. Andererseits hatte mir der Commander bei einem Gespräch versichert, daß es von seiten des Prinzen keine Versuche geben würde, die Medien für sich zu benutzen.

Aber zu diesem Zeitpunkt sah alles schon recht düster aus. Kaum jemand hatte noch Zweifel daran, daß die Ehe in ernsten Schwierigkeiten war. Dianas Versuch, durch ihre karitative Arbeit die Sympathien auf ihre Seite zu ziehen, gepaart mit ihrer außerordentlichen Begabung, sich auf Fotos mit ihren Söhnen stets ins rechte Licht zu rücken, hatte in der Öffentlichkeit ein einseitiges Bild erzeugt: Diana, die treusorgende Mutter, und Charles, der nachlässige Vater. Es mußte etwas geschehen.

Am nächsten Morgen gab es noch mehr zu sehen. Alles wartete nun darauf, daß der Prinz auch mit Diana und den Söhnen für

Aufnahmen von der glücklichen Familie auf den österreichischen Skipisten zur Verfügung stehen würde. Die Fotografen bekamen ihre Beute, auch wenn die Familie von Personal, Freunden, Leibwächtern und anderen Fotografen umringt war. Diana wirkte außerordentlich angespannt und abwesend. Als die Skigesellschaft mit Hilfe der T-Eisen und Sessellifte die Bergspitze erreicht hatte, fand ich mich plötzlich an ihrer Seite wieder. Das Gespräch, das wir führten, war ebenso kurz wie bizarr. Diana wies auf meine Ski und meinte: »Wollen Sie damit runterfahren?« »Nun ja«, antwortete ich, »dafür sind Ski doch schließlich da, Madam.« Darauf sagte sie: »Fänden Sie es nicht schöner, wenn ich Sie huckepack den Berg mit hinunternähme?« Es war wirklich sehr merkwürdig. Charles Anwesenheit machte sie offenbar sehr nervös. Es schien, als habe ihr Ehemann ihr die Initiative aus den Händen genommen und als müsse sie erst wieder an Selbstvertrauen gewinnen. Auf einmal war sie nur zweite im Kampf um Publicity, und das gefiel ihr nicht. Charles hatte am Abend zuvor die Eröffnungsrunde gewonnen, und sie versuchte nun aufzuholen. Als sie dann mit den beiden Jungen die Abfahrt hinunterfuhr, kicherte sie ständig und war offenbar sehr erregt.

Charles war dieser ganze Zirkus zuwider. Einerseits freute er sich, bei den Jungen zu sein, und sah mit Vergnügen, daß sie recht gut skifahren konnten, andererseits ertrug er die Nähe seiner Frau nicht. Er mochte die Pressemeute nicht und sah mit Abscheu, wie Diana mit ihr umging. Man sah ihm an, wie unangenehm ihm das Ganze war, aber er hatte offenbar das Gefühl, diese Sache hinter sich bringen zu müssen.

Die Familie fuhr eine einfache Strecke hinab nach Oberlech, aber als man sich für eine erneute Abfahrt auf den Weg nach oben machte, steuerte Charles plötzlich auf die andere Seite der Piste, so daß zwischen ihm und Diana und den Jungen eine sehr große Lücke entstand. Die Fotografen folgten natürlich Diana. Das reichte ihm offenbar, und am Nachmittag begab er sich mit einem Führer und einem Leibwächter auf eine weitaus schwierigere Piste. Ein weiterer Versuch, für das Foto von der »glücklichen Familie« zu posieren, scheiterte am nächsten Tag ebenso kläglich. Obwohl Charles sich offenbar bemühte, wenigstens eine Zeitlang mit Diana und den Jungen zusammenzusein, fuhr er schließlich doch wieder allein los. Am Abend sah man Charles plötzlich mit den Jungen bei einer überraschenden Schneeballschlacht. Ihm war sicherlich nicht entgangen, daß der Schauplatz dieses Vergnügens direkt in der Sichtlinie des Hotels Schneiderhof lag, wo viele der Pressefotografen abgestiegen waren. Die Bilder, die am nächsten Morgen erschienen, zeigten Charles in seiner Lieblingsrolle – als Vater, der gerne mit seinen Söhnen herumtollt. Auf den ersten Blick schien es, als habe er den ersehnten PR-Coup gelandet. Aber die Schlagzeilen sprachen von etwas ganz anderem.

Einen Tag zuvor, während Charles und Diana sich abgemüht hatten, den Anschein zu erwecken, als hätte ihre Ehe noch Bestand, war Lord Spencer plötzlich und unerwartet verstorben.

Er war wegen einer leichten Lungenentzündung in das Humana Wellington Hospital in St. Johns Wood im Norden von London eingeliefert worden. Obwohl er durch einen Schlaganfall geschwächt war, an dem er im Jahr 1979 fast gestorben wäre, hatte er sich in den vergangenen Jahren doch recht gut gehalten. Die Entscheidung, einige Tage im Krankenhaus zu verbringen, schien nichts weiter zu sein als eine Vorsichtsmaßnahme. Aber niemand wußte, daß Countess Spencer schon zu diesem Zeitpunkt ein Team von sechs Herzspezialisten zusammengerufen hatte, das sich um ihren Mann kümmern sollte. Raine kämpfte mit der gleichen eisernen Entschlossenheit um das Leben ihres Mannes, mit der sie ihn schon vor dreizehn Jahren nach dem schweren Schlaganfall gepflegt hatte. Die Ärzte stimmten überein, daß Spencer in schlechter Verfassung sei und daß sich sein Zustand in den letzten sechs Monaten verschlechtert habe, aber auch wenn er nicht immer ansprechbar war, hielten sie es für wahrscheinlich, daß er auch dieses Mal durchkommen würde. Er zeigte verschiedene Symptome, aber am auffälligsten waren von Zeit zu Zeit auftretende Wutanfälle, und als das Ende nahte, konnte er kaum noch sprechen.

Das Krankenhauspersonal, das stolz darauf war, einen berühmten Patienten zu beherbergen, schenkte Spencer besondere Aufmerksamkeit. Während Ärzte und Krankenschwestern in seinem Zimmer ein und aus gingen, fiel ihnen auf, daß es auf Althorp eine Menge dringender Geschäfte geben mußte. Spencer verbrauchte in jener Woche mindestens ein, wenn nicht gar zwei Scheckhefte. Er unterschrieb, und Raine nahm die Schecks mit. Offenbar wollten beide, daß alle Angelegenheiten geregelt waren.

An dem Tag, als Diana nach Österreich flog, wurde Spencer von den Herzspezialisten untersucht, die vorausgesagt hatten, daß er in den nächsten Tagen entlassen werden könne. Sein Sohn wurde in der Illustrierten *Hello* zitiert: »Es geht ihm sehr gut. Er sieht so gut aus wie seit Jahren nicht mehr.« Nur aufgrund dieser Meldungen hatte Diana ihren Urlaub angetreten, nachdem sie noch zweimal mit einem Arzt telefoniert hatte, um sich vom Fortschritt ihres Vaters ein Bild zu machen.

Als Lord Spencer am Sonntag starb, befand sich Raine auf dem Weg zum Lunch nach Althorp. Am Morgen hatte sie ihren Mann besucht, und ihre Visite war nach demselben Muster abgelaufen, dem sie seit dem ersten Tag seiner Einlieferung gefolgt war. Sie war kurz nach halb elf eingetroffen, um am Bett ihres Mannes zu sitzen. Aber nach einer halben Stunde, so berichteten Mitglieder des Personals später, habe es einen »fürchterlichen Streit« gegeben. Man habe kaum verstehen können, was Spencer sagte, aber er habe sich offenbar sehr aufgeregt. Schließlich soll er gebrüllt haben: »Raus mit dir! Verschwinde! Laß mich allein – Raus!«

Leider waren dies die letzten Worte, die Spencer an die Frau richtete, die sich so hingebungsvoll um ihn gekümmert hatte. Eine Stunde später, als sie zu Hause eintraf, teilte man ihr mit, daß der Zustand Spencers sich verschlechtert habe und daß sie sofort nach London zurückkehren solle. Sie machte sich gleich auf den Weg und fuhr wieder zurück, aber als sie das Wellington Hospital erreichte, war ihr Mann nach einem verzweifelten neunzigminütigem Todeskampf bereits tot. Vier Chirurgen unter der Leitung des Herzspezialisten Dr. Rodney Foale hatten ihr möglichstes getan, um ihn nach der schweren Herzattacke wiederzubeleben, aber durch den Schlaganfall von 1979 war sein Herz so stark beschädigt, daß alle Hilfe umsonst war.

Bei ihrer Ankunft wirkte Raines Verhalten auf einige Angestellte sehr befremdlich. Sie kam »sehr gefaßt und sehr eindrucksvoll« herein, wie es ein Angestellter beschrieb, und sagte: »Bitte sagen sie mir, wie es dazu gekommen ist.« Man berichtete ihr von den

Einzelheiten. Dann wurde sie gefragt, ob sie ihren Mann sehen wolle. Sie antwortete: »... ich bin hungrig, und ich möchte etwas essen.« Das völlig verblüffte Personal fand eine Krankenschwester, die sich um das Essen kümmerte und Raine fragte, was sie zu essen wünsche. Sie wurde in einen Warteraum geführt, der für die Dauer von Johnnies Aufenthalt von der Familie gemietet worden war, und wies das Personal an: »Ich möchte nicht gestört werden.« Eine halbe Stunde später, nachdem sie etwas Räucherlachs gegessen hatte, tauchte sie sehr gefaßt wieder auf und verlangte ihren Ehemann zu sehen.

Das Spezialistenteam wartete auf sie, um ihr erneut zu versichern, daß der Tod Spencers nicht zu verhindern gewesen sei. Sie schlugen eine Autopsie vor, aber hier zeigte sie sich resolut. »Auf keinen Fall. Ich wünsche keine Autopsie«, sagte sie bestimmt und fügte hinzu, daß die Vorstellung einer Autopsie sie von je her abgeschreckt hätte. Um sie nicht noch mehr aufzuregen, gaben die Ärzte nach.

Man hatte vereinbart, daß der neue Earl Spencer wartete, bis seine Stiefmutter das Krankenhaus verlassen hatte, bevor er seine Aufwartung machte. Die beiden sprachen nicht mehr miteinander, nicht zuletzt, weil Charles Spencer seine Stiefmutter dafür verantwortlich machte, daß sich sein Verhältnis zu seinem Vater so verschlechtert hatte. Der bittere Zwist zwischen Vater und Sohn war durch den Tod Johnnies ungelöst geblieben.

Vielleicht war auch das ein Grund dafür, daß Charles bei seinem Eintreffen im Krankenhaus so verwirrt wirkte. Auf das Personal machte er einen fast hysterischen Eindruck, der über bloße Trauer weit hinausging. »Was soll ich jetzt nur tun? Wie soll ich damit fertig werden«, sagte er immer wieder. Einer der Ärzte nahm ihn beiseite, und eine Krankenschwester hörte, wie er sagte: »Sie haben sich mit Ihrem Vater nicht immer verstanden – warum gehen Sie nicht hinein und schließen Ihren Frieden mit ihm? Gehen Sie hinein, setzen Sie sich neben ihn und reden Sie mit ihm. Sagen Sie ihm, wie leid es Ihnen tut, daß Sie Ihren Streit vor seinem Tod nicht mehr haben beilegen können und wie leid es Ihnen tut, daß es überhaupt so weit kommen konnte.«

Charles, der überaus verwirrt schien und weinte, sah auf seine

Jeans hinab und meinte: »Ich bin nicht einmal richtig angezogen, um dort hineinzugehen.« Aber man erklärte ihm freundlich, daß es wirklich keine Rolle spiele, wie er angezogen sei. Man würde eine Krankenschwester vor die Tür stellen, so daß niemand ihn stören würde. Schließlich ging er zu seinem toten Vater und blieb eine dreiviertel Stunde bei ihm und redete mit ihm. Später gab er zu, daß der Ratschlag gut gewesen sei, daß eine Last von ihm genommen sei und daß er sich nun viel besser fühle.

Doch als er das Krankenhaus verließ, machte der neue Earl noch eine interessante Bemerkung: »Es ist sehr bedauerlich, daß niemand bei ihm war, als er starb«, sagte er bitter. Damals klang dieser Satz wie eine Selbstanklage. Im Licht der nachfolgenden Ereignisse schienen diese Worte jedoch direkt gegen seine Stiefmutter gerichtet zu sein.

Währenddessen unternahm Diana den verzweifelten Versuch, so schnell wie möglich nach Hause zu kommen. Sie bestand zwar darauf, sofort zu packen und abzureisen, aber an jenem Abend gingen keine Linienflüge mehr, und es war viel zu schwierig, nach Zürich zu fahren. Es hätte zwei Stunden gedauert und dann noch einmal acht, bevor ein Privatflugzeug der Königin die Landeerlaubnis erhalten hätte.

Kurzfristig wurde ein zeitweiliger Waffenstillstand zwischen dem Prinzen und der Prinzessin vereinbart, und Charles führte die Jungen zum Abendessen aus, damit Diana etwas Zeit für sich selbst blieb. Zunächst plante man, am nächsten Morgen mit der ganzen Familie zurückzufliegen, aber dann stimmte man darin überein, daß es besser sei, den jungen Prinzen das Begräbnis zu ersparen. Sie sollten ihren Skiurlaub ruhig beenden.

Kurz nachdem die BAE 146 der Königin auf dem RAF-Flughafen Norfolk gelandet war, stieg Charles zusammen mit Richard Aylard die Gangway hinunter. Die beiden standen ein oder zwei Minuten auf der Landebahn und sprachen miteinander. Plötzlich erschien Diana am Ausgang. Mit versteinertem Gesicht mühte sie sich mit einer schweren Reisetasche ab. Als sie die Stufen hinabging, hielten die Fotografen das Bild fest – der gefühllose Charles in ein Gespräch vertieft, während seine leidgeprüfte Frau ihr Gepäck schleppen mußte.

So lauteten dann auch die Schlagzeilen des nächsten Tages. Aber einer von Charles Bediensteten vertraute mir an: »Es war ganz und gar nicht so, und daß es so gedeutet wurde, war sehr unfair. Diana bestand darauf, daß niemand ihre Tasche anrühren sollte. Charles hatte sich angeboten, aber sie hatte abgelehnt und darauf bestanden, ihre Reisetasche selbst zu tragen.«

War das wieder einer der alten Tricks von Diana, die instinktiv zu wissen scheint, wie man durch ein Foto ein eindrucksvolles Image von sich schafft? Oder war hier die Informationsmaschinerie von Charles am Werk? Jedenfalls war es nicht das passende Bild einer zukünftigen Königin, und der Vergleich mit einem anderen Foto aus einer anderen Zeit fiel deutlich zu Dianas Ungunsten aus – wie anders hatte vierzig Jahre zuvor die neue Königin Elizabeth II. gewirkt, als sie aus Nairobi zurückkehrte, wo sie vom Tod ihres Vaters erfahren hatte.

Johnnie Spencers Begräbnis besiegelte den endgültigen Bruch zwischen Charles und Diana nun auch öffentlich. Der Prinz tauchte nur kurz bei der Beerdigung in der aus dem 13. Jahrhundert stammenden Dorfkirche St. Mary the Virgin in Great Bington in Northhamptonshire auf und flog, noch bevor die Trauerfeier beendet war, in einem königlichen Hubschrauber nach London zurück. Die Einäscherung wartete er nicht mehr ab. Der Buckingham Palast ließ verlautbaren, daß der Prinz ein »wichtiges« Treffen mit dem Kronprinzen von Bahrain habe, aber jeder weiß, daß solche Treffen auch verschoben werden können, wenn besondere Umstände eintreten. Es war auch bezeichnend, daß Charles erst im letzten Augenblick in Northhamptonshire eingetroffen war und es Diana überlassen hatte, allein vom Kensington Palast zur Beerdigung ihres Vaters zu fahren. Der »wichtige Termin«, der ihn daran gehindert hatte, seiner Frau zur Seite zu stehen, war ein Treffen mit unbekannten Geschäftsleuten gewesen.

Diana hatte angewiesen, daß sie einen eigenen Kranz wünschte – Charles würde ein separates Gebinde schicken lassen müssen. Im nachhinein versuchten Sprecher des Palastes mir weiszumachen, daß es eine Verwechslung gegeben habe, deren Resultat zwei verschiedene Kränze gewesen seien, aber die Erklärung klang wenig überzeugend. Charles' Verhalten nach dem Tod ihres Vaters hatte Diana derartig verbittert, daß sie auch jetzt ihre neue Unabhängigkeit nach außen dokumentieren wollte. Auf der Karte, die ihren Kranz begleitete, hieß es: »Ich vermisse dich schrecklich, mein lieber Daddy, aber ich werde dich immer lieben. Diana.« Charles' zurückhaltender letzter Gruß lautete: »In herzlichem Gedenken.« In Wirklichkeit hatten die beiden Männer sich kaum gekannt.

Der Öffentlichkeit entging all dies nicht. Für Charles wurde das Begräbnis zur PR-Katastrophe, für Diana zu einem Erfolg. In ihrem breitrandigen schwarzen Hut sah die Prinzessin trotz ihrer von Tränen geröteten Augen hinreißend aus. Ihre Haltung erweckte den Eindruck, als gäbe es nach einem bitteren sechzehnjährigen Familienzwist eine Versöhnung mit ihrer Stiefmutter. *The Times* nahm den Eindruck für bare Münze und überschrieb ihren Bericht: »Earl Spencer im Tod mit seiner Familie vereint«, aber in Wirklichkeit sahen die Dinge anders aus.

In seiner Trauerrede erinnerte Lord St. John of Fawsley, der stets die Schlagzeilen im Auge behielt, die Versammlung unnötigerweise an die Auseinandersetzungen innerhalb der Familie. »Vögel streiten und beißen sich in ihrem Nest«, war ihm aufgefallen, »selbst wenn es ein schönes Nest ist. Aber die Liebe läßt sich nicht so schnell entmutigen. Johnnie liebte seine ganze Familie, aber mit der Prinzessin von Wales fühlte er sich besonders verbunden.« Es gab sicherlich einige in der Trauergemeinde, die an dieser Stelle am liebsten mit dem Kopf geschüttelt hätten.

Diana und Raine, die auf verschiedenen Seiten des Kirchengangs gesessen hatten, folgten nebeneinander dem Eichensarg, der schlicht mit einigen Narzissen geschmückt war. Aber Lady Spencers persönliche Assistentin Sue Ingram konnten diese plötzlichen und scheinbar spontanen Zeichen der Zuneigung nicht überzeugen: »Vielleicht hört sich das zynisch an, aber als ich sah, wie Diana während des Begräbnisses den Arm Lady Spencers ergriff, wurde mir fast übel«, sagte sie. »Ihre Ladyschaft war verwundert, aber nicht überrascht. Und auch ihr letzter Gruß an ihren ›lieben Daddy‹ wirkte doch sehr seltsam. Sie hat ihn ja kaum noch gesehen. Seit der Heirat ihres Bruders 1989 war sie kein einziges Mal mehr auf Althorp gewesen, und auch wenn er in London war, machte sie sich kaum die Mühe, ihn zu treffen.«

Andere bestätigten diesen Eindruck und erinnern an einen niedergeschlagenen Earl Spencer, der am Buckingham Palast eintraf, um seine Tochter zu sprechen, doch es wird berichtet, daß er mit der Erklärung abgewiesen wurde, sie sei zu beschäftigt. Er sei noch ein weiteres Mal unverrichteter Dinge davongegangen; einmal hätte man ihn hereingelassen, und er hätte seine Enkel gesehen, nicht jedoch seine Tochter.

Schon recht früh hatte sich der Earl mit dem Gedanken abfinden müssen, daß er William und Henry wohl nur selten zu Gesicht bekommen würde. Voller Energie und Enthusiasmus hatte er zwei Häuser in Bognor Regis gekauft, zu denen später noch ein drittes hinzukam. Hierher sollten seine Enkel flüchten können, wenn der Druck des Lebens bei Hofe zu groß würde, um einfache Sandkastenferien zu verbringen. Er hatte in den zwanziger Jahren an den gleichen Stränden ähnliche Ferien verbracht, bevor er nach Eton kam, und er erinnerte sich gerne an die aufregende Zeit am Meer.

Aber auch sieben Jahre nach der Geburt Prinz Williams hatten weder er noch sein Bruder jemals eines der beiden Haupthäuser, Trade Winds und La Hacienda, besucht, und langsam wurde klar, daß sie wohl niemals das Baumhaus sehen würden, das ihr Großvater für sie hatte bauen lassen. Die Sommerferien verbrachte die königliche Familie lieber in der Gesellschaft von König Juan Carlos von Spanien auf dessen Anwesen auf Mallorca. Aber selbst wenn die Familie ihren Urlaub nicht im Ausland verbrachte, ignorierte sie Johnnies Einladungen, und im Sommer 1989 entschloß er sich, die Häuser zu vermieten. Ein Traum mehr, der nicht in Erfüllung gegangen war.

Das eigentliche Problem stellte natürlich Raine da, die von ihren Stiefkindern den Beinamen »Acid« erhalten hatte. (»Acid Rain« heißt »saurer Regen«.) Daß sie länger mit Johnnie Spencer verheiratet war als ihre Vorgängerin Frances Shand Kydd und er offenbar mit seiner zweiten Frau sehr viel glücklicher war, spielte keine Rolle. Die Spencer-Kinder hegten eine außerordentliche Abneigung gegen diese Frau.

Diana war es, die diese Abneigung am deutlichsten zeigte.

1989, am Abend bevor ihr Bruder Charles Victoria Lockwood heiratete, hielt sich die Prinzessin schon in Althorp auf, und Raine gab eine Teegesellschaft, bei der auch Mrs. Shand Kydd anwesend war. Die Gräfin schenkte Tee ein und kümmerte sich darum, daß die Enkel ihres Gatten auch gut versorgt wurden.

Sie verließ das Kinderzimmer für einen Augenblick. Diana folgte ihr mit zornesrotem Gesicht. Am Ende des Flurs, der vom Kinderzimmer zur großen Treppe führt, trat Diana gerade in dem Augenblick einen Schritt vor, als ihre Stiefmutter die Stufen hinabgehen wollte; dadurch versetzte sie ihr offenbar einen solchen Schubs, daß Raine das Gleichgewicht verlor. Die damals schon achtundfünfzigjährige Gräfin stürzte die Stufen hinab und fand sich zutiefst erschrocken auf dem unteren Treppenabsatz wieder. Noch bevor sie sich wieder aufrappeln konnte, war Diana an ihr vorbeigegangen und hatte sich wieder unter die Teegesellschaft gemischt.

Sue Ingram hatte die ganze Szene mitangesehen. Sie erinnerte sich später: »Ich wollte nach oben laufen und ihre Ladyschaft fragen, ob ihr etwas passiert sei, aber die ganze Sache war mir peinlich, vor allem für sie selbst. Die Diener und ich taten so, als sei nichts geschehen – wir sahen einfach weg.«

Aber hinterher fragte Raine sie in der privaten Atmosphäre ihres Schlafzimmers: »Was ist nur mit Diana los? Was sollte dieser Zusammenstoß? Ich verstehe das Mädchen einfach nicht.« Dabei kannte sie die Antwort. Im Kinderzimmer waren sich die beiden Ehefrauen des achten Earl mit Mißtrauen begegnet und hatten kaum ein Wort miteinander gesprochen. Diana, die bei diesem unglücklichen Zusammentreffen dabeigestanden hatte, fühlte sich zurückgesetzt und hatte sich auf die Seite ihrer Mutter gestellt.

Auf diese oder ähnliche Weise hatten sich die Kinder ihres Mannes schon seit jeher Raine gegenüber benommen. Für Sarah, Jane, Diana und Charles verkörperte sie eine schnellebige, glamouröse, großstädtische Lebensweise, die mit ihrer eher ländlich-aristokratischen Erziehung schwer zu vereinbaren war. Als Diana noch Kleider von Laura Ashley trug, fuhr Raine schon nach Paris und hüllte sich in Kreationen von Balmain.

Als Raine auf Althorp erschien, nahmen ihre Leistungen schon eine halbe Seite im *Who's Who* ein. Sie besaß eine wache Intelligenz und beherrschte mehrere Sprachen. Der verschlafene Wohnsitz, der in winterliches Licht getaucht war, hatte solch eine exotische Erscheinung noch nicht zu Gesicht bekommen. Sarah fragte Sue einmal säuerlich: »Wie sieht meine Stiefmutter eigentlich mit nassen Haaren aus?« Auf den aristokratischen Privatpartys ging Mitte der siebziger Jahre die Meinung um, daß Johnnie Raine regelrecht hörig war. Bei den Kindern kam das natürlich nicht so gut an, da sie das Gefühl hatten, daß ihr Vater ihnen nicht genug Aufmerksamkeit schenkte.

Während der siebzehn Jahre, in denen Sue Ingram für die Spencers gearbeitet hat, beobachtete sie eine ganze Reihe von Taktiken, mit denen die Kinder gegen ihre Stiefmutter vorgingen. Sie machten sich hinter ihrem Rücken über sie lustig oder verließen den Raum, wenn sie ihn betrat. Raine selbst erinnert sich daran, daß Jane sich während der ersten zwei Jahre ihrer Ehe weigerte, mit ihr zu sprechen.

Was mit Kinderstreichen begonnen hatte, verhärtete sich mit der Zeit zu kompromißlosem Haß. Die Scherze wurden immer grausamer – die Kinder kippten Salz in Raines Getränke und schickten boshafte anonyme Briefe. Jeder Versuch der Stiefmutter, die Freundschaft der Kinder zu gewinnen, wurde abgeblockt oder mit eisigem Schweigen beantwortet. Sarah und Jane machten Raines Anordnungen an das Personal rückgängig. Alle drei Schwestern benahmen sich in der Öffentlichkeit demonstrativ unhöflich. Weihnachtsgrüße wurden an den »liebsten Daddy und Raine« adressiert, und teure Geschenke der Gräfin wurden mit einem Stück Seife oder mit Schrankpapier beantwortet. Diese »Geschenke« wurden so zahlreich, daß Lady Spencer und ihre Assistentin darauf nur noch mit Ironie reagierten.

Aber von Zeit zu Zeit gingen die andauernden Feindseligkeiten über Raines Kräfte. Sue Ingram erinnert sich: »Lord Spencer rief mich manchmal an und bat mich, nach ihrer Ladyschaft zu sehen, weil sie in Tränen aufgelöst war und mit der ganzen Sache einfach nicht mehr fertig wurde.« Schließlich entschloß sich Raine, das Problem zu verdrängen. An der Haltung der Kinder könne sie sowieso nichts ändern, meinte sie zu ihrer Sekretärin.

Sie hatte alles versucht, aber umsonst. Warum sollte sie sich noch bemühen, ihr Verhalten zu verstehen?

Zu diesem Zeitpunkt wohnte Charles schon mit seiner Frau auf Falconry, einem der größeren Wohnsitze auf dem dreizehntausend Morgen großen Anwesen, und ließ sich im Haupthaus nur noch sehen, um seine Post abzuholen. Eines Abends im September verabredete sich Charles in der Bücherei in Althorp zu einem Treffen mit seinem Vater und seiner Stiefmutter.

Die Begegnung zwischen Vater und Sohn verlief schmerzhaft und hinterließ schwere Wunden. Charles schrie seinen Vater in einem hysterischen Ausbruch sogar an. Johnnies Reaktion war Verzweiflung. Von da an verlor Charles beim kleinsten Mißverständnis die Geduld. Er hatte mittlerweile die Rolle des Verwalters des Anwesens übernommen, und als er eines Tages herausfand, daß sein Vater einen seiner Angestellten über zwei Jagdfasane ausgefragt hatte, wartete er, bis der Earl und die Gräfin gemeinsam das Haus verließen. Er stellte sich mit seinem Wagen dem seines Vaters in den Weg, so daß dieser abrupt bremsen mußte, und schrie ihn an, er solle sich um seine eigenen Dinge kümmern und es nie wieder wagen, seine Angestellten auszufragen.

Der Earl war sprachlos, aber er kannte den Ablauf dieser Geschichte nur allzu gut. Sein eigener Vater, der siebte Earl, war selbst ein schwieriger, aufbrausender Mann gewesen, mit dem Johnnie nicht zurechtkam – das war auch der Grund, warum er sich entschlossen hatte, auf Sandringham zu leben. Althorp bot nicht genug Platz für beide Männer. Jetzt, da diese neuerliche Konfrontation wie ein Spiegelbild der Beziehung zu seinem eigenen Vater wirken mußte, konnte Johnnie nur noch entsetzt und traurig den Kopf schütteln.

Daß Raine diese Jahre der immerwährenden Feindschaft so gleichmütig ertrug, war bewundernswert, aber sie hatte Übung darin. Aber wenn sich diese Anfeindungen auf andere Mitglieder ihrer Familie ausdehnten, verlor auch sie die Geduld.

Der ehemalige Privatsekretär des Earl Mountbatten of Burma John Barratt erinnert sich daran, wie Diana Raines Mutter, Dame Barbara Cartland, während der königlichen Hochzeit demütigte:

»Ich nahm an, wie jeder andere auch, daß Barbara an der

Hochzeit teilnehmen würde, und nachdem ich meine Einladung erhalten hatte, fragte ich sie, ob sie ihre auch schon bekommen hätte. Sie sagte zu mir, daß man sie nicht eingeladen hätte und ob ich nicht etwas für sie tun könnte.

Ich wandte mich an Michael Colbourne vom Büro des Prinzen und fragte ihn, ob er nicht helfen könne. Ich hatte gehört, daß man ihren Namen auf ausdrückliche Anweisung Lady Dianas von der Gästeliste gestrichen hatte: die Begründung lautete, daß sie sich von Barbara Cartland nicht die Show stehlen lassen wollte.

Das hat mir wirklich nicht gefallen. Ich wußte, daß Diana und ihre Geschwister nicht mit ihrer Stiefmutter zurechtkamen. Aber sie war nicht daran schuld, daß die Ehe ihrer Eltern auseinandergebrochen war, und sie hat ihn während seiner schweren Krankheit aufopfernd gepflegt.

Ich sagte zu Michael, daß Barbara nur dann die Show stehlen würde, wenn man sie nicht einlud. Das würde der hungrigen Pressemeute, die auf den kleinsten Brocken wartete, eine großartige Geschichte über die zerrissene Familie liefern.

Barbara war sehr unglücklich, wirklich tief verletzt. Ich bin überzeugt, daß Diana nicht so gehandelt hätte, wenn sie gewußt hätte, wie weh sie der alten Lady damit tat, aber damals war sie noch sehr jung und naiv, und aus irgendeinem unverständlichen Grund gaben die königlichen Berater ihrem Wunsch nach. Barbara fragte mich, ob sie am Tag der Hochzeit eine Auslandsreise antreten solle, aber ich sagte zu ihr, daß es dann wirklich so aussehe, als sei sie verbannt worden.

Dann hatte ich einen Einfall. Barbara war immer sehr aktiv in der St. John's Ambulance Brigade gewesen. Also schlug ich ihr vor, an diesem Tag einen Empfang für die Freiwilligen in ihrem Distrikt zu geben. Ich riet ihr, nicht in einem ihrer übertrieben aufgeputzten Kleider zu erscheinen, sondern eine St.-John's-Uniform zu tragen. Das tat sie dann auch, und es wurde ihr wirklich hoch angerechnet – alle Zeitungen berichteten ausführlich darüber –, und sie war außer sich vor Freude. Wäre sie eine von Hunderten illustrer Gäste gewesen, die in der St. Paul's Kathedrale aufmarschierten, wäre sie kaum aufgefallen; vielleicht ist es übertrieben zu sagen, daß sie den Prinzen und die Prinzessin von

Wales in den Schatten gestellt hat, aber sie war ziemlich nah dran.«

Die Serie der Erniedrigungen hörte nicht auf. Johnnie Spencer hatte in seinem Testament dafür gesorgt, daß der Übergang zu einer neuen Herrschaft auf Althorp nach seinem Tod sanft verlaufen sollte. Raine sollte ein sechsmonatiges Aufenthaltsrecht erhalten, damit sie ihre Angelegenheiten regeln konnte, bevor sie aus Althorp auszog, um dem neuen Earl das Feld zu räumen. Aber sofort nach der Beerdigung spielte sich ein unwürdiges Schauspiel ab. Weder die Gräfin noch ihre persönliche Assistentin waren im mindesten überrascht. Der neue Earl hatte es das Personal oft genug wissen lassen: »Sobald mein Vater tot ist, werden drei Taxis am Hinterausgang warten. Eins für Raine, eins für Sue und eins für den Verwalter, Richard Stanley.« Sein Entschluß wurde von Diana und den anderen Schwestern gutgeheißen.

Warum? »Sie haben ihre Stiefmutter von Anfang an gehaßt. Sie hielten sie für eine Goldgräberin, die es nur auf das Geld und den Status ihres Vaters abgesehen hatte«, meint Sue. Die Ressentiments der Spencer-Kinder gingen so weit, daß sie Sue bei ihrer Ankunft auf Althorp kurz nach dem Tod des Earl untersagten, irgend etwas im Hause anzurühren. In der Woche zwischen Johnnies Tod und dem Begräbnis sollten noch weitere Demütigungen folgen. Als Sue Raines Unterlagen abholen wollte, erfolgte ein ähnlicher Empfang, und schon einige Tage darauf wurde sie entlassen.

Und als die Gräfin selbst mit einer Packung roter Klebepunkte das Haus betreten wollte, um ihr Eigentum kenntlich zu machen, wurde ihr mitgeteilt, daß sie den Nachlaßverwaltern Rechnungen vorlegen müsse, bevor die Stücke entfernt werden könnten. Aber es ging noch weiter: Als ihr Dienstmädchen erschien, um ihre Kleidung abzuholen, stellten sich Charles und Diana vor eine der Seitentüren des Hauses und warteten.

»Was haben Sie da?« wollte Diana wissen, als das Dienstmädchen mit zwei Louis-Vuitton-Koffern erschien, die das »S« der Spencers trugen. »Diese Koffer sind von meinem Vater. Sie gehören nicht Ihnen.« Die Angestellte antwortete nervös, daß man die Koffer für eine Reise nach Japan gekauft habe und daß sich

206

die Kleider ihrer Ladyschaft darin befänden. Insgesamt gab es vier Koffer. Die beiden anderen trugen die Initialen »RS«.

Charles und Diana untersuchten daraufhin den Inhalt der Koffer und ordneten an, daß alles in Plastiksäcke gepackt wurde. Die Koffer würden sie behalten. Als eine weitere Kleidertasche heruntergebracht wurde, legte Diana sie auf den Boden, machte den Reißverschluß auf und fuhr mit der Hand zwischen die Kleidungsstücke, bevor sie die Tasche mit einem Fußtritt zur Seite beförderte.

»Nach dem Tod ihres Vaters haben die Kinder sofort jeglichen Kontakt zu Raine abgebrochen«, berichtet Sue Ingram. »Sie mußte von sich aus beim neuen Earl anrufen, um Genaueres über die Trauerfeier zu erfahren, und Charles wies seinen Anwalt an, ihr ein Fax zu schicken.« Sie wurde auch nicht zu der Zeremonie eingeladen, bei der die Urne mit der Asche ihres Mannes in der Familiengruft beigesetzt wurde.

Dabei hatte Raine den Kindern nur eine Freundin sein wollen und darauf gehofft, daß die Familie respektvoll miteinander umginge, wenn sie sich gelegentlich alle gemeinsam trafen. Aber dem stand ihre feste Absicht im Weg, Althorps finanzielle Lage zu verbessern. Die Kinder verabscheuten diese Unternehmungen. Wer, so fragten sie sich, war denn Raine, ihnen zu erzählen, wie man den Familienbesitz in ein gutgehendes Geschäft verwandeln könne?

Ihr Problem bestand darin, daß sie cleverer war als die Spencers – wahrscheinlich zu clever. Sie sah in Althorp einen ungenutzten Wert, ein heruntergekommenes Haus, das wiederbelebt werden mußte; ein Familiengeschäft, dem der Schwung fehlte.

Um die Renovierung zu finanzieren, veranlaßte sie den Verkauf von Silber und Gemälden. Dadurch kam es zum endgültigen Bruch zwischen den Kindern und ihrer Stiefmutter, die sie heftig angriffen. »Es gab eine Menge böswilligen Klatsch, als Lastwagen voller Gemälde und Möbel Althorp verließen«, erinnert sich Sue Ingram. »Aber die Sachen wurden zu Restauratoren gebracht, nicht zum Verkauf.«

Es gab noch eine weitere Situation, bei der die Prinzessin von Wales die falschen Schlüsse zog. Als sie einen leeren Fleck auf der

Wand entdeckte, wollte sie wissen, wo das Bild geblieben sei, das dort gehangen habe. Raine versuchte, sie zu beruhigen, und erklärte ihr, daß man das Gemälde zur Reinigung habe abholen lassen, doch Diana glaubte ihr nicht. Das Bild mußte erst zurückgebracht werden, bevor sie überzeugt war. Charles Althorp teilte die Ängste seiner Schwester. Wenn der Earl und die Gräfin sich in London aufhielten, meistens von Dienstag bis Donnerstag, konnte man ihn mit einer Aktentasche voller Papiere durch das Haus laufen sehen, um nachzuprüfen, ob irgend etwas verschwunden war.

Man muß einräumen, daß nicht alle Ideen Raines ein voller Erfolg waren. Der riesige Speisesaal von Althorp wurde zu einem atemberaubenden Preis in einem recht bizarren Blauton renoviert, und der Souvenirladen, wo sie und Johnnie den Touristen oft persönlich gegenüberstanden, bot nicht viel mehr als Schund an. Diana regte sich sehr über den Vorschlag auf, daß Besucher, die gerne einmal adelige Luft schnuppern wollten, sich einen Platz an der Dinnertafel der Spencers kaufen konnten. Noch mehr verabscheute sie die Idee eines »Abends für Verliebte«, wo es für umgerechnet 200 DM pro Paar ein Essen mit Wein gab, bei dem Johnnie den Gastgeber spielte, während im Hintergrund ein Pianist romantische Melodien klimperte. Für die Horden von Japanern, die in immer größeren Mengen das Haus mit ihrem Geschnatter und dem Klicken ihrer Kameras erfüllten, hatte sie auch nichts übrig.

Die abfälligen Kommentare über Raines Pläne, das ganze Haus renovieren zu lassen, verärgerten den Earl. Er spürte, daß der Bruch zwischen seiner Frau und den Kindern nicht mehr zu kitten war, und verteidigte sie gegenüber Diana. »Ich glaube, sie mag einfach Raines neue Ausstattung des Hauses nicht. Aber Raine hat es großartig gemacht, niemand hätte es besser machen können. Sie scheint ein Talent für Innenausstattung zu besitzen – alle Gemälde sind gereinigt und restauriert worden, und die Möbel sind neu bezogen. Ich finde es prächtig.«

Auch seine neuentdeckten unternehmerischen Aktivitäten gefielen ihm. Aber die Spannungen zwischen dem Earl und seinen Kindern wurden immer stärker, und kurz vor seinem Tod hatte er jede Hoffnung auf eine Aussöhnung aufgegeben. Im September

Oben: Abreise von Lech nach
der Nachricht vom Tode ihres
Vaters *(Hulton-Deutsch)*

Rechts: Beim Begräbnis des
Achten Earl Spencer
(Tim Graham)

Links: Die Dame in Rot
(Glenn Harvey)

Unten: Die vier Spencer-Kinder
(Kevin Bruce/Nunn Syndication)

Entspannung beim Malen *(Tim Graham)*

Charles und Camilla stehlen sich davon zu einem Picknick in Balmoral
(Jim Bennett/Nunn Syndication)

Links: Diana und ihre Mutter, Frances Shand Kydd *(Tim Graham)*

Unten: Der Achte Earl Spencer in Althorp *(Tim Graham)*

Links: Kanada – Während Charles' Rede ist Diana mit den Gedanken woanders *(Tim Graham)*

Unten: Brigadegeneral Parker-Bowles mit seiner Frau
(Dennis James/Nunn Syndication)

Links: Urlaub auf Richard Bransons Insel Necker *(Robin Nunn/Nunn Syndication)*

Unten: Charles als Sportsmann beim Polo *(Tim Graham)*

Die sportliche Diana *(Julian Parker/Nunn Syndication)*

Körpersprache sagt alles *(Tim Graham)*

ließ er sich zu einer öffentlichen Klage hinreißen, was sehr selten geschah, und schimpfte über seine Kinder, die sich gegen ihn gewandt hatten. Diana kritisierte er besonders heftig: »Ich habe Diana verdammt viel Geld gegeben – zwischen 500 000 und einer Million Pfund, die sie für Henry anlegen sollte«, sagte er. »Aber Diana versteht nichts von Geld. Sie hat keine Erfahrung. Sie ist zu jung.« Bitter fügte er hinzu. »Ich weiß sowieso nicht, warum sie soviel Aufhebens macht, denn sie besucht uns kaum – nur zu Ostern und zu Weihnachten.«

Raine kam ihm zu Hilfe. Zu den Beschwerden der jungen Spencers über den Verkauf des Familienerbes sagte sie: »Ich treffe nicht die Entscheidungen, Gemälde oder Landhäuser zu verkaufen.« Mit einem Blick zu ihrem Gatten fuhr sie fort: »Ich bekomme meine Anweisungen von ihm. Er sagt mir, was zu tun ist, und ich tue es. Die Vorstellung, daß ich einen übermächtigen Einfluß ausübe, ist falsch. Er kann mit seinem Besitz machen, was er will.« Dann verriet die Gräfin noch etwas sehr Persönliches: »Glauben Sie, daß ich auch nur eine Minute all den Ärger und das böse Blut ertragen würde, wenn ich Earl Spencer nicht liebte? Ich brauche das nicht.«

Was ihren Spitznamen »Acid« Raine anbetraf, meinte die Gräfin: »Ich ignoriere all das. Ich denke nur an John und an das, was er für die Nachwelt tut. Er liebt Althorp und alles, was wir an dem Haus gemacht haben.«

Der Earl und die Gräfin sahen sich jedoch nicht nur unter dem Druck der jüngeren Generation, sondern fühlten sich auch zunehmend von der Presse in die Mangel genommen, die sich immer mehr für ihre Privatangelegenheiten interessierte. In Zeitungsartikeln wurden die Erbstücke aufgelistet, die verschwunden waren, darunter allein elf Gemälde von van Dyck. Man schätzte, daß über zweihundert wertvolle Gegenstände aus dem Haus entfernt und verkauft worden waren.

Mehrere Blätter schickten Reporter in Begleitung von Kunstexperten nach Althorp, um die offiziellen Fotografien der Schätze mit dem zu vergleichen, was sich noch im Hause befand.

Die Spaltung innerhalb der Spencers über den Verkauf von Kunstwerken und Erbstücken war an die Öffentlichkeit gedrungen. Witze über die hellen Flecken an den Wänden machten die Runde, und ganz aus der Luft gegriffen schienen sie nicht zu sein.

Johnnie Spencer wandte sich gegen seine Kritiker und brachte vor, daß es ohne die Verkäufe nicht möglich gewesen wäre, die umgerechnet sechs Millionen Mark für die Restaurierung seines Hauses aufzubringen. Er bezeichnete seine Kinder als »naiv in Finanzdingen« und warf ihnen vor, »undankbar« zu sein und von der Verantwortung, die man als Besitzer von Althorp habe, nichts zu verstehen.

Im Grunde sagte er damit nichts anderes, als daß er seine Kinder für dumm hielt, und Diana fand dabei besondere Erwähnung. Aber sie sorgte für Rache. Als das Weihnachtsfest näher rückte und damit die alljährliche Feier, die Johnnie für seine Enkel auf Althorp ausrichtete, mehrten sich die Gerüchte, daß weder Diana noch die beiden Prinzen erscheinen würden – was nichts anderes hieß, als daß die Kluft zwischen ihr und ihrem Vater so groß war wie vier Monate zuvor. Schließlich fuhren die beiden Jungen doch nach Althorp, aber die Prinzessin war durch »öffentliche Verpflichtungen« verhindert.

Johnnies Entschluß war nun gefallen; schamlos begann er, das Familienerbe auszubeuten. Die Bemühungen seiner Frau, in Asien zu Geld zu kommen, zeigten erste Erfolge. Johnnie vertraute mir mit stolzgeschwellter Brust an, seine Frau habe sogar Japanisch gelernt, um ihre kommerziellen Ambitionen besser verwirklichen zu können. Ende 1991 wurde bekannt, daß Spencer so weit gegangen war, den Namen, den Titel, das Wappen und die Helmzier der Familie an die Japaner zu verkaufen. Mehr noch, er hatte sogar das Hochzeitskleid seiner Tochter veräußert; zumindest schien es zunächst so. Tatsächlich handelte es sich nur um Duplikate der Robe von Emanuel, aber Spencer mußte zugeben, daß er durch solche kommerziellen Aktivitäten den Ruf der Familie herabsetzte. Seinem Sohn teilte er mit, daß er »diese ziemlich abscheuliche Sache« tun werde. Ein an hoher Stelle stehender Informant aus Althorp wurde damals mit folgenden Worten zitiert: »Es war ihm offenbar peinlich. Er gab zu, daß es etwas schäbig war.«

Trotzdem gab es weiterhin Streit zwischen dem Earl und dem Viscount, der sich noch verschärfte, als ein weiterer Vermarktungsplan bekannt wurde, der noch gewitzter schien als der erste. Johnnie wollte seinen Namen für ein Projekt hergeben, das der »Königliche Golfclub Spencer« heißen sollte. Der Club in der Nähe von Kushiro auf Japans nördlicher Insel Hokkaido sollte gesellschaftlichen Aufsteigern für umgerechnet 75 000 bis 160 000 DM eine Mitgliedschaft bieten. Als Gegenleistung sollte Spencer Lizenzgebühren erhalten.

Als dieser Plan bekannt wurde, flohen die Spencers erst einmal für einen Kurzurlaub nach Südfrankreich, aber die Wolken verdunkelten sich dennoch. Selbst wenn man außer acht ließ, daß es geschmacklos war, den Familiennamen für einen Sport herzugeben, der, zumindest in Japan, eng mit Skandal, Korruption und organisiertem Verbrechen verbunden war, dann war da noch immer die Verwendung des Wortes »königlich«.

Kritiker wiesen sogleich darauf hin, daß Spencer selbst kein Mitglied des Königshauses war, wie auch niemand zuvor in seiner Familie. Seine Tochter gehörte durch ihre Heirat zum Königshaus, aber das war auch alles. Ich erfuhr, daß die Beamten des Buckingham Palastes außer sich vor Zorn über Johnnies eklatante Verletzung des Protokolls waren – schließlich war er selbst Bediensteter des Palastes gewesen. Er kannte die Regeln und hätte es besser wissen müssen. Einer seiner heftigsten Kritiker war sein eigener Schwiegersohn, Sir Robert Fellowes. Als schließlich noch bekannt wurde, daß Spencer weder die Erlaubnis hatte, das Wort »königlich« zu benutzen, noch über die üblichen Kanäle um eine solche Erlaubnis nachgefragt hatte, reichte es der Königin endgültig. Spencer war nun *persona non grata*.

Ob es nun die vereinten Bemühungen der vier Kinder, der besondere Einfluß seiner jüngsten Tochter oder die Einwirkung seines Schwiegersohns war – auf alle Fälle waren Earl Spencer und Raine bei der Königin in Ungnade gefallen, so wie die Phillips' vor ihnen und die Fergusons nach ihnen. Aus den Verwandten des Königshauses waren Verbannte geworden. Spencer akzeptierte offenbar diese dynastische Kälte, ungeachtet seiner langen Familientradition im Dienste der Krone. Raine fand sich nie damit ab.

Der Donner verhallte langsam, und die kommerziellen Pläne der Spencers vollzogen sich ungestört – was auch bitter nötig war.

Als sie nach einem weiteren Besuch bei ihren japanischen Zahlmeistern nach England zurückkehrten, wurde ihnen klar, wie sehr sie sich vom Land der aufgehenden Sonne abhängig gemacht hatten. Ein eher hausbackener, undurchdachter Plan, Althorp zu einem der größten Reitzentren Englands zu machen, war gescheitert. Man hatte gehofft, Althorp als Austragungsort für die olympischen Ausscheidungswettkämpfe des britischen Reiterteams herzurichten, aber wichtige Sponsoren stiegen aus, und ein erwartetes Einkommen von umgerechnet 150 000 DM löste sich in Luft auf.

Aus all den grandiosen Plänen wurde letzten Endes nichts. Noch bevor der erste Ball über ein asiatisches Grün gespielt wurde, noch bevor die erste japanische Braut ihr kopiertes Lady-Di-Hochzeitskleid tragen konnte, wurden die sterblichen Überreste des achten Earl Spencer am 1. April 1992 eingeäschert. Am gleichen Tag wurde seiner Frau für immer der Zutritt zu ihrem Heim verwehrt.

Während der Trauerfeier für Johnnie Spencer in St. Margaret's, Westminster, wo schon vieler großer Persönlichkeiten gedacht worden war, dankte Raine für den Respekt, den man ihrem Mann hatte zukommen lassen. Prinz Charles, der Raine nach Johnnies Tod einen handgeschriebenen fünfseitigen Brief geschickt hatte, war persönlich erschienen. Die Königin entsandte einen ehemaligen Privatsekretär. Ansonsten wohnten nur wenige Mitglieder des Königshauses der Trauerfeier bei.

Raine, Gräfin Spencer, trat aus der Kirche in das matte Sonnenlicht des Monats Mai und nahm die öffentlichen Küsse der Stieftochter entgegen, von der sie einst die Treppe hinuntergestoßen worden war.

Kapitel 8

Blick nach vorn

Die praktisch ununterbrochene Kontinuität der britischen Monarchie über einen Zeitraum von über tausend Jahren hinweg ist eine der bemerkenswertesten Leistungen in der Geschichte. Aber heute stellt sich die Frage – wird sie weiterhin Bestand haben? Es besteht kein Zweifel daran, daß die Ereignisse von 1992 und 1993 den »Royals« tiefe Wunden zugefügt haben. Die Königin hat es selbst zugegeben. Aber der Schlüssel zum Überleben liegt in der Fähigkeit, sich anzupassen und zu verändern; und wenn einige Anhänger des Hauses Windsor ihre Selbstzufriedenheit ablegten, dann gäbe es Hoffnung.

Vor kurzem veröffentlichte die Gräfin von Longford, die Frau eines Peers und Trägers des Hosenbandordens, ein Buch über die königliche Familie. Aus der Sicht eines Insiders zeichnet sie darin ein strahlendes Bild der »Royals«, wie sie selbst sich gerne sähen: Prinz Charles wird als ein Visionär vorgestellt, ein Renaissancemensch, dessen private Liebeleien nur ihn allein etwas angehen. Der Skandal um Fergie wird eher der Presse angelastet als ihrem eigenen Verhalten. Prinz Philip ist ein Mann, hinter dessen rauher Schale sich ein weiches Herz verbirgt. Die Königinmutter ist eine lebende Heilige, und jene, die ihr vorwerfen, daß sie sich in ihr Schloß Mey in Schottland zurückgezogen habe, als Prinzessin Margarets Leben nach einer Romanze mit Group Captain Townsend in den fünfziger Jahren in Scherben vor ihr lag, sollten sich schämen. Und so weiter.

Dies ist genau der Punkt, an dem das Haus Windsor – und besonders einige seiner Anhänger – die Realität verkennen und genau dadurch die Zukunft des Königshauses gefährden. Niemand freut sich über negative Kritik, in diesem Punkt unterscheiden sich die »Royals« nicht von allen anderen. Aber um von uns respektiert zu werden, denken viele, muß sich die königliche Familie diesen Respekt auch verdienen. Eine zornige und aufgebrachte Nation zu ignorieren und darauf zu hoffen, daß sich die Probleme schon von selbst regeln werden, dürfte kaum die Lösung sein.

Leider scheint das Haus Windsor nicht zu erkennen, in welchen Schwierigkeiten es steckt. Ein trauriger Beweis für diese Annahme wurde im April 1993 offenkundig, als der Prinz von Wales zur Trauerfeier für Don Juan de Borbon y Battenberg, den Vater des Königs von Spanien, flog. Die Stimmung seines eigenen Volkes hatte Charles offenbar völlig falsch eingeschätzt. Denn in England schaute niemand nach Madrid. Alle Augen waren auf Warrington gerichtet, wo eine Trauerfeier für Jonathan Ball und Tim Parry, die beiden Jungen, die bei einem Bombenanschlag der IRA getötet worden waren, stattfand.

Genaugenommen hatte Charles nichts in Spanien verloren, ungeachtet seiner Bemühungen um eine Allianz mit König Juan Carlos; an der Beerdigung hätte der Herzog von Edinburgh teilnehmen müssen. Don Juan war der erste Cousin von Philips Mutter. Der Herzog hätte also einen Grund gehabt, nach Madrid zu reisen. Aber Charles? Wie viele Menschen gehen schon zu der Beerdigung eines Onkels zweiten Grades? Vor allem dann, wenn zu Hause die Pflicht ruft?

Man mußte dem Parlamentsmitglied Ian McCartney zustimmen, als er sagte: »Als zukünftiger König hätte er wissen müssen, daß sein Platz in einem so schrecklichen Augenblick an der Seite seiner künftigen Untertanen ist.« Selbst den eifrigsten Anhängern des Prinzen verschlug das Fernbleiben des Prinzen die Sprache. Aber es sollte noch schlimmer kommen. Die Prinzessin von Wales hatte den ausdrücklichen Wunsch geäußert, an der Trauerfeier in Warrington teilzunehmen, bei der auch der Premierminister, der Oppositionsführer und der irische Präsident anwesend waren. Doch sie durfte nicht. Das hatte zur Folge, daß in dem eskalierenden Krieg zwischen den beiden Lagern ein weiteres häßliches und deprimierendes Gefecht ausgetragen wurde.

Einen Tag vor der Trauerfeier rief Diana die Mutter des zwölfjährigen Tim an, um ihr ihr Beileid auszusprechen. Die Prinzessin ist von ihren Fähigkeiten als Heilerin überzeugt, und man kann nicht leugnen, daß ein mitfühlendes Wort von ihr das Leben Tausender Menschen verändert hat. Diana führt viele solcher Telefongespräche, aber in der Regel werden sie nicht publik gemacht. Doch als sie bei Mrs. Parry anrief, war gerade ein Fernsehteam in deren Wohnung. Mrs. Parry erzählte den Journalisten, daß Diana ihr gesagt habe, wie leid es ihr täte, nicht an der Trauerfeier teilnehmen zu dürfen. Dies wurde als ein weiterer Versuch angesehen, die Prinzessin von den wichtigeren öffentlichen Pflichten des Königshauses auszuschließen. Von allen Seiten gab es zornige Reaktionen. Die Zeitungen machten aus dem bewegenden Anlaß eine nationale Kontroverse, bei der sich alles um das Haus Wales drehte. Die Einwohner von Warrington zeigten sich tief enttäuscht über das Fernbleiben des Prinzenpaares – auch wenn der Herzog von Edinburgh seine Aufgabe großartig erledigte. »Machen Sie keine Umstände mit den Förmlichkeiten«, sagte er zu Jonathans Vater. »Nennen Sie mich einfach Phil, ich bin ja nur ein bißchen älter als Sie.« Dennoch hatten die Mandarine des Buckingham Palastes wieder einmal ein Eigentor geschossen.

Ich habe dieses Ereignis deshalb so in den Vordergrund gestellt, weil es zeigt, daß die königliche Familie trotz Tausender von öffentlichen Terminen, die sie jedes Jahr wahrnimmt, bei wirklich wichtigen Ereignissen oft die falsche Entscheidung trifft. In Augenblicken der nationalen Begeisterung und des Ruhmes, und was noch wichtiger ist, in tragischen Augenblicken, braucht das Land die königliche Familie als öffentliches Spiegelbild seiner Freude oder seiner Trauer. Auch wenn die Welt sich ändert und die Anwesenheit eines »Royals« nicht mehr so große Bedeutung für die Menschen hat, gibt es Situationen, in denen ihre Anwesenheit einfach erforderlich ist. Hoffentlich machen sie es in Zukunft besser.

Der Buckingham Palast hatte folgende Erklärung anzubieten: Die Königin besucht grundsätzlich keine Trauerfeiern. Es hatte von Anfang an die Absicht bestanden, den Herzog von Edinburgh als Vertreter der Krone zu entsenden. Aber es war Prinz Charles gewesen, der als erster nach Warrington gekommen war, um die Bombenopfer zu besuchen, und die Menschen hatten erwartet, daß er auch an der Trauerfeier teilnehmen würde.

Erneut stellt sich die Frage, wie weit über den Nöten seines Volkes ein Monarch stehen darf, eine Frage, die Charles sich bei seiner Vorbereitung auf die Königswürde unbedingt stellen muß. Ganz anders verhielt sich Königin Beatrix der Niederlande bei einer ähnlichen Tragödie.

Am 5. Oktober 1992 stürzte eine Frachtmaschine der El Al auf einen Wohnblock am Rande Amsterdams. 43 Menschen starben in den Flammen. Zusammen mit ihrem Premierminister Ruud Lubbers erschien Königin Beatrix kurz darauf an der Unfallstelle und besuchte später die Überlebenden und die Trauernden im Stadion von Bijlmermeer. Als sie mit einem neunjährigen Jungen sprach, der durch das Unglück zum Waisen geworden war, brach sie in Tränen aus.

Im Dezember 1988 rasten zwei Züge der British Rail bei Clapham in Südlondon ineinander. Bei dem Unglück wurden 35 Menschen getötet. Nicht ein Mitglied der königlichen Familie ließ sich am Unglücksort sehen, und als die Trauerfeier stattfand, entsandte die Königin weder ihren Mann noch ihren Sohn; sie schickte Fergie als ihre Repräsentantin.

Ein Mann, der König werden will, sollte aus solch eklatanten Fehlern lernen. Es wäre klüger gewesen, Charles nach der Explosion der Pan-Am-Maschine nach Lockerbie zu senden, wenn die Königin es schon nicht selbst fertigbringt, dem Unglück ins Auge zu sehen. Statt dessen schickte man Prinz Edward, der seinen öffentlichen Auftritt mit beschämender Unfähigkeit hinter sich brachte.

Die Public-Relation-Katastrophen werden vom Palast regelmäßig bagatellisiert. Ich bin wirklich der Überzeugung, daß die Royals und im besonderen ihre Berater öffentliche Kritik im Grunde nicht ernst nehmen. Nach dem Feuer in Windsor Castle sank der Beliebtheitsgrad der Königin drastisch, als der für den Denkmalschutz zuständige Minister verlautbaren ließ, das Land sei »stolz darauf«, den Wiederaufbau zu bezahlen. Erst jetzt erfolgten einige hektische Aktivitäten, die zwei Zugeständnisse bewirkten. Ihre Majestät würde einen Teil der Renovierungskosten übernehmen, anstatt ihren Untertanen die ganze Last aufzubürden, und sie erklärte sich schließlich bereit, Einkommensteuer zu zahlen. Die rebellische Stimmung im Lande war jedoch nur zum Teil besänftigt.[1]

Als Prinz Charles nach der Veröffentlichung der Camilla-Bänder einen Termin im Londoner East End wahrnahm, rief ein zorniger Mann ihm zu: »Sie sollten sich schämen!« Charles war zutiefst getroffen. Später wurde der *Sunday Telegraph* von Freunden des Prinzen darüber informiert, daß Charles noch immer König werden wolle und bereit sei, »ein Leben in Enthaltsamkeit zu führen, um das Vertrauen der Öffentlichkeit zurückzugewinnen, ohne das er den Thron nicht besteigen könne«. Sicherlich löbliche Absichten, aber die Art und Weise, wie sie formuliert waren, brachte ihm nichts als Spott ein. Wieder einmal hatten die Höflinge die öffentliche Stimmung falsch eingeschätzt.

Eines dürfen sie auf keinen Fall ruinieren: die Zukunft der Prinzessin von Wales. Egal, wie sehr sich die Verantwortlichen im Palast auch bemühen, ihren Einfluß herunterzuspielen – und sie bemühen sich sehr, wie man noch sehen wird –, sie steht auch nach zwölf Jahren Ehe noch immer im Rampenlicht der weltweiten Bewunderung. Aus jeder Umfrage geht sie als beliebtestes Mitglied der königlichen Familie hervor, in die sie hineingeheiratet hat. Anstatt sich gegen ihre unbestrittene Anziehungskraft zu stellen – was natürlich erfolglos ist –, sollte der Buckingham Palast diese Tatsache lieber zu seinen Gunsten nutzen. Dianas wichtigster Beitrag besteht darin, daß sie nicht nur die Stimmung im Lande, sondern auch dessen finanzielle Gesundheit verbessern kann.

Nehmen wir zum Beispiel ihren Besuch in den Vereinigten Staaten im November 1985. Während eines Aufenthaltes in der hübschen Kleinstadt Springfield in Virginia besuchte Diana auch das

---

1 Letzten Endes interpretierte die Königin die öffentliche Stimmung richtig. Nachdem sie zunächst von ihrem Versprechen zurückgetreten war, ihren Anteil an den Reparaturkosten zu übernehmen, unternahm sie dann doch einen ungewöhnlichen Schritt: Sie erklärte sich einverstanden, in den nächsten fünf Jahren den Buckingham Palast im Sommer für zwei Monate der Öffentlichkeit zugänglich zu machen. Von dem Ertrag aus den Eintrittsgeldern soll ein großer Teil der Reparaturkosten bestritten werden.

Einkaufszentrum. In einem der Geschäfte, J. C. Penney's, einem Laden der mittleren Güteklasse, unterhielt sie sich mit Managern und dem Verkaufspersonal und betrachtete während einer Pause – Kameras nahmen jeden Schritt auf – bewundernd die Regale und Ständer mit in England hergestellten Pullovern, Röcken, Kleidern, Mänteln, Schuhen und Schals. Die Firma war hocherfreut: »Ihr frisches, junges Image – daß wir damit verbunden werden, ist unbezahlbar für uns. Als die Queen unser Land besuchte, ging sie zu Bloomingdale's, aber Diana kommt zu Penney's. Eine bessere Werbung könnte es für uns gar nicht geben«, meinte ein Manager aufgeregt. Dianas Besuch kam zur rechten Zeit; denn Penney's hatten gerade britische Waren im Werte von 50 Millionen Dollar importiert, und ihr Besuch bedeutete, daß die Waren in Rekordzeit aus den Regalen verschwinden würden. Perfekt für Penney's – erfreulich für England, weniger schön für mich: Die Polizei von Springfield war königlichen Besuch offenbar nicht gewohnt, und als ich aus dem Laden lief, um der königlichen Gesellschaft zu folgen, drohte mir ein Uniformierter mit nervösem Zeigefinger, mir den Kopf wegzupusten. Zum Glück konnte ich ihn von seinem Vorhaben abbringen.

Prinz Charles erkannte Dianas Bedeutung als Handelsbotschafterin durchaus an und betonte, daß er und seine Frau dazu beitragen könnten, »ein positives Klima gegenüber England als Handelspartner zu schaffen. Ich hoffe, daß im Zuge einer solchen Entwicklung auch andere Möglichkeiten für den Handel und den Export entstehen«, sagte er. »Diesem Gebiet hat man bislang noch nicht genug Beachtung geschenkt. Wir können nur schwer beurteilen, wieviel bewegt werden kann, aber es ist schon erstaunlich, was man durch etwas guten Willen erreicht.«

Die offizielle Trennung hat nichts daran geändert: Diana hat noch immer die Fähigkeit, England erfolgreich zu vertreten, und in einem nicht nur komisch gemeinten Artikel rechnete ein amerikanisches Magazin aus, daß die mit Diana verbundenen Geschäfte 1985 kommerzielle Transaktionen im Umfang von 650 Millionen Dollar erbracht haben. Auch wenn es schwer einsehbar ist, wie das Magazin auf diese Zahl gekommen ist, wurden doch einige konkrete Beispiele gegeben: So trug sie beispielsweise 1985 einen

Pullover, auf den kleine Schafe aufgenäht waren: Der Hersteller verkaufte daraufhin im Wert von einer Million Dollar Modelle dieser Art, 1982 brachte sie Schuhe mit flachen Absätzen in Mode: Der Hersteller Clark's verdankte ihr den Verkauf von 2,8 Millionen Paar Schuhen im Wert von 63 Millionen Dollar.

Aus amerikanischer Sicht waren Diana und ihr Image der beste britische Import seit den Beatles. *The Book of Money* schätzt ihren Wert für die Touristikbranche in England auf »konservative« 10 Millionen Pfund – »etwas mehr als Blackpool, der Tower, Trafalgar Square und die Houses of Parliament zusammen.« Die bekannte Modeagentin Lynne Franks geriet ins Schwärmen: »Diana hat Unglaubliches für die britische Mode und ihren Export geleistet.« Ein Sprecher des Handelsverbandes Branded Stocking Group meinte: »Wir können mit Sicherheit sagen, daß Prinzessin Diana der Strumpfindustrie einen gewaltigen Schub nach vorne gegeben hat, besonders was gemusterte Ware betrifft. Seit Diana solche Sachen trägt, ist die Nachfrage enorm gestiegen.« Und Hüte? »Diana hat sehr großen Einfluß ausgeübt«, sagte eine Sprecherin des Hutmacherverbandes. »In den letzten vier Jahren ist die Zahl der verkauften Hüte sprunghaft angestiegen.«

Die Illustrierte *People* fragte eine Werbeagentur, wieviel es kosten würde, eine Kampagne zu entwickeln, die Großbritannien die positive Publicity bringen würde, die es Diana zu verdanken hat. »Ungefähr 500 Millionen Pfund«, meinte Malcolm Miles, damals leitender Direktor bei McCann Erickson Advertising, einer der führenden britischen Werbefirmen.

In den mittleren Jahren ihrer Ehe lernte Diana enorm viel, und sie begann, ihr Image zu entwickeln. Sie achtete stets darauf, von welcher Seite der Wind wehte, und verfolgte nach Sarah Fergusons Eintritt in die königliche Familie genau die öffentliche Meinung. Sarah glaubte, daß der ganze königliche Zirkus eine Lachnummer sei, durch die man sich hindurchmogeln könne, und dieses Bild vermittelte sie auch in der Öffentlichkeit. Das Duo Diana – Fergie drohte bald, auch Dianas Boot zum Kentern zu bringen.

Im Juli 1987 beschrieb ein amerikanisches Magazin das Haus Windsor so, wie es von der westlichen Seite des Atlantiks aus gesehen wurde:

»Auftritt Fergie, Herzogin von York: In Ascot setzt sie sich in der ›Royal Box‹ auf den Schoß ihrer Schwägerin Diana und entfernt sich erst, als Prinzessin Anne auf eine kurze Unterhaltung vorbeischaut. Auftritt Diana, die Fergie zum Kichern bringt, indem sie aufsteht, um ihr enges gelbes Kleid zu glätten, und dann mit dem aufreizenden Schwung einer Stripperin mit dem königlichen Hintern wackelt. Auftritt Fergie und Diana beim Pferderennen, wie sie wohlgekleidete Herren mit ihren Regenschirmen in den Allerwertesten pieksen. Auftritt Diana, die die hochnäsige Prinzessin Michael von Kent verspottet. ›Ist das nicht Prinzessin Michael?‹ fragt sie Fergie mit gespielter Bewunderung, während die steife angeheiratete Hoheit in Hörweite steht. Auftritt Fergie, die wie ein verliebtes Schuldmädchen von David Bowie schwärmt. Auftritt Diana, die sich zu ihrer Schwägerin umdreht und scherzhaft vorschlägt: ›Komm, wir betrinken uns.‹«

Wenn man diese Serie von kleineren Entgleisungen aneinanderreiht, muß das notwendigerweise eher nüchterne Image der königlichen Familie natürlich Schaden nehmen, aber Diana hat schnell aus ihren Fehlern gelernt. Fergie dagegen nie. Als ihr königlicher Ruf im März 1993 völlig zerstört war, holte sie in einem Anfall von Wut und Eifersucht zum Schlag gegen Charles und Diana aus: »Immer schiebt man mir die Schuld zu«, ereiferte sie sich. »Ich habe es satt, für sie die Suppe auszulöffeln. In den letzten vier Jahren habe ich immer den Sündenbock für Charles und Diana gespielt. Immer soll alles mein Fehler gewesen sein. Ich habe jetzt genug.« Diese fast schon einfältige Ignoranz gegenüber den Erwartungen, die der Palast und das Volk an sie stellen, war kennzeichnend für Fergies kurzes Gastspiel in der königlichen Familie. Sie beklagte sich, daß sie nicht mehr an den offiziellen königlichen Terminen teilnehmen durfte, während Diana nicht unter solchen Restriktionen zu leiden hatte; damit machte sie nur deutlich, daß sie nie verstanden hatte, daß alles, was man von ihr erwartete, eine gewisse Zurückhaltung war.

Diana besitzt diese Voraussetzung – zumindest in der Öffentlichkeit. Sie hat wahrscheinlich mit dem Kopf geschüttelt, als Fergie eine Woche später in der *Sun* jammerte: »Ich habe mein Leben ruiniert.« Die Welt durfte an Fergies Erfahrungen teilhaben.

»Im Leben geht es darum, erwachsen zu werden«, philosophierte sie. »Wir müssen alle erwachsen werden. Wir alle machen schwere Fehler und lernen daraus. Und darauf kommt es an – zu sagen, ›okay, das war's‹, und weiterzumachen. Es war eine schwierige Zeit, aber jetzt geht es wieder vorwärts – ich werde mich anstrengen.« Wenn man das las, glaubte man, ein ungezogenes Schulmädchen zu hören, das versprach, nie wieder böse zu sein. Es war eine Art Vogel-Strauß-Politik einer Frau, die jegliche königliche Glaubwürdigkeit verspielt hatte und sich verzweifelt an die Hoffnung klammerte, daß schon alles wieder gut werden würde. Nachdem sie auf der ganzen Welt über rote Teppiche gegangen war, stellte sie plötzlich fest, daß die roten Teppiche wieder eingerollt und weggepackt worden waren – und daß der Verlust ihres Status sie mehr schmerzte als das Scheitern ihrer Ehe.

Man vergleiche dieses zerrupfte und zerfledderte Image mit dem Dianas, die zu dieser Zeit Applaus von den unterschiedlichsten Seiten erhielt. Camilla Paglia ist die wohl umstrittenste Feministin der Welt, die in ihrer Heimat Amerika einen wohlverdienten Ruf als Bilderstürmerin besitzt. Aus ihrer Feder stammt die folgende Einschätzung Dianas, die sie nach der Nepalreise im Frühjahr 1993 veröffentlichte, auf der die Prinzessin eine Leprakolonie besucht und einige der Kranken umarmt hatte: »Die Wahrheit ist, daß Dianas Einfluß heute größer ist als der ihres Mannes. Durch ihre Begegnung mit Millionen von Menschen auf der ganzen Welt, die arm und ungebildet sind, hat sie einen nahezu mystischen Status erlangt.«

Darin besteht der Unterschied zwischen der Prinzessin von Wales und der Herzogin von York. Aber wenn dem so ist, warum wurde der Besuch in Nepal von einigen Höflingen im St.-James-Palast mit so hochmütiger Ablehnung betrachtet? Während eines Treffens, das ironischerweise dazu dienen sollte, Prinz Charles' zerknautschtes öffentliches Ansehen zu glätten, wandte sich Commander Aylard an die Anwesenden, unter denen sich der Pop-Promoter Harvey Goldsmith, der Kunstguru Melvyn Bragg und der Herausgeber der *Times* Peter Stothard befanden, und gab ihnen seine Meinung zum besten: »Diese Reise sollte eine Public-Relations-Katastrophe werden«, sagte er. »Das erwarten wir jedenfalls.«

Seine Ansicht fand jedoch nicht den gewünschten Anklang, erinnerte sie doch fatal an den Auftritt von Charles Anson bei seiner »Jetzt die Messer gewetzt und dann auf Fergie«-Presseanweisung. Die Stimmung wurde nicht besser, als man erfuhr, daß der Prinz selbst, dessen Image all diese verdienstvollen Leute aufpolieren wollten, nicht an dem Treffen teilnehmen würde. »Wenn er sein Image verbessern möchte«, meinte Melvyn Bragg sarkastisch, »wäre es nicht schlecht, wenn er zu seiner eigenen Versammlung erschien.« Berater sprachen später von einem »Mißverständnis«. Auch das kam bei denen, die tatsächlich teilgenommen hatten, nicht sehr gut an.

Aber trotz der Versuche, Diana herabzustufen, während sie in Nepal weilte – bei ihrer Ankunft spielte man nicht die Nationalhymne –, und trotz einiger Schikanen seitens des Palastes, die sie zeitweilig doch zu irritieren schienen, zeigte sie nie auch nur das geringste Zeichen von Zorn oder Mißfallen. Sie hatte sich während der gesamten Reise durch ein Land mit wenig Bequemlichkeit, in dem sengende Hitze herrschte und oft buchstäblich atemberaubende Höhen zu erklimmen waren, völlig unter Kontrolle. Die Reise wurde ein Triumphzug, auf dem sie ihre Meisterprüfung bestand – nur zu Hause im St.-James-Palast hoffte man noch auf das Gegenteil.

Dieser Vorfall gibt einem die Gelegenheit, die Einstellungspolitik des königlichen Haushalts zu betrachten. Die »gehobeneren« königlichen Höflinge werden bis auf den letzten Mann – und das ist wörtlich zu verstehen – aus den Reihen der Offiziere, des Adels und der Privatschulen rekrutiert. Nur in Ausnahmefällen gelingt es einem Außenseiter wie dem früheren Privatsekretär der Königin, Sir William Heseltine, in diese Welt einzudringen. Es gibt nur wenige Frauen, die Verantwortung tragen – Prinz Charles' Beraterin Belinda Harley ist eine Ausnahme. Eine der einflußreichsten Hofangestellten, an die ich mich während meiner Zeit erinnern kann, war Anne Hawkins, die später heiratete und einen Titel erhielt – und so Dame Anne Wall wurde. Sie leistete lange Zeit Hervorragendes im Pressebüro des Buckingham Palastes, aber sie wurde nie befördert, um ihre umfangreichen Talente in vollem Maße einzusetzen. Lächerlicherweise mußte sie den Dienst im Palast quittieren, weil sie sich entschlossen hatte, einen geschiedenen Mann zu heiraten.

Es ist bekannt, daß der Palast keine Männer oder Frauen afrikanischer, asiatischer oder eurasischer Abstammung in verantwortlichen Positionen einstellt. Die Klasse der Hofangestellten ist eng begrenzt, und diese beschränkte Sichtweise fügt dem Hause Windsor beträchtlichen Schaden zu.

Diana sieht sich dem zusätzlichen Problem gegenüber, daß sich ihr eigener Schwager, Sir Robert Fellowes, unter denen befindet, die sie ins Abseits schieben wollen, aber letzten Endes kann sie nicht völlig verlieren. Sie ist schließlich die Mutter des zukünftigen Königs.

Auf Veranlassung von Angestellten des Palastes schrieb die Gräfin von Longford, daß Diana davon überzeugt sei, daß Charles den Thron nicht besteigen werde. Sie fand, das gäbe Anlaß zur Sorge, da Diana ihren Sohn William in diesem Glauben erzöge und so der Beziehung zwischen Vater und Sohn schadete.

Das ist natürlich Unsinn. Charles kann seinen Sohn genauso oft sehen wie Diana und ist in der Lage, jede Falschinformation, die der Junge erhalten sollte, richtigzustellen. Es ist ein Zeichen dafür, mit welchen Befürchtungen und Bedenken Diana in Adelskreisen betrachtet wird, daß eine solche Äußerung in einem vom Palast protegierten Buch erscheinen kann. Wenn Diana es nicht schon längst gewußt hätte, dann wurde ihr nun klar, wo die Schwachstelle lag, wenn sie mit den Anhängern Ihres Mannes konfrontiert war. Sie hieß William.

Was wird die Zukunft für Diana bringen? Die Scheidung ist unausweichlich. Es ist lediglich eine Frage des Wann, nicht mehr des Ob. Es gibt zwei vorherrschende Theorien. Die eine besagt, daß der Prinz und die Prinzessin einander mittlerweile derartig verabscheuen, daß sie ihre Ehe so schnell wie möglich beenden wollen. Das würde nach einer zweijährigen Trennung eine Scheidung in der ersten Jahreshälfte 1995 bedeuten. Eine frühere Scheidung wäre nur möglich, wenn einer der beiden Partner wegen Ehebruchs oder Grausamkeit klagen würde, eine Möglichkeit, von der beide keinen Gebrauch machen werden. Die andere Möglichkeit ist die, daß der Prinz und die Prinzessin warten, bis die Kinder erwachsen sind, und den endgültigen Bruch der Ehe erst dann vollziehen, wenn William achtzehn ist. Jemand, der Charles und Diana kennt, meinte zu mir: »Ich glaube, daß sie sich für diese Möglichkeit entscheiden werden. Jeder weiß, wie sehr sie ihre Kinder lieben, und ich glaube, daß sie ihre Zwistigkeiten um der Kinder willen hintanstellen werden. So können sich die Kinder auch besser an den Gedanken gewöhnen, daß ihre Eltern sich scheiden lassen werden, und der Schock wird nicht so groß sein.« Ist eine Scheidung vielleicht doch vermeidbar? Sicherlich nicht. Charles wollte weder Trennung noch Scheidung, aber Diana wollte sie. Der Prinz hätte sich damit zufriedengegeben, die Ehe so lange aufrechtzuerhalten wie möglich, vorausgesetzt, er könnte seine Beziehung zu Camilla Parker Bowles fortsetzen, aber für Diana war dieser »Vorschlag« völlig unannehmbar.

Ich bin sicher, daß man noch keine endgültigen Pläne für die Zukunft gemacht hat. Auch wenn es sinnvoll scheint, mit einer Scheidung bis zur Volljährigkeit Williams zu warten, so gibt es doch verschiedene Unabwägbarkeiten: Was geschieht, wenn Charles oder Diana wieder heiraten wollen – was man sicher nicht ganz ausschließen kann –, und was geschieht, wenn die Königin plötzlich sterben sollte? Wenn das morgen geschähe, wäre Diana automatisch Königin. Dann wäre eine Scheidung praktisch unmöglich, und das Paar und jede seiner möglichen Beziehungen würde noch genauer von der Öffentlichkeit beobachtet werden: eine hoffnungslose Situation. König George IV. steckte in einer solchen Falle, und seine Lage wurde so unerträglich, daß Königin Caroline aus Westminster Abbey ausgesperrt wurde, während er zu seiner Krönung schritt.

Ein anderes Szenario könnte so aussehen: Charles und Diana lassen sich innerhalb der nächsten fünf Jahre scheiden, und sie würde offiziell zur Herzogin ernannt. Im Gegensatz zur Herzogin von York, die ihren Titel lediglich von ihrem Mann übernimmt, würde dieser Titel Diana wirklich gehören, was im Falle einer erneuten Heirat von großem Vorteil wäre. Kinder aus dieser zweiten Ehe würden Adelstitel tragen, durch die sie dieselbe Adelswürde innehätten, wie sie dem Halbbruder oder der Halbschwester des zukünftigen Königs zuständen. Dianas zukünftiger Ehemann würde keinen Titel tragen, es sei denn, er besäße schon einen. Um einen beliebigen Namen zu wählen: Diana könnte beispielsweise Herzogin von Connaught werden. Prinz William würde dann den zusätzlichen Titel Marquess of Egerton erhalten. Alle weiteren Kinder Dianas würden Ehrentitel bekommen; wenn sie beispielsweise einen gewissen James Gilbey heiratete, hießen ihre Kinder (beispielsweise) Lord Arthur und Lady Emma Gilbey. Nach Dianas Tod würde William das Herzogtum übernehmen und Herzog von Connaught werden, auch wenn er unter diesem Namen nicht bekannt wäre. (Auch Prinz Charles trägt eine Anzahl selten benutzter, ergänzender Titel wie Duke of Rothesey, Earl of Chester, Earl of Carrick und Lord Renfrew.)

Das einzige Hindernis auf diesem Weg könnte das vorherrschende politische Klima sein, das die Verleihung von erblichen Adelstiteln nicht gerade begünstigt. Andererseits kann die Königin kraft ihres Amtes Angehörigen ihrer Familie Adelstitel verleihen. Das hat sie schon im Falle des Earl of Snowdon anläßlich seiner Heirat mit Prinzessin Margaret getan und hatte es auch für Mark Phillips bei seiner Heirat mit Prinzessin Anne vorgesehen. (Für Annes zweiten Ehemann Tim Lawrence ist dergleichen nicht geplant.)

Dieses Szenario wäre in der Tat einzigartig, so wie die gesamte Situation, in der Charles und Diana sich befinden, beispiellos ist. König Charles II. schuf unter anderen Umständen für seine unehelichen Kinder Herzogtümer, die noch heute durch die Herzöge von Grafton, St. Albans, Richmond und Gordon vertreten werden. Der jetzige Earl of Munster stammt von einem unehelichen Sohn König Williams IV. ab. Die königliche Familie hat bei der Schaffung neuer Adelstitel immer große Flexibilität gezeigt, und es gibt keinen erkennbaren Grund, warum sie diesen Erfindungsreichtum nicht erneut beweisen sollte. Vielleicht muß ein neuer Titel für Diana gefunden werden, falls der Prinz wieder heiraten sollte, denn für zwei Prinzessinnen von Wales gäbe es wirklich keinen Platz.

Diana hat ebenfalls nicht vor, von ihrer Weltbühne herabzusteigen. Es klingt seltsam, aber wenn sie Prinz Charles nicht geheiratet hätte, wäre sie heute wahrscheinlich eine Hausfrau der Oberschicht, die zwischen Kindern und Pferden auf dem Land lebte und keiner Arbeit nachginge, keine Ambitionen hätte und nichts von den ungewöhnlichen Fähigkeiten ahnte, die in ihr schlummern. So hat ihr der frühe Status als meistfotografierte Frau der Welt Zutritt zu einer einflußreichen Welt verschafft, und seit einiger Zeit hat sie darin ihre eigene Aufgabe gefunden; sie setzt sich noch mehr für soziale und karitative Zwecke ein. Ihre selbstlose Arbeit für die AIDS-Kranken und ihre anhaltende Hilfe für die Leprakranken ist wahrscheinlich erst der Anfang.

Gute Absichten in konkrete Handlungen zu verwandeln, ist allerdings eine andere Sache. Aber seit der offiziellen Trennung hat Diana einen guten Start gehabt. Auf ihrer Reise wurde sie von der Ministerin für Entwicklungshilfe, Baroness Chalker, begleitet – eine »Traumpaarung«, wie aus Wohltätigkeitskreisen zu hören war. Ein Beobachter schwärmte: »Der Besuch einer strahlenden Prinzessin, die in der ganzen Welt bekannt ist, und einer weltgewandten Ministerin – das sind die beiden Gesichter britischer Hilfsbereitschaft, die für Schlagzeilen und gute Titelstorys sorgen.« Diana führt auch ihre Arbeit für das Internationale Rote Kreuz weiter. Mike Whitlam, der Generaldirektor der britischen Sektion, sagte mir: »Die Prinzessin spielt in unseren weltweiten Überlegungen eine wichtige Rolle. Sie tut alles, worum wir sie bitten, aber wir achten natürlich darauf, daß sie nicht in gefährliche Situationen gerät; außerdem muß in jedem Fall das Außenministerium seine Zustimmung geben. Wir nehmen an, daß die Prinzessin einige Reisen für uns unternehmen wird. Sie hat ihre Zusage gegeben, und wir sind ihr sehr dankbar dafür.« Führende Kreise innerhalb der UNICEF haben schon vorgeschlagen, daß Diana die Lücke füllen soll, die durch den Tod von Audrey Hepburn entstanden ist, und aus einer anderen Quelle erfuhr ich: »Wir würden sie als reisende Botschafterin der UNICEF willkommen heißen. Im Moment gibt es noch ein kleines Problem, da die Herzogin von Kent in England die Schirmherrschaft für UNICEF übernommen hat, aber wir hoffen sehr, daß Diana trotzdem etwas für uns tun kann.«

Sie wird auch weiterhin Europa und den Rest der Welt bereisen, obwohl der königliche Glanz durch Prinz Charles' Abwesenheit zweifellos etwas matter geworden ist. Die Schwierigkeit besteht darin, daß sie dennoch weit mehr Menschen anzieht als Charles, wie eine Analyse der *Daily Mail* im April 1993 bewies. Die Journalisten folgten über einen bestimmten Zeitraum hinweg Charles und Diana bei ihren getrennten Auftritten. Obwohl Charles doppelt so viel zu arbeiten schien wie Diana, wenn man nur die Zahl der Termine betrachtet, erzielte er doch weniger Wirkung. In dem untersuchten Zeitraum lockte Diana bei 16 öffentlichen Auftritten mehr als 9000 Menschen an, im Durchschnitt also 567 Zuschauer pro Termin. Bei Charles' Auftritten fanden sich im Durchschnitt 134 Beobachter ein. »Was PR anbelangt, sind Dianas öffentliche Auftritte weitaus effektiver«, kommentierte die Zeitung.

Doch dann kam der Zusatz: »Immer noch herrscht jedoch der Eindruck, daß Charles' Arbeit irgendwie ›wertvoller‹ ist, auch wenn Diana ihre Wohltätigkeitsarbeit verstärkt hat. Wie beim Rennen der Schildkröte gegen den Hasen könnte es sein, daß seine reserviertere Art erst in der Zukunft höhere Popularitätsdividenden einbringt.« Hier liegt jedoch das Problem: Der Prinz und die Prinzessin befinden sich tatsächlich in einer Art Wettstreit, bei dem jeder den ersten Platz für gute Taten belegen will. Allerdings könnten für diesen Eindruck auch die Hofbeamten des Paares verantwortlich sein. Als sich Anfang 1993 verschiedene Wohltätigkeitsorganisationen an den Buckingham Palast wandten, um entweder Charles oder Diana um ihre Anwesenheit bei ihren Veranstaltungen zu bitten, lauteten die Antwortschreiben fast identisch: »Diana steht leider nicht zur Verfügung, aber der Prinz von Wales wäre in der Lage ... «

Aber die Charme-Offensive, die der Prinz seit 1993 führt, hat sein Image kräftig aufpoliert und auch sein zwischenzeitlich gesunkenes Selbstvertrauen gefördert. Der Auslöser war wohl tatsächlich jener Zuruf »Sie sollten sich schämen!« – der Prinz hatte wirklich nicht geahnt, daß seine Popularität so tief gesunken war –, und wenn einiges, was er tat, übertrieben wirkte, dann war das sicherlich typisch für einen sensiblen Menschen, der bewußt einen guten Eindruck machen möchte.

In Sandringham posierte er im April nach der Kirche mit seinen Söhnen für ein Foto, wie die Zeitung *Today* berichtete: »Es war wirklich eine bemerkenswerte Szene«, kommentierte ein Kirchgänger. »Der Prinz führte die Jungen zu den Fotografen und ließ sie in die Kamera lächeln. Es war, als wollte er sagen: ›Wir sind einfach eine glückliche Familie. Laßt euch dieses Foto nicht entgehen.‹ So etwas hätte man von Diana erwartet, aber niemals von Charles.«

Charles bemühte sich auch weiterhin, es allen recht zu machen. Zuerst präsentierte er ein Buch über die Gärten seines geliebten Highgrove. Dann erklärte er sich bereit, in einer Videoverfilmung seines Buches *The Old Man of Lochnagar* mitzuwirken. Doch einen PR-Experten, der schon oft mit den »Royals« bei Wohltätigkeitsveranstaltungen zusammengearbeitet hatte, beschlich das Gefühl, daß die Charme-Offensive sich auch zu seinem Nachteil auswirken könnte. »Ich glaube, daß man den Prinzen schlecht beraten hat und daß er übers Ziel hinausgeschossen ist«, meinte er. »Meiner Meinung nach war der größte Fehler die Mitwirkung an diesem Fernsehprojekt. Ein Kinderbuch zu schreiben, ist eine feine Sache, eine schöne Geste von einem Mann, der Kinder offenbar liebt, und die Sache hat auch viel Geld für wohltätige Zwecke eingebracht. Aber was hat er davon, sich in diesem Film zu einer zehn Zentimeter hohen Cartoon-Figur zusammenschrumpfen zu lassen? Es ist einfach unwürdig – solch einen Unsinn habe ich nicht mehr gehört, seit Fergie und Prinz Edward in dieser furchtbaren Fernsehshow *It's a Royal Knockout* aufgetreten sind. Charles läßt sich mit Kindern filmen und versucht, wie jedermanns Lieblingsonkel auszusehen. Unglücklicherweise wissen wir alle ein bißchen zu viel von ihm, um an dieses Image zu glauben. Das Ganze wirkt recht zynisch.«

Diese Kritik stimmt traurig, auch wenn sie nicht ganz fair scheint, aber alles deutet schon wieder auf den Zweikampf Charles – Diana hin. In gewisser Weise hat der Prinz jedoch erkannt, daß er etwas vom Kurs abgekommen ist, und er versucht, seine Fehler zu korrigieren. Er ist weder von PR-Genies, Mediengurus noch von beruflichen Wortverdrehern umgeben. Seine Freunde sprechen den gleichen Upperclass-Akzent wie er und haben die gleichen Schwierigkeiten wie er, sich in einer immer schneller sich verändernden Welt zurechtzufinden. Kein Wunder, daß er manchmal Fehler macht.

Diana verfügt über einen bemerkenswerten Instinkt, wenn es um die Medien geht. Öffentliche Reden liegen ihr jedoch nicht. Trotz geduldigen Trainings durch Sir Richard Attenborough und den Schauspieler Terence Stamp klingt sie noch immer recht hölzern. Charles ist ein guter Redner, aber er haßt die Presse und sieht keinen Grund, sie zu hofieren, ja er hat sich sogar direkt gegen die Medien gewandt. Nach seiner Meinung ist er nur die Zielscheibe für Häme; aber in einer Atmosphäre des gegenseitigen Mißtrauens und der Verachtung geschieht häufig gerade das, was angeprangert wird. Aber seine neuen Anstrengungen, Herz und Verstand der Bevölkerung wieder zurückzugewinnen, so aufgeklärt und verständnisvoll sie auch sein mögen, können nur über die Medien verbreitet werden. Er muß lernen, mit diesen Medien auf eine Weise zu leben, wie es keiner seiner Vorgänger hatte tun müssen.

Doch wenn man Charles' Bedeutung nur im Hinblick auf die Medien einschätzte, täte man ihm Unrecht. Ein großer Teil dessen, was Charles in den letzten Jahren für die Öffentlichkeit geleistet hat, ist in dem Wirbel um sein Privatleben untergegangen. Er kann auf vieles stolz sein und hat sich mit bewundernswerter Hingabe auf das Amt des Königs vorbereitet. Auch wenn er nicht allzu gerne Akten und Unterlagen durcharbeitet – ein Vorwurf, den sein Privatsekretär bei einem Besuch bei einer Boulevard-Zeitung verärgert, aber nicht überzeugend zurückwies –, ist seine Arbeit auf anderen Gebieten doch beispielhaft. Sein Buch *A Vision of Britain* zeigte seine utopische Sehnsucht nach einer Gesellschaft, die sich mit sich selbst in Harmonie befindet und nicht nur materielle, sondern auch philosophische Ideale hat. Manche Kritiker hielten ihm vor, daß diese Hoffnungen abwegig oder schlichtweg naiv seien, aber Charles besitzt auch eine praktische Seite.

Er hat nicht nur geschrieben, sondern auch gehandelt. In den weitgeschwungenen Hügeln des Herzogtums Cornwall liegt Dorchester, die Stadt in Dorset, die Thomas Hardy in *The Mayor of Casterbridge* verewigt hat. Hier errichtet Charles zusammen mit dem Architekten Leon Kriel eine Miniaturstadt namens Poundbury, von der er hofft, daß sie seine architektonischen Werte widerspiegelt.

Noch ist es zu früh, um zu beurteilen, ob er Erfolg haben wird, aber die Früchte seiner Arbeit sind in Dorchester schon zu sehen: zwei größere Gebäude und eine Anzahl kleinerer Häuser. Die Stadt läßt sich allerdings nicht ohne weiteres zum Vehikel für Charles' architektonische Ambitionen machen und hat auch schon eine Reihe von Beschwerden vorgebracht. Aber der Prinz hat in seiner Eigenschaft als Mitbesitzer viel dafür getan, die Bevölkerung für seine Pläne zu gewinnen, indem er bewiesen hat, was für ein verantwortungsvoller und sozial eingestellter Grundbesitzer er sein kann. Er hat große Teile seines Besitzes hergegeben oder verpachtet, auf denen die Stadtbewohner Freizeitaktivitäten nachgehen können, er hat viktorianische Häuserreihen renovieren lassen und Geld für den Wiederaufbau des Kunstzentrums gespendet. Aufgrund eines einträglichen Landverkaufs, den Beamte des Herzogtums getätigt haben, konnte ein Hospiz für chronisch Kranke errichtet werden. Durch seine Hilfe entstand auf einem fünfeinhalb Morgen großen Gelände das Sportzentrum der Stadt. Nach Landverkäufen an einen privaten Bauherrn wurden einerseits einige Wohnhäuser der Luxusklasse gebaut, und andererseits wurden im ländlichen Bereich des Herzogtums von Verwaltern beaufsichtigte Sozialbauten errichtet. Auf dem Gelände von Maiden Castle wurde ein Spielgelände von über zweieinhalb Morgen für eine symbolische Pacht von einem Penny vermietet, und auf dem Gelände von Sawmills wurden fünf Morgen abgetreten, die den Boy Scouts, den Guides, der Boy's Brigade und dem CVJM Unterkünfte bieten.

Zwei Monumente seines architektonischen Ehrgeizes stehen bereits harmonisch und wohlgenutzt in der georgianischen Stadt – ein Fußballstadion und ein Supermarkt. Sie konnten durch Landverkäufe während des Immobilienbooms finanziert werden. Es handelte sich ebenfalls um Land des Herzogtums, auf dem früher der Dorchester Rugby Club beheimatet war. Der Handel brachte dem Club zwei neue Spielfelder auf einer verbesserten Anlage ein – und als Zugabe ein prächtiges Clubhaus.

Der Tesco-Supermarkt, der sich finanziell an allen Vorhaben beteiligte, ist in vielerlei Hinsicht einzigartig. Ein Teil der Inneneinrichtung geht auf Charles' Anregungen zurück. Der Prinz arbeitete eng mit dem Architekten der Supermarktkette zusammen. Das Ziel der beiden war, den üblichen Ablauf des wöchentlichen Einkaufs etwas eindrucksvoller zu gestalten. Die Kunden, die mit dem Auto kommen, werden zunächst einmal von Springbrunnen und einer riesigen gewölbten Fassade begrüßt. Sie parken ihre Wagen zwischen Reihen von Limonenbäumen und gehen dann an Miniaturprachtbauten entlang, in denen die Einkaufswagen untergestellt sind, um schließlich das Geschäft zu betreten. Das elegante Schieferdach wird von einer riesigen Kuppel gekrönt, die an den Kensington Palast erinnert, und jedes Detail bis hin zu den Abfalleimern trägt die königliche Handschrift.

Das Clubhaus des Dorchester Town Football Clubs war früher nicht mehr als eine vor sich hin rostende Eisenhütte. Jetzt kann er sich mit einem prächtigen Neubau brüsten, auch wenn er nur in einer der unteren Ligen spielt. Die Fassade des Gebäudes wird von drei Giebelportalen dominiert, die von hellblauen runden Stahlsäulen gestützt werden. Aus dem spitzen Dach ragt ein zentraler Giebel hervor. Das Gebäude ist mit einheimischen Swanage-Ziegeln verkleidet, von Portlandstein durchbrochen und mit schmiedeeisernen Gittern verziert.

Auch wenn Charles die bauliche Entwicklung Dorchesters nicht an die große Glocke hängt, so hat er doch auf der Hauptstraße ein Büro einrichten lassen, wo die Einwohner ihre Meinungen kundtun können. »Das Herzogtum hatte den Ort in diesem Jahrhundert ziemlich herunterkommen lassen«, meinte die ehemalige Bürgermeisterin Betty Bootham. »Als Charles 1977 die Royal Navy verließ und seinen Pflichten als Landbesitzer nachging, sah er, daß es hier viel zu tun gab. Es mußten eine Menge praktische Entscheidungen getroffen werden, nicht so sehr idealistische. Bis dahin hatte er sich, glaube ich, nicht sehr um den Ort gekümmert, aber als sein Interesse begann, vertrat er die Auffassung, daß die Menschen wichtiger seien als die Gebäude. Noch vor zehn Jahren war hier von Neubauten nicht die Rede. Ich glaube, daß er sich langsam an die Sache herangetastet hat und erst viel lernen mußte; erst jetzt kann er langsam beginnen, seine Ideen in die Tat umzusetzen.«

Charles' Arbeit in Dorchester ist in mehr als einer Hinsicht bemerkenswert. Besonders auffällig ist, daß er sich ohne großen Werbeaufwand an seine Arbeit gemacht hat – bis heute gibt es keine angemessene Würdigung dessen, was er bis jetzt für die Stadt geleistet hat. Zudem hat er sich auch als besorgter und rücksichtsvoller Landbesitzer erwiesen. Man kann davon ausgehen, daß seine Verwaltungsarbeit für das Herzogtum Cornwall für die Jahre, die noch vor ihm liegen und die ihm noch mehr Verantwortung aufbürden werden, einiges verspricht.

Auch ansonsten stellt er sein Licht nur allzu gern unter den Scheffel. Zwar gibt es keine akkurate Meßlatte für solche Dinge, aber man übertreibt wahrscheinlich nicht, wenn man sagt, daß es keine andere Einzelperson gibt, die so viel Geld für wohltätige Zwecke aufgetrieben hat wie Prinz Charles. In den letzten fünfzehn Jahren hat wohl niemand so viel für die Armen, die Bedürftigen und die Obdachlosen getan wie er. Eine vorsichtige Schätzung der von ihm erzielten Einnahmen dürfte sich auf umgerechnet fast 300 Millionen DM belaufen, aber da er über diese Dinge nicht spricht, ist das Ausmaß seines Erfolges nur schwer einzuschätzen. Insgesamt hat Charles die Schirmherrschaft über fast 200 wohltätige Organisationen, deren Präsident oder Vorsitzender er ist. In vielen Fällen übernehmen ehrenamtliche Helfer die Aufgabe des Sammelns. Der Prinz trägt seinen Teil dazu bei, indem er auf Wohltätigkeitsveranstaltungen erscheint oder Reden hält.

Aber Charles geht auch selbst daran, große Geldsummen aufzutreiben. Nachdem er mit dem mittlerweile verstorbenen Öl-milliardär Armand Hammer einen Spaziergang an einem windgepeitschten Strand unternommen hatte, kehrte er mit den Gesamtkosten für ein neues ›United World College‹ zurück – 14,5 Millionen Pfund.

Solche freundlichen Schenkungen fallen nicht jeden Tag vom Himmel, und Charles gibt sich auch mit kleineren Summen zufrieden. Der Erlös aus dem Verkauf seiner Aquarelle wird sich auf umgerechnet acht Millionen Mark belaufen, die ohne Abzug direkt wohltätigen Zwecken zugute kommen. Und wenn er nicht in der Lage ist, Menschen mit Geld oder Einfluß zu erreichen, dann weiß er, wer ihm helfen kann. Eric Clapton, Mark Knopfler und Phil Collins sind schon ohne Gage bei Konzerten des Prince's

Trust aufgetreten, und ebenso eine große Anzahl bekannter Rockstars; sie alle haben Millionen für den guten Zweck eingespielt.

Der Prince's Trust und der Prince's Youth Business Trust sind die Eckpfeiler seines Wohltätigkeitskreuzzuges. Der Prince's Trust entstand ursprünglich 1976 aus eigenen Mitteln des Prinzen, der damals noch bei der Marine war, und sollte dazu dienen, benachteiligten jungen Menschen, darunter auch Behinderten, kleinere Stipendien zu verschaffen. Die Zuwendungen des Trusts sind an keine Bedingungen geknüpft und werden als Bargeld ausgezahlt. Für die Empfänger dieser Mittel, die zumeist aus ärmlichen Verhältnissen stammen, ist dies oft ein erstes Zeichen dafür, daß jemand ihnen vertraut und an sie glaubt.

Bis heute hat der Prince's Trust schon über 30 Millionen Mark verteilt, auch wenn man sich nicht gerne in die Bücher schauen läßt. Aber im Vergleich mit dem Prince's Young Business Trust erscheint diese Summe fast gering. Ein Jahrzehnt später gegründet als der PT, erbrachte der PYBT über 40 Millionen Pfund, die aufgrund eines Abkommens um die gleiche Summe aus einem Regierungsfond aufgestockt wurden. Der ursprüngliche Betrag hatte den Prinzen völlig überrascht, und er lachte nur und zuckte mit den Schultern, als man vorschlug, die gleiche Summe zu seinem 40. Geburtstag noch einmal aufzubringen. »Die Zahl wurde praktisch aus der Luft gegriffen«, erzählte mir jemand, der an diesem Treffen teilnahm. »Kaum jemand glaubte wirklich, daß man das schaffen würde.« Aber man schaffte es, und so wurde eine neue, lebendige Hilfsorganisation geschaffen, die, anders als ihr älteres Pendant, mehr Bedingungen an die Geldvergabe knüpft und auch auf andere, praktischere Weise Hilfe bietet. Ziel des PYBT ist es, jungen Leuten zwischen 18 und 25 Jahren, die ein eigenes Geschäft gründen wollen, mit Krediten und Stipendien, fachmännischer Beratung und Marketing zu helfen. In den letzten Jahren sind auf diese Weise 9000 Unternehmungen gestartet worden.

Einer von Charles' ehemaligen Privatsekretären sagte zu mir: »Er hat wirklich eine erstaunliche Fähigkeit, Geld für wohltätige Zwecke aufzubringen, daran besteht kein Zweifel. Aber diese Tugend muß sich selbst Belohnung genug sein, denn eine andere gibt es nicht. Der Prinz ist sehr sparsam mit Auszeichnungen. Manchmal wird behauptet, daß viele Leute nur spenden, weil sie zum Ritter geschlagen werden wollen. Aber auf diese Weise wird man nicht zum Ritter, jedenfalls nicht durch Prinz Charles. Er hat Orden an diejenigen verteilt, die aktiv in den Wohltätigkeitsorganisationen arbeiten. Aber die übliche Belohnung ist ein königlicher Handschlag. Am wichtigsten sollte jedoch das Gefühl sein, daß man mit seinem Geld etwas Vernünftiges getan hat.«

Da man nicht den Eindruck erwecken möchte, bestimmte Organisationen anderen vorzuziehen, was als Diskriminierung ausgelegt werden könnte, hat der Buckingham Palast sich stets an die Regel gehalten, keine direkten Spendenaufrufe zu machen. »Aber«, so der ehemalige Höfling, »ganz strikt wird diese Linie nicht eingehalten. Für die Königin gilt sie ganz gewiß und auch für einige andere Mitglieder der Familie, doch für den Prinzen von Wales trifft das nicht zu. Er verwendet sehr viel Mühe darauf, geht häufig mit Geschäftsleuten essen und hält Reden, wenn er eine bestimmte Sache unterstützen will. Und dann geht er wieder. Er sagt niemals direkt, spenden Sie bitte für diesen oder jenen Zweck. Aber das braucht er auch nicht, denn der Groschen fällt im wahrsten Sinne des Wortes früh genug. So hält er sich an die Buchstaben, wenn auch nicht an den Geist der Palastregel.«

Charles hat hart daran gearbeitet, sich diese Position zu schaffen, denn viele wohltätige Organisationen gehen recht rücksichtslos vor, wenn es gilt, Geld aufzubringen. Es ist schon vorgekommen, daß Mitglieder der königlichen Familie auf die übersteigerten Ambitionen einiger Wohltätigkeitsorganisatoren hereingefallen sind. »Manchmal vermischt sich Wohltätigkeit mit einem gewissen Grad an Vulgarität und Profilierungssucht.« Einige Dickschädel im Buckingham Palast plädieren dafür, daß sich die »Royals« ganz und gar aus den Sammlungen heraushalten, doch Charles ist strikt dagegen, auch wenn er oft gegen besseres Wissen zu handeln scheint. 1986 entstand ein Film mit dem Titel *Der Prinz und die Prinzessin von Wales in der Öffentlichkeit und im Privatleben.* Der Film erreichte sein Ziel und erbrachte 1,2 Millionen DM für die damals dahinsiechende Operation Raleigh, einen Jugendverband, aber als der Prinz den Film sah, schäumte er vor Wut. Obwohl er mit den besten Absichten mitgewirkt hatte,

konnte er sich des Eindrucks nicht erwehren, daß er äußerst un-
vorteilhaft weggekommen war, und obwohl er sich nie öffentlich
darüber beklagte, scheint es unwahrscheinlich, daß er noch einmal etwas Ähnliches tun wird, auch nicht für einen wohltätigen
Zweck.

Es gibt jedoch andere Unternehmungen, bei denen er sich si-
cherer fühlt. Im gleichen Jahr nahm er an einer Gala teil, die sein
Polofreund Galen Weston, Direktor der Gesellschaft, die Fortnum
und Mason kontrolliert, organisiert hatte. Diese Gala fand in Palm
Beach statt und lief nicht nur reibungslos ab, sondern brachte
auch noch über eine Million Dollar ein.

Diese Beweise für die Entwicklung des zukünftigen Königs
scheinen mir weitaus bedeutsamer zu sein als sein Privatleben.
Wenn er eines Tages den Thron besteigt, werden die Scheidung
von seiner Frau und die Affäre mit Camilla Parker Bowles längst
der Vergangenheit angehören. Die Wiederherstellung seines positi-
ven Images läuft, und im großen und ganzen akzeptiert ihn die
britische Öffentlichkeit als ihren nächsten Herrscher, auch wenn
sie es nicht eilig hat, ihre jetzige Königin loszuwerden.

James Blair Lovell hat über einen amüsanten Nebenaspekt der
Thronfolge geschrieben. Vor über zwanzig Jahren erwähnte er im
Verlauf eines Interviews mit der Frau, die behauptete, Anastasia
zu sein, die »überlebende« Tochter des ermordeten Zaren Nikolaus II. von Rußland, daß er in Kürze in London sein werde. Darauf sagte sie, daß er unbedingt die Königin besuchen solle, solange dies noch möglich sei, da sie einer Prophezeiung Rasputins
zufolge die vorletzte Herrscherin Englands sei. Rasputin hatte ge-
weissagt, daß die Dynastie enden werde, falls ein Battenburg auf
den Thron käme. Die Battenburgs änderten während des Ersten
Weltkriegs ihren Namen in Mountbatten. Mit Charles, dem Sohn
des Herzogs von Edinburgh, vormals Leutnant Philip Mountbatten, würde sich also die Prophezeiung »Vater Gregors« erfüllen.

Davon abgesehen, ist das größte Hindernis für Charles seine
zukünftige Rolle als »Verteidiger des Glaubens«. 1993 feuerte der
Erzbischof von York, Dr. John Hapgood, in einer Fernsehsendung
der BBC einen Warnschuß auf den Prinzen ab, als er sinngemäß
sagte, daß Charles seine privaten Probleme bereinigen müsse,

bevor er König würde. Da er in der Kirche sein Eheversprechen geleistet habe, könne er sich nicht scheiden lassen und dennoch den Titel »Verteidiger des Glaubens« tragen. Doch eine Scheidung ist aus den obengenannten Gründen unausweichlich. Aber eine Lösung der traditionellen Bande mit der Kirche, die bis zu König Heinrich VIII. reichen, würde die Monarchie unweigerlich schwächen, nicht nur während der Herrschaft von Charles, sondern auch während der kommenden Generationen. Dann wird die Geschichte berechtigterweise mit dem Finger auf ihn zeigen. Zusätzlich wird er Schwierigkeiten haben, überhaupt Bischöfe zu finden, die seiner Krönung beiwohnen und ihn zum König krönen werden.

Man könnte argumentieren, daß Charles noch viel Zeit hat, über seine Entscheidung nachzudenken, und er sollte keine übereilten Schritte tun, aber es gibt Kräfte innerhalb der Kirche, die eine schnelle Lösung wünschen.

Im April 1993 deutete der Bischof von Oxford, Richard Harries, dies in einem Interview an: »Auch wenn einer der königlichen Titel ›Verteidiger des Glaubens‹ lautet, so scheint mir doch, daß die Menschen das heute nicht mehr wörtlich verstehen. Es war sehr gut, als die Monarchen sich noch als ideale Vorbilder verstanden haben, aber das wird heutzutage nicht mehr von ihnen erwartet. Nehmen Sie zum Beispiel Prinz Charles . . . soweit es persönliche Beziehungen betrifft, müssen wir traurigerweise akzeptieren, daß unsere Gesellschaft heute ganz anders aussieht als noch vor zwanzig Jahren.« Auf Charles muß diese Aussage ausgesprochen warnend und deprimierend gewirkt haben, besagte sie doch nichts weniger, als daß die Kirche in der königlichen Familie weder eine religiöse noch eine moralische Vorbildfunktion für das Land erkennen könne. Damit entfiel praktisch ein wichtiger Daseinsgrund für die »Royals«.

Ist es nur darum soweit gekommen, weil Charles während seiner Ehe ein Verhältnis mit Camilla Parker Bowles hatte? Schließlich könnte er argumentieren, daß seine Leistungen seine Fehler bei weitem überragen, daß er sich auf den Thron vorbereitet und in der Zeit des Wartens eine eigene Rolle geschaffen habe. Außerdem haben Könige und Prinzen im Verlauf der Geschichte immer wieder außereheliche Beziehungen gehabt, ohne daß es ihrer Herrschaft geschadet hätte. Warum sollte bei ihm alles schwieriger sein?

Die Antwort liegt in den Taten seines Vorgängers, der so egoistisch war, zuzulassen, daß seine Leidenschaft für eine Frau den Thron ins Wanken brachte. In den Tagen und Monaten nach seiner Abdankung ähnelte England immer mehr seinen europäischen Verwandten, die den Glauben an ihre Monarchie verloren hatten – das Land war entsetzt darüber, daß ein Mann die Institution, die man allgemein so schätzte, zugrunde richten konnte. Wie Kaiser Wilhelm einst sagte: »Die Monarchie ist wie die Jungfräulichkeit – wenn man sie erst einmal verloren hat, kann man sie nicht mehr zurückbekommen.« Charles leidet unter dieser Geschichte, und seine bisherigen Leistungen und seine zukünftigen Vorhaben können sie nicht vergessen machen. Doch wenn Diana die Absicht gehabt haben sollte, den Prinzen zu stürzen, als sie die Mitarbeit ihrer Freunde an Andrew Mortons Buch guthieß, dann ist ihr das mißlungen. Aller Wahrscheinlichkeit nach wird er König werden. Nur eins könnte ihn aufhalten: Sollte Brigadier Andrew Parker Bowles seinen Namen bei einer Scheidungsklage erwähnen, und sollte Charles in der Folge Camilla heiraten, dann müßte der Prinz wahrscheinlich das tun, was er einmal seinen engsten Freunden geschildert hat: alle Ansprüche und jede weitere Verantwortung ablehnen und ins Exil in sein geliebtes Italien gehen. Schließlich hat er einen Sohn, der den Job übernehmen kann.

Es bleibt dem Prinzen überlassen, dieses gewaltige Problem zu lösen. Dabei sollte man sich der Worte erinnern, die durch die Gänge der Geschichte hallen, die Sir Alan Lascelles in einer ähnlichen Krise an König Edward VIII. gerichtet hat: »Sir, Sie können den Thron haben oder die Frau. Nicht beides.«

Register

Adeane, Edward, Privatsekretär Charles' 152
Alexandra, Prinzessin 54
Allen, Getrude, Gouvernante Dianas 110
Allsopp, Charles, Geschäftsführer des Auktionshauses Christie's 32
Allsopp, Fiona, Freundin Camillas 32
Anastasia, angebliche Tochter des Zaren 235
Andrew, Herzog von York 10, 75f., 88,91, 93f., 96, 106f., 112, 156, 163, 168, 179
Anne, Duchess of Westminster 33
Anne, Prinzessin 10, 20f., 45f., 127, 134, 142, 148f., 180, 183, 211, 220, 225
Anson, Charles, Pressesekretär der Queen 93ff., 98, 183, 222
Armstrong-Jones, Anthony, Earl of Snowdon, verh. mit Prinzessin Margaret 225
Ashcombe, Lord 32
Askew, Barry, Redakteur 136
Askew, John, Leibwächter der Herzogin von York 177
Attenborough, Sir Richard 229
Aylard, Richard, Privatsekretär Charles' 100ff., 193, 198, 221

Bagehot, Walter 170
Ball, Jonathan, Bombenopfer der IRA 214f.
Barber, Gerald, Schulleiter 172
Barrat, Michael, Interviewer 151
Barratt, John, ehem. Privatsekretär von Earl Mountbatten 204
Barry, Stephen, Kammerdiener Charles' 19, 24, 120, 123
Bartholomew, Carolyn, Freundin Dianas 66, 92, 98, 166
Beatles 53, 219
Beatrice, Prinzessin, Enkelin der Königin 89
Beatrix, Königin der Niederlande 216
Beaverbrook, Lord 32
Beckwith-Smith, Anne, Hofdame Dianas 66, 156
Bell, Ron, Pressefotograf 52
Bell, Sir Tim, Public Relations Manager 93f.
Benson, Carolyn, Freundin Camilla Parker Bowles 32
Benson, Ross, Kolumnist 63
Berni, Lorenzo, Besitzer des Restaurants »San Lorenzo« 66
Berni, Mara, Besitzerin des Restaurants »San Lorenzo« 65ff., 92
Bingham, Sir Thomas, Leiter des Staatsarchivs 76
Bootham, Betty, ehem. Bürgermeisterin von Dorchester 231
Borges, Jorge Louis 66
Bolton, Ann, Mitbewohnerin Dianas 25, 107
Bowie, David, Popsänger 56, 220
Bragg, Melvyn, Kunstguru 221f.
Brownlow, Lord 150
Bryan, John, Berater der Herzogin von York 88ff., 92, 180
Butcher, Lisa, Modell 73
Butner, Paul, Anwalt Dianas 84

Calcutt, Sir David, Anwalt 98
Carey, Georg, Erzbischof von Canterbury 13
Carington, Virginia, Freundin Camilla Parker Bowles 32

Caroline, Königin von England 224
Carter, Jimmy, US-Präsident 54
Carthew, Anthony, Hofjournalist 52
Cartland, Barbara, Schriftstellerin und Stiefgroßmutter Dianas 51, 113, 204f.
Cavendish, Lady Elizabeth 97, 99
Chalker, Baroness, Ministerin für Entwicklungshilfe 226
Chamberlain, Lord und Earl von Airlie 11, 94f.
Chant, Paul, Kammerdiener 152
Chantal, französische Freundin Charles' 115
Chapman, Vic, Presseoffizier Dianas 138, 147, 150, 156, 161, 168
Charles II., König von England 225
Charlie, Earl of Shelburne 35
Churchill, Lord Charles Spencer 32
Churchill, Jane, Innenarchitektin 32
Churchill, Winston 22
Clapton, Eric, Popstar 65, 232
Clifford, Robert, General 46
Colbourne, Michael 205
Collins, Joan 65
Collins, Phil, Popstar 232
Colloms, Martin, Tonspezialist 86
Crawley, Marita 35

Dempster, Nigel, Klatschkolumnist 23, 97
Diamond, Anne 82
Dodd-Noble, Julia, Freundin Dianas 66
Dudley Ward, Freda, Geliebte Edwards VIII. 43
Dunne, Henrietta 55
Dunne, Millie, Freundin Dianas 66
Dunne, Philip 54ff., 163
Dunne, Thomas 54

Edward VII. 28
Edward VIII., Herzog von Windsor 43, 84, 237
Edward, Prinz 10, 107, 216, 228
Edwards, Bob, Herausgeber der Sunday 25, 27
Elizabeth Bowes Lyon, Königinmutter 20, 94, 108, 116, 128, 138, 172, 213
Elizabeth II., Königin von England 10, 21, 27, 91, 94, 107, 109, 121, 125, 132f., 135–138, 142ff., 146, 148, 154, 164, 168, 176, 180f., 183f., 187, 198f., 213, 215f., 218, 224f., 234f.
Elliot, Annabel, Schwester Camilla Parkers 167
Emanuel, David und Elizabeth, Modedesigner 19
English, Sir David, Herausgeber des Daily Mail 94
Eugenie, Prinzessin, Enkelin der Königin 89, 180
Everett, Oliver, Bibliothekar in Windsor Castle 152

Fagan, Michael, Einbrecher 146
Farrer, Sir Matthew, Anwalt 88
Fawsley, Lord St. John of 200
Fellowes, Jane 116f.
Fellowes, Laura 116
Fellowes, Sir Robert, Privatsekretär der Queen 14, 94f., 97ff., 116, 183, 211, 223
Ferguson, Algernon, Brigadegeneral 95
Ferguson, Major Ron, Vater der Herzogin von York 169
Ferguson, Ronald, Polomanager 51, 61, 91, 95f.
Fermoy, Lady Ruth 189
Fermoy, Lord 121, 188

Fisher, Alan, Butler 152
Fitzgerald, Penelope, Schriftstellerin 29
Foale, Rodney, Herzspezialist 196
Foster, Neil, Porträtmaler 45
Franks, Lynne, Modeagentin 219
Fraser, Jason, Pressefotograf 56
Frost, Lady Carina 63
Frost, Sir David 63

Garforth, David, Chauffeur Dianas 152
Gaselee, Nick, Pferdetrainer 126
Geldof, Bob, Rockstar 170
George IV., König von England 224
George VI., König von England 85, 155, 187
Gere, Richard 82
Gilbey, Barbara 62
Gilbey, James, Gebrauchtwagenhändler 11, 33,
   62–74, 87, 92
Gilbey, Monsignore Alfred 63
Gilbey, Ralph 62
Goldsmith, Harvery, Pop-Promoter 221
Goncz, Szuzsa, Ehefrau des ungarischen Präsidenten
   169
Gore, Georgina 63
Grenfall, Katya, Bankierstochter 54
Guiness, Sabrina, frühere Freundin Prinz Charles 56

Hambro, Rick, Bankier 46
Hambro, Rupert, Bankierssohn 20
Hammer, Armand, Ölmagnat 153f., 232
Hapgood, John, Erzbischof von York 235
Hardy, Thomas, Schriftsteller 229
Harley, Belinda, Beraterin von Prinz Charles 222
Harries, Richard, Bischof von Oxford 236
Hawkins, Anne, Hofangestellte 222
Heath, Edward, Premierminister 127
Heinrich VIII., König von England 236
Henry, Prinz und Enkel der Queen 10, 132, 147f.,
   162, 167, 176, 183, 191ff., 201, 209
Hepburn, Audrey 226
Heseltine, Sir William, ehem. Privatsekretär der
   Königin 222
Hewitt, James, Mitglied der Leibgarde 57–62, 64,
   70, 73, 110,

Ingram, Sue, Assistentin Lady Raine Spencers 200,
   202f., 206f.

Jackson, Michael 53
Jagger, Mick 65
Jarre, Jean-Michel, Komponist 151
Jehan Shah, Mogulenherrscher 177
John, Elton, Popstar 179
Juan Carlos, König von Spanien 156, 174, 201, 214
Juan de Borbon y Battenberg 214
Jung, Carl Gustav 154
Junor, Penny, Hofberichterstatterin 99f.
Junor, Sir John, Zeitungskolumnist 180

Kay, Richard, Hofberichterstatter 86
Kent, Herzog von Kent 176
Kent, Herzogin von Kent 226
Kenward, Betty, Gesellschaftskritikerin 32
Keppe, Alice, Geliebte Edwards VII. 28
Knachtbull, Amanda, frühere Freundin Charles 106
Knight, Andrew, Geschäftsführer der News
   International Group 98
Knopfer, Mark, Popstar 232
Königinmutter s. Elizabeth Bowes Lyon, Königin-
   mutter
Kriel, Leon, Architekt 229

Lascelles, Sir Alan 237
Latsis, John, Milliardär 182
Lawrence, Timothy, zweiter Ehemann von
   Prinzessin Anne 45, 180, 183, 225
Learmond, Sir John, General 47
Leete, Malcom, Pferdeknecht 58ff.
Leight, Gerard, ehem. Vorstand des Poloclubs 32
Lindsay, Hugh, Major, königlicher Stallmeister 165f.
Lindsay, Sarah 165
Lipsedge, Maurice, Arzt und Spezialist für
   Eßstörungen 166
Lloyd, Sir Nicholas, Herausgeber des Daily Express
   101
Lockwood, Victoria, Schwägerin Dianas 202
Longford, Gräfin von 213, 223
Lovell, James Blair 235
Lubbers, Ruud, Premierminister der Niederlande
   216

MacArthur, Brian, Zeitungsherausgeber 90
MacKay of Clashfern, Lord 98
MacKenzie, Ken, Herausgeber der Sun 88, 91
Mackie, Philip, Mitarbeiter des Pressebüros im
   Buckingham Palast 192
Macmillan, Harold 23
Macmillan, Maurice 23
Major, John Premierminister 76, 185
Mannakee, Barry, Sicherheitsoffizier des Scotland
   Yard 145
Margaret, Prinzessin 20, 26, 134, 144, 213, 225
Marston, Nicol, Schulleiter 172
Maugham, Somerset 47, 92
McCartney, Ian, Parlamentsmitglied 214
McCorquodale, Lady Sarah s. Sarah Spencer
McDonough, David, PR-Manager 94
McGregor, Lord of Durris, Vorsitzender des
   Presserates 97ff.
McLean, John, Leibwächter Charles 114, 120
McMaster, Jim, Leibwächter 152
Menkes, Suzy, Autorin des Königshauses 44
Menzies, Kate, Freundin Dianas 56, 66
Michael von Kent, Prinzessin 134, 220
Miles, Malcolm, Direktor einer Werbefirma 219
Monroe, Marilyn 53
Morton, Andrew, Schriftsteller 63, 74, 97–100, 136,
   237
Mountbatten of Burma, Earl Louis 22, 85, 106,
   131, 204

Newbold, Graham, Koch Dianas 155
Newman, Jim, Journalist 25, 27
Nikolaus II., Zar von Rußland 235
Noel, Thomas 64
Norgrove, Jane, Funkamateurin 86

Officer, Paul, Leibwächter Charles 120, 152
Oldfield, Bruce, Modedesigner 151

Paglia, Camilla, Feministin 221
Palmer-Tomkinson, Charles 36
Palmer-Tomkinson, Patty 36, 165
Paravicini, Nicolas, Handelsbankier 47
Parker Bowles, Andrew 18, 20–24, 26, 42, 45–48,
   62, 117, 124, 149f., 237
Parker Bowles, Anne 20
Parker Bowles, Camilla 14, 17–23, 26–32, 41–49,
   55, 61, 72, 99, 105, 117–124, 127ff., 141, 143,
   147, 149ff., 159, 162f., 167, 169, 173f., 181f.,
   191f., 217, 224, 235ff.
Parker Bowles, Derek 20, 22
Parker Bowles, Mary Ann 47

Parker Bowles, Thomas 22, 42, 129
Parker, John, Biograph 155
Parry, Tim, Bombenopfer der IRA 214f.
Peel, Willie 46
Peters, Alan, Leibwächter Dianas 137
Philip, Prinz und Herzog von Edinburgh, Leutnant Philip Mountbatten 10, 107, 153ff., 181, 184, 213, 215f., 235
Phillips, Captain Mark, Ehemann von Prinzessin Anne 127, 148f., 180, 211, 225
Pike, Ron, Chauffeur 152
Pitman, Virginia, Mitbewohnerin Dianas 25f.
Pizey, Erin, Schriftstellerin 189
Player, Lesley, Vertraute Ronald Fergusons 96
Post, Sir Laurens van der, Schriftsteller 153f., 162
Pounds, Emma, Modell 73
Pounds, Harry 73
Pride, Carolyn, frühere Mitbewohnerin Dianas 25, 151
Pun, Bishnu, Lakai 152

Rampling, Charlotte, Schauspielerin 151
Rasputin, Grigorij Jefimowitsch 235
Redgrave, Lynn, Schauspielerin 30
Redhead, Brian, Moderator einer Rundfunkanstalt 140
Reenan, Cyril, Bankdirektor 85ff.
Rees-Mogg, William, früherer Herausgeber der Times 87, 127
Reynolds, Paul, Hofkorrespondent 93f.
Riddell, Sir John, Privatsekretär des Prinzenpaares 153
Roche, Maurice, Page im St. James Palast 20
Romsey, Lord und Lady 136
Rothermere, Viscount, Eigentümer des Daily Mail 94
Roycroft, David, stellvertretender Privatsekretär 155
Rushbridger, James, Offizier 76

Samuel, Julia, Freundin Dianas 56, 63
Sarah, Herzogin von York, gen. »Fergie« 13, 75, 88–96, 156, 163, 166, 168f., 176f., 179f., 183, 211, 213,216, 219ff., 224, 228
Savile, Lady Alethea 68, 72f.
Shand Kydd, Frances, Mutter Dianas 18, 110, 120f., 123, 126, 188ff., 201f.
Shand Kydd, Peter, Stiefvater der Prinzessin von Wales 18, 126, 188, 190
Shand, Camilla s. Camilla Parker Bowles
Shand, Major Bruce 28, 48f., 62
Shand, Mark (Bruder Camilla Parker Bowles) 20
Shand, Philip Morton 28
Sharl, Dave, Leibwächter Dianas 64
Shea, Michael, königlicher Pressesprecher 24f., 27, 135
Shepherd, Richard, Abgeordneter 76
Sillitoe, Anthony, Sicherheitsbeamter 84
Sillitoe, Sir Percy, Sicherheitsbeamter 84
Simpson, Wallis 48, 84
Sisson, Sybil Mary 28
Sleep, Wayne, Ballettänzer 156
Smallwood, Kirsty, Freundin Camilla Parker Bowles 32
Smith, Butler und Cauffeur von Earl Spencer 110
Smith, Graham, Sicherheitsoffizier 146
Smith, Ian, Premierminister 22
Soames, Charlotte 46
Soames, Lord Christopher, Gouverneur von Rhodesien 22f., 46
Soames, Nicholas, Ernährungsminister 117

Spencer, Charles, Bruder Dianas 108f., 183, 188f., 197, 202, 204, 206ff.
Spencer, Earl John, Vicomte Althorp, Vater Dianas 18, 110, 113f., 167f., 187–191, 195ff., 199, 201, 203f., 206, 208–212
Spencer, Jane, Schwester Dianas 108, 188, 202f.
Spencer, Raine, ehemalige Countess of Dartmouth und Stiefmutter Dianas 18, 113f., 195ff., 200–204, 206–209, 211f.
Spencer, Sarah, Schwester Dianas 108–116, 134f., 139f., 156, 188, 202f.
Spinelli, Julie, Hausangestellte des Prinzen und der Prinzessin von Wales 152
Stamp, Terence, Schauspieler 229
Stanley, Richard, Verwalter auf Althorp 206
Stewardson, Emma, Freundin Hewitts 59f., 62, 73
Stothard, Peter, Herausgeber der Times 221
Stuart-Smith, Lordrichter 76
Suarez, Mario, portugiesischer Staatspräsident 160

Taylor, Jim 176
Tensan Yasuda, Zen-Hohepriester 154
Teresa, Mutter 179
Thatcher, Margaret, Premierministerin 160
Thompson, Janet, Kinderfrau Dianas 107f., 110
Townsend, Captain 213
Tryon, Lady Dale, Vertraute von Prinz Charles 55, 127ff.
Tryon, Lord 55
Twinkle, Popsängerin 29

Valentino, Rudolph 53
Vestey, Lady 117
Vestey, Lord 116
Victoria, Königin von England 14, 133

Wakeman, Lord 99
Wallace, Anna, frühere Freundin Prinz Charles' 55, 106, 116ff.
Ward, Jane, Sekretärin des Guards Polo Club in Windsor 115
Ward, Rachel, Schauspielerin 55
Waterhouse, Major David, Freund Dianas 55–58, 163
Watkins, Laura Jo, Freundin Prinz Charles' 115
Wellesley, Lady Jane 22
West-Meads, Zelda, Sprecherin der Hilfsorganisation Relate 170f.
Westmacott, Peter, Hofbeamter 102
Weston, Galen, Polofreund Charles 235
Wharfe, Ken, Sicherheitsoffizier 67, 146
Whitacker, James, Hofreporter 90
White, Marco Pierre, Küchenchef 73
Whitlam, Mike, Generaldirektor der britischen Sektion des Roten Kreuzes 226
Wildenstein, Guy, Polotrainer 115
Wilhelm, deutscher Kaiser 237
William IV., König von England 225
William, Prinz und Enkel der Queen 12, 57, 74, 82, 109, 132, 137ff., 141ff., 145, 147f., 162, 172, 175f., 191ff., 201, 223ff.
Willoughby de Broke, Lord David 35, 38
Wilson, Christopher, Journalist 101
Windsor, Lady Helen 176
Wyatt, Steve, Freund von Sarah, Herzogin von York 92, 176f.
Wycherley, Mervyn, Koch Dianas 155

Ziegler, Philip 85
Ziegler, Philip, Biograph 43, 85